디아스포라와 혼종성

Diaspora & Hybridity

English language edition published by Sage Publications of London,
Thousand Oaks, New Delhi, and Singapore
ⓒVirinder Kalra, Raminder Kaur & John Huntnyk, 2005.

No part of this book may be used or reproduced in any manner
whatever without the written permission except in the case of brief quotations
embodied in critical articles or reviews

Korean Translation Copyright ⓒ 2014 by ECO-LIVRES Publishing Co.
Korean edition is published by arrangement with Sage Publications
through BC Agency, Seoul.

이 책의 한국어판 저작권은 BC 에이전시를 통해 저작권자와 독점 계약한 에코리브르에 있습니다.
저작권법에 의해 한국 내에서 보호를 받는 저작물이므로 무단 전재와 복제를 금합니다.

디아스포라와 혼종성

초판 1쇄 인쇄일 2014년 3월 21일   초판 1쇄 발행일 2013년 3월 25일

지은이 비린더 S. 칼라·라민더 카우르·존 허트닉 | 옮긴이 정영주
펴낸이 박재환 | 펴낸곳 에코리브르 | 주소 서울시 마포구 동교로 15길 34 3층(121-842)
전화 702-2530 | 팩스 702-2532 | 이메일 ecolivres@hanmail.net
출판등록 2001년 5월 7일 제10-2147호
종이 세종페이퍼 | 인쇄·제본 상지사 P&B

ISBN 978-89-6263-113-5 94300
ISBN 978-89-6263-033-6 (세트)

책값은 뒤표지에 있습니다.   잘못된 책은 구입한 곳에서 바꿔드립니다.

부산대학교 한국민족문화연구소
로컬리티 번역총서 L11

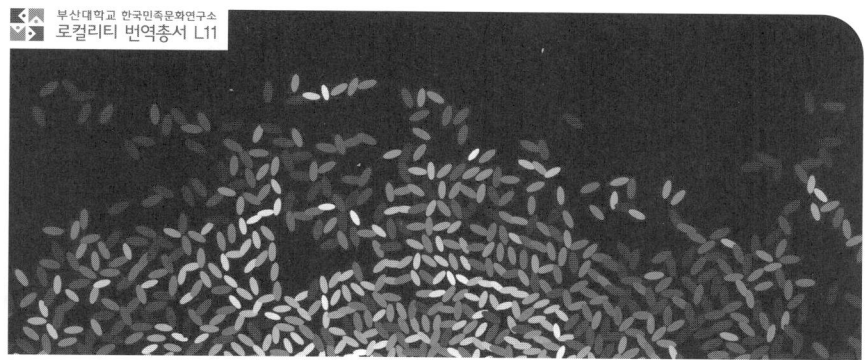

Diaspora & Hybridity | Virinder S. Kalra · Raminder Kaur · John Hutnyk

비린더 S. 칼라 · 라민더 카우르 · 존 허트닉 지음 | 정영주 옮김

디아스포라와 혼종성

에코
리브르

이 번역 총서는 2007년도 정부 재원(교육과학기술부 인문학진흥방안 인문한국지원사업비)으로 한국연구재단의 지원을 받아 연구되었음(NRF-2007-361-AL0001).

차례

서론 7

1 고향과 타향: 디아스포라의 사회적 지형 21
2 디아스포라의 문화적 지형 59
3 디아스포라의 성적(性的) 제한 101
4 혼종적 결합 139
5 혼종성과 개방성(혹은, 당신은 어느 편입니까?) 173
6 백인성의 여정 209
7 초국가적 테러 253

참고문헌 275
찾아보기 299
〈로컬리티 번역총서〉를 펴내며 310

서론

이 책은 구상하던 때와 달리 출판된 내용이 크게 다른데, 우리의 생각이나 작업하는 방식을 바꾸도록 압력을 받아서가 아니라 시간의 차이 때문이다. 최근의 정치 환경으로 인해 국경이 새롭게 구축되고 다양한 시각들이 사라지면서, 우리가 연구하려 했던 용어들이 지니고 있던 혁신적인 잠재력이 없어져버렸다. 우리는 이 작업을 2000년에 시작했는데, 동종적인 토착 민족의 문화가 확고한 가운데 디아스포라와 혼종성의 문화적 징후들이 나타나면서 어떤 변화의 조짐을 구별해내는 것이 여전히 가능한 때였다. 문화 해석의 순간에 작용하는 혼종적 형태를 가진 문화의 등장이, 진실되지만 머뭇거리는 기대 속에 선포되었는데, 많은 이들은 이러한 등장이 [벨 훅스(bell hooks: 미국의 여성 작가로 페미니스트이자 사회활동가인 글로리아 진 왓킨스(Gloria Jean Watkins)의 필명이다. 포스트모던적 시각에서 인종과 계급, 성 문제를 고찰하고, 탄압과 지배라는 제도를 생산하고 지속시키는 지배자들의 능력에 초점을 맞추어 활발하게 저술과 강연 활동을 해왔으며 다큐멘터리 영화 제작에도 참여했다—옮긴이)로부터 빌려온] 백인지상주의적인 자본주의적 가부장제의 안정된 구조들을 뒤흔들리라 믿었다. 이 책의 여러 부분에서도 발견되듯이, 우리는 이러한 낙천주의의 흔적들을 보여주는

데 합의했지만, 전반적으로 볼 때 우리의 눈치 없는 열의는 전 세계에서 벌어지는 테러와의 전쟁, 새로운 공포에서 비롯된 보안 단속의 등장, 법의 권한을 넘어서는 구금, 폭탄 공습과 제국주의적 점령이라는 '평화를 지속시키기 위해 계속되는 전쟁'(Vidal 2002) 앞에서 좌절되었다. 마침내 미국이 세계의 나머지 지역처럼 단극 세계의 위험성에 직면하게 되면서 이론의 타당성이 시험대에 오른 듯하다. 세계무역센터(World Trade Centre)와 미국 국방성(Pentagon)에 대한 공격 이후 잇따라 일어난 우울한 사건들은 하나의 세계를 재창조해냈다. 이 속에서 영역과 국경이 한층 더 강력하게 통제되고 디아스포라인들의 활동이 심각하게 차단되며, 한때 갈채를 받았던 혼종적 창조성이 공격적인 신자유주의적 보수주의 앞에서 힘을 잃고 약해진 것 같았다.

그렇다면 이것이 디아스포라와 혼종성이라는 용어에 대한 사망 기사인가? 이 책은 이런 용어들이 어느 정도 공감을 얻던 시대에 대한 서정시로 읽혀야 하는가? 오히려 우리는 디아스포라와 혼종성이라는 도구들이 어떻게 사회정의와 평등을 위해 투쟁하는 이들에게 도움을 줄 수 있었는지, 또한 아직도 그런 도움이 가능한지에 대해 어느 정도의 통찰력을 제공하는 문제를 연구하고 싶다. 비록 우리는 디아스포라와 혼종성에 대한 최근의 이론화 작업의 적합성 또는 부적합성에 대해 비판적이지만, 이런 이론화 작업들도 조직적인 적절한 운용과 활용이 고려된다면 진보적인 투쟁에 참여할 수 있는 유익한 방안이 될 것이다. 무엇보다 명백한 것은, 우리는 무슬림과 아시아인 디아스포라(그리고 우리 시대에 악마로 규정된 '타자들' 가운데에서도 이러한 디아스포라의 대역들을 찾을 수 있는데, 그중 하나가 망명 신청자들이다)를 보호하고 집단행동의 혼종적 형태를 장려하도록 요구하는 시대에 살고 있다는 것이다. 문화학계와 인문학계에서 좀처럼 창조적인 반응이 나오지 않고 있다는 것은 슬픈 일이다. 학문적으로 중요한 용어들을 알리고자 지원하고 장려하는 기관들은 그 어느 때보다 절박한 오늘날의 정치에 대해 중요한 질문(이나 답변)을 독려하지 못하는 듯하다. '전쟁 종식(Stop the War)'을 위해 연합을 결성하는 사람들이 사용하는 상징적인 대문자와, 디아스포라와 혼종성의 언어를 사용하는 이들 사이에는 어느 때보다도 더 극명한 대조가 드러난다.[1] 앞으로 설명하겠지만, 이 용어들의 지성사를 고려할 때 예상할 수 있는 일이었다.

  이 책은 혼종성과 디아스포라의 사용과 오용에 대한 선행 연구를 종합적으로 살펴보는 교과서가 아니다. 이러한 개념을 탐구하거나 대략 언급이라도 하는 출판물의 수가 지속적으로 증가하는 현상을 고려할 때, 종합적인 개관은 불가능한 작업이 될 것이다. 또한 우리가 특정 접근 방식을 다른 방식들보다 더 선호하기 때문에 그러한 개관은 솔직하지 못한 일일 수도 있다. 오히려 우리의 관심은 학문 연구가 디아스포라와 혼종성을 어떻게 특정한 형태의 사회변화 및 평등 추구와 관련짓는 데 사용할 수 있는지를 가장 설득력 있게 묘사하는 텍스트에 주의를 기울이는 것이다. 이러한 맥락에 맞춰 우리의 입장을 설명하기 위해 '디아스포라'와 '혼종성'이라는 용어가 종종 특정 분야에 국한되어 사용될 것이라는 점을 경고하고, 이러한 용어들을 잠정적으로 정의하고 중요한 이론적 관점들에 대해 논평하려 한다. 만약 우리가 디아스포라와 혼종성이라는 개념이 할 수 있는 일에 대해 공공연히 비판하는 것처럼 보

---

[1] 이에 대한 증거는 이런 활동에 의해 생산된 여러 인쇄물에서 볼 수 있다. Stop the War 웹사이트는 디아스포라와 혼종성 같은 용어들과는 별다른 관련이 없다. 영국에서는 www.stopwar.org.uk, 미국에서는 www.notinourname.net 참조.

인다면, 그것은 우리의 의도가 분명하기 때문이다. 혼종성과 디아스포라가 특정 학문 분야에 포함되어 지적인 활동에 다양한 가능성을 열어 온 점은 의심할 여지가 없으나, 이 책에서 우리는 탁상공론식의 반추와 생각하기가 제공하는 편안함을 넘어선 어떤 가능성을 모색하려 한다. 변화를 끌어낼 수 있는 비판을 강조함으로써 독자들로 하여금 다양한 논쟁과 이론, 이야기들을 평가하고, 행동에 따르는 결과를 탐구할 수 있는 틀을 마련하고자 한다. 이는 균형 잡힌 시각을 제공하지 않겠다는 말이다. 우리의 정치적인 성향을 감추려 하지도 않는다. 오히려 이를 투명하게 밝힘으로써 독자는 우리가 개입하는 본질을 판단하는 데에 적합한 정보를 얻게 되는 것이다.

이러한 설명 속에 혼종성과 디아스포라에 친숙한 분야가 포함되고 정체성, 사회관계, 역사 변화 같은 논점들이 표면에 드러난다. 우리의 관심은 디아스포라와 혼종성이 이주와 분리 상태라는 개념과의 관계에서 공통성을 가지는 방식을 기술하고, 민족의 중심부에 도입된 정체성의 파괴와 관련해서 어떻게 표현되었는지를 보여주려는 것이다. 이는 민족주의의 힘을 무시하려 하거나 혼종이나 디아스포라의 과정에서 중시되는 정체성-만들기 행위에 가치를 부여하려는 것이 아니다. 오히려 양자 간 대화의 본질을 보여주고, 자주 파괴적인 성향을 드러내는 대화의 본성, 혼종성 생산 그리고 디아스포라 형성에 드는 비용을 강조하려는 것이다.

또한 우리는 암암리에 디아스포라와 혼종성에 관련된 인종주의적 가정들에 주목한다. 이러한 용어들은 인종 불평등이라는 주제에 직접 대항하는 것을 피하기 위해 지나치게 자주 이용되었고, 더럽혀진 제도 정치의 세계 속으로 들어서지 않고도 인종 혹은 소수민족 집단에 대해 이야기할 수 있는 대용물이 된다. 우리는 이런 종류의 가식을 폭로하려 하며, 디아스포라와 혼종성에 대한 저술이 유색인들의 이주와 정착에 그토록 주목해온 이유에 의구심을 제기하면서 디아스포라의 렌즈를 백인성 연구에 맞추고자 한다. 이 책에서 사용된 다른 범주들과 마찬가지로 백인성에 대한 초점은 사회적 동일시의 변화하는 본질을 배제하지 않는다. 우리가 보여주듯이 디아스포라라는 용어는 어떤 맥락에서는 '백인'이지만 또 다른 맥락에서는 인종차별을 당하는 '타자들'인 유대인 집단을 묘사하기 위해 사용되었다. 우리의 비판적인 관점은 이렇게 변화하는 인식이, 예를 들어, 팔레스타인인들이 지속적으로 겪고 있는 곤경과 같은 문제와 맞닥뜨렸을 때 얼마나 불충분한가를 지적하는 데서 출발한다.

이 책에서는 우선 디아스포라에 대한 일반적인 생각에 기반하여 고찰하며, 흔히 고전적 디아스포라로 불리는 유대인과 미국인들에 대해 조사한다. 우리는 디아스포라가 다양하게 이용되는 것을 인정하며 이 개념의 주요 국면들을 소개하려 한다. 특히 디아스포라가 이주와 종족성(ethnicity)에 대한 전형화된 사고를 비판하는 측면을 자세히 조사하려 한다. 또한 디아스포라와 관련된 개념들을 비교함으로써 이 용어를 사용할 때 나타나는 일관된 특성들에 접근할 수 있다. 우리는 디아스포라가 현 거주지와 이주가 일어났던 곳이라는 두 사회적 공간의 상호작용을 어떻게 자주 떠올리게 하는지에 대해 주목한다. 이러한 장소들을 이어주는 매개체는 고향(들)과 타향(들) 간의 긴장을 에워싸고 집단 이동 형태를 보여주는 디아스포라 내에 존재한다. 이 매개체는 바로 디아스포라를 특징짓는 제도화된 공간들 사이에 지속되는 정치적, 경제적, 사회적, 문화적 유대관계이다. 우리는 첫 번째 장에서 카슈미르인들(Kashmiris)

과 쿠르드인들(Kurds)같이 디아스포라 네트워크를 통해 사회운동을 조직하는 예를 들고, 그들에게 민족해방이 뜻하는 바를 명확히 밝히면서, 이러한 정치적 관계를 상세히 탐구한다. 또한 경제적인 유대관계도 고려하고, 같은 네트워크들이 신자유주의 흐름에 따라 새로운 방식의 자본주의적 축적을 강화하는 데 쓰일 때는 진보 정치의 도구로서 디아스포라의 유용성이 한계에 다다름을 깨닫는다. 결국 디아스포라의 사회생활 형태 속에 그 어떤 것도 본질적으로 진보적인 것은 없지만, 진보적 운동에서 디아스포라가 역사적으로 담당해온 역할은 잠재력을 입증하기에 충분하다.

디아스포라를 설명하기 위한 도구로 사용하는 사람들(Safran 1991과 Cohen 1997에서처럼)과 하나의 과정으로 적용하는 사람들(Gilroy 1993a와 Clifford 1994에서처럼) 사이에는 대체로 이론적인 차이가 발견된다. 이러한 차이로 인해 제1장과 제2장이 구분된다. 디아스포라를 두 개의 주요 이론적 접근 방식으로 구분함으로써 발생하는 결과는, 한 접근 방식이 범주화와 그에 따르는 함의에 더 많은 관심을 가지는 반면, 다른 방식은 디아스포라를 범주들과 그 안에 내포되어 있는 본질주의를 비판하기 위한 방법으로 여긴다는 것이다. 또한 이러한 이론적인 분리는 실증적인 조사를 수행하는 영역들과 관련이 있다. 우리는 제1장에서 디아스포라 형성의 정치적이고 경제적인 의미에 주목하고, 제2장에서는 디아스포라의 보다 문화적인 측면에 초점을 맞춘다. 이런 포괄적인 특징들은 필연적으로 경험적이며, 문화 생산에 있어 정치와 경제의 중요성을 잊은 것은 아니다. 이런 구분은 오히려 일부 문화 연구에서 시작되어 텍스트에 지나치게 치중하는 방식을 비판하는 수단으로 유지되고 있으며, 디아스포라에 대한 과정적 접근법이자 서술적 접근법이며 사프란만큼이나 클리퍼드에게도 공통적으로 나타난다.

  디아스포라는 소속(belonging)에 대한 생각을, 또 민족에 대해 일원적인 소속감을 강요하는 데에 문제를 제기할 수 있다. 민족은 '디아스포라적 의식' '다음성화(multivocality)' '비영토화' 같은 다양한 개념을 기술하기 어렵게 한다. 이러한 개념들은 다중 소속감을 갖거나 어떤 소속감도 갖지 않는 행위와 연관된 문제들을 동요시키고 끄집어내려 한다. 이러한 다소 추상적인 개념들은 음악, 영화, 문학이라는 문화 영역을 통해 고찰된다. 문화적 창조성 또한 많은 이들이 주장하듯, 동질성의 정치에 저항하는 커다란 잠재력을 제공한다는 점에서 혼종성을 발효시키는 장이 된다. 자본주의 생산에서 문화 산업들이 점점 더 역동적이고 수익성 높은 분야를 형성하는 시대에, 디아스포라의 문화 작업들은 친숙한 마케팅, 경영, 소비 방식을 선택한다는 점에 주목한다. 이런 작업들이 영감을 불러일으키거나 더욱더 광범위하고 유동적인 캠페인의 일부가 되는 순간들은 점점 더 줄어들고 있다. 이것이 디아스포라의 문화 생산물을 영원히 테오도르 아도르노(Theodor Adorno: 독일 태생의 세계적인 사회학자이자 철학자이며 음악학자이다. 자본주의가 '참된' 예술의 정반대인 문화 산업 생산물들을 사람들에게 공급하여 이런 대중문화에 중독된 사람들이 현실에 만족하고 안주하게 되며 정치에는 무관심해진 결과, 자본주의 제도가 가진 문제점 파악이나 해결에는 별다른 관심이 없게 된다고 주장했다—옮긴이)가 말하는 대중문화의 무덤으로 만들진 않지만, 모든 문화는 의도하지 않았더라도 착취를 위해 존재한다는 깨달음을 이끌어낸다.

  제3장에서는 성인 남자 혹은 성인 여자, 소년이나 소녀라는 것이 새로운 땅에서 영위하는 삶에 어떤 차이를 가져오는지 그리고 디아스포라와 호스트 사회의 관계뿐만 아니라 디아스포라 환경에서도 평등의

여지가 있는지를 묻는다. 우리는 성인 남자와 여자들이 새로운 지역으로 이주하는 법률적이고 경제적인 이유들을 고찰한다. 20세기 초 미국에서 편잡 남성과 멕시코 여성들 간의 결혼 그리고 20세기 말엽 가사노동자나 섹스 산업 종사자들의 이주를 의미하는 '하녀-교역(maid-trade)' 같은 사례 연구를 통해, 이러한 경험이 어떻게 남성과 여성들의 삶에 다르게 작용했는지를 밝히려 한다. 또한 후자에 대한 조사를 통해 전통적으로 노동 이주가 디아스포라 연구의 일부로 여겨지지 않은 이유를 묻는다. '하녀들'과 섹스 산업 종사자들의 이동은 새로운 디아스포라를 형성하는 과정에서 시민권 문제를 발생시킨다. 문제는 사람들의 실제 삶을 제한하는 제도와 교섭하는 방법을 통해 디아스포라를 중요한 실천과 정치의 길로 열어준, 침묵하는/침묵당한 디아스포라들로 명명될 수도 있는 것을 만드는, 잠재적으로 논쟁적인 영역이다.

영국에 거주하는 사하라 사막 이남 출신 무슬림 여성들의 성기 절단 문제는 디아스포라 여성들이 여성 인권뿐 아니라 그들의 남성을 교육시키기 위해 어떻게 싸워왔는지 깊이 생각하게 한다. 나아가 이러한 사안에서는 문제의 어느 정도를 주류사회에 노출시켜야 하는지를 둘러싸고 뜨거운 논쟁이 일어난다. 우리는 남성들이 전통적으로 젠더 연구에서 제외된 이유에 대해서도 의문을 던진다. 왜 여성성은 엄밀히 연구되어온 반면, 남성성은 당연시되고 있는가? 우리는 이를 다루고 있는 다양한 연구결과를 살펴보려 한다. 마지막으로, 단일 정체성에 도전하면서 간략하게나마 동성애는 이성애의 정반대가 아님을 주된 명제로 제시하는 동성애(queer, 이하 퀴어) 이론의 발전에 주목한다. 우리는 '다름(Otherness)'이 디아스포라 집단 내의 비이성애자들의 삶을 얼마나 변화시키는지 관찰하는 한편, 미래에 존재 가능한 정체성의 다양성에 대해 영역이라는 당면 문제를 제기한다. 이는 궁극적으로 글로리아 안잘두아(Gloria Anzaldúa)에 의해 '이질적인 정체성들'로 가장 잘 표현(Anzaldúa 1987)되었고, 오늘날 종종 겹치기도 하는 여러 정체성의 복합적인 찌꺼기이다. 우리가 항상 무언가를 다른 것보다 앞에 둔다는 사실은 체계적으로 진술해야 하는 사회-정치적 상황과 관련이 있다.

제4장은 혼종성과 앞 장에서 토의된 디아스포라를 연결하는 논의로 시작한다. 혼종성은 자주 디아스포라 옆에 배치되는데, 혼종성이 일으키는 문화적 혼합은 호스트 문화와 디아스포라 이주민 문화 둘 다의 개념을 형성하는 데 있어 하나의 '문제'이기 때문에, 혼종성은 다양한 방식으로 디아스포라의 특징을 규정한다. 이 장에서는 혼종성과 관련된 주요 저서들을 세밀하게 읽는 것, 그리고 인종과 종족성 문제를 둘러싸고 조직화된 정치와 비교하여 이러한 좌표들을 탐구한다. 우리는 이러한 과업을 통해 먼저 혼종성 이론의 상당 부분을 뒷받침하는 순수성과 한계, 정체성 같은 가정들을 비평하고, 이어서 '혼종성'이라는 용어를 설명하고, 인류학과 문화 연구 및 여러 관련 분야에서 이 용어가 어떻게 사용되는지를 설명하려 한다. 문화적 창조성, 융합, 확산, 인종과 생물학(이주의 역사, 언어, 문화, '혈통')에 대한 논의는 융합과 혼종성이 어떻게 식민주의와 글로벌 시장의 좀 더 내밀한 문화적 측면들을 관리하기 위한 용어로 쓰이는가에 대한 고찰로 이어진다. 이 논쟁은 영화와 텔레비전에서 끌어온 사례를 들며, 혁신과 진정성, 문화적 형상들에 대한 소유권과 문화적 혼합의 기술 방식에 대한 소유권 등을 중심으로 문화적 창조성에 초점을 맞출 것이다. 이러한 방식으로 우리는 정치적, 경제적 차이에 대한 관심 부족이 혼종성을 근래 자본주의적 세계화의 결실로 기념하게 만든다는 사실을 강조할 수 있다.

나아가 제5장에서는 주인과 손님, 고향과 타향, 이곳(here)과 그곳(there)의 관계를 검토하는데, 이를 민족 및 '탈민족주의'의 크로스-보더(cross-border) 이론과 관련지으려 한다. 우리는 무엇이 혼종으로 여겨지고, 무엇이 혼종으로 여겨지지 않는지, 혼종성의 선별적 귀속성(selective ascription: 개인의 사회적 위치가 성, 연령, 혈족 관계 등 미리 정해진 속성들에 의해 결정되는 경우를 일컫는 말로 개인의 능력과 업적을 중시하는 성취 원리에 반대되는 개념이다―옮긴이)을 중심이 아니라 주변으로 여기는 적합한 이유가 있는지 고찰하는 것으로 시작한다. 이러한 방식을 통해, 예를 들어, 경계(border) 이론이 혼종성을 강조하지만 국경을 유지하기 위한 억류자 수용소에 반대하는 운동을 논의하지 않고 있다는 사실에 주목한다. 이러한 인식은 혼종성을 좀 더 뚜렷한 전문 정치 용어들과 연결하고 혼종적 가공물들을 도시화, 사유화, 트링켓타이제이션(trinketization: 옮긴이와 서신을 교환한 지은이 존 허트닉의 설명에 따르면 "나는 트링켓타이제이션이라는 단어를 모든 삶이 단순한 상품으로 완전히 하찮게 되는 과정과 그런 상품에 매료된 수준에 머무르는 이론화하기의 불충분함을 비판하는 단어로 사용한다. 마르크스는《자본론》을 상품에 대한 설명으로 시작하는데 상품이 사회생활에서 맹목적으로 숭배되며 숨겨진 표현이라는 것을 이야기하기 위해서이다. 부(富)는 시장 단계 등에서 나타나는 '외형(erscheinungsform)', ……이러한 단순한 겉모습을 넘어 특정 맥락 속에 놓고 이론화할 필요가 있다는 것이다."―옮긴이)을 통해 생겨난 변화라는 맥락에서 차이의 상품으로 해석하게 만든다. 특히 도시화는 혼종성에 대한 논의 가운데 좀 더 문제가 많은 측면들이 만들어지는 환경으로 선택된다. 우리의 이론적 관심은 혼종성 이론의 창시자 중 한 사람인 호미 바바(Homi Bhabha)라는, 입장이 다소 불분명한 인물에 집중된다. 만약 세상을 단순히 재해석하는 데 그치지 않고 바꾸고 싶다는 마르크스의 오래된 견해를 심각하게 받아들인다면, 인종의 재분류가 이루어질 미래에 선행하는 과제를 고려할 때, 향후 논의는 좀 더 투쟁적인 접근을 옹호하고, 오늘날 혼종에 대해 무엇을 해야만 하는지를 생각하는 것이 될 것이다.

제6장에서는 급진적인 질문을 던지기 위해 디아스포라와 혼종성에 대한 주요 주장들을 재검토한다. 그러나 이번에는 백인들의 위치와 이동 같은 인종과 디아스포라 연구에서는 거의 언급되지 않았던 주제를 다룬다. 이들에 대한 연구에서 단순히 이 부분이 경시되어왔으며, 그렇기 때문에 백인들이 고찰되어야 할 필요가 있는 한 집단(혹은 여러 집단들)이라고 말하기 위한 것은 아니다. 오히려 우리는 백인성에 기반을 둔 우월주의 체제 속에서 백인 집단들의 비가시성을 강조한다. 또한 디아스포라가 (백인 정착들민의) 식민주의, 관광과 여행, 은퇴 이주와 국외자 문화와 같이 백인들과 관련된 다양한 이동을 충분히 설명할 수 있는지에 대해 묻는다. 이 분야와 관련해서 이주한 백인들의 백인성에 대한 연구를 검토한 후, 특정 디아스포라가 피부색, 종교, 경제 상태와 역사적 특수성 같은 여러 특징들 때문에 종종 불분명하게 '사라지게' 된 방식들에 주목한다. 이어서 유대인과 아일랜드인의 디아스포라와 같이 애매한 경우에 대해 이야기할 것이다. 제6장은 앞선 여러 장에서 이루어진 혼종성 논의를 정리하면서, 혼종의 인종적 혼합 및 인종적 위계질서 안에서의 제도화에 대한 질문을 던지고, 혼종성 과정에서 오직 혼혈들만이 변화된 것으로 보이는 이유를 살펴본다. 이에 대한 예로서 식민 치하 및 탈식민시대 인도의 앵글로-인도인들을 17세기 이후 이른바 신대륙에서 일어났던 유럽인들과 아메리카 원주민들의 접촉 사례와 비교해보려 한다. 인종적 순수성에 대한 강박관념 때문에 미국 내 수백만 백인들이 다인종적 뿌리를 가지고 있다는 사실이 은폐되어왔다. 일반적으로

백인성의 역동성이 그랬듯이, 비가시성과 숨겨진 역사들 감추기는 반드시 해체되어야 할 우월주의 체제를 초래하였다.

우리의 마지막 장은 결론이라 할 수 없다. 그러나 혼종성과 디아스포라가 과연 19세기식의 식민정책을 새로이 제정하며 처벌받지 않는 제국주의 세력에 대항하는 투쟁에서 우리를 도울 수 있는지를 묻는다. 어느 새로운 황제가 해가 지지 않을 영토를 또다시 조사하는 것과 마찬가지로, 우리는 마지막 장의 제목으로 '트랜스내셔널 테러(Transnational Terror)'를 선택한다. 다양한 맥락에서 볼 때 우리의 의도는 과연 누가 테러리스트냐라는 질문을 환기시키고, 미국 행정부, 신노동당(New Labour)의 영국주식회사(UK Inc.), '억압당한 자들의 연합'이 초국가적 차원에서 벌이는 활동들이 어떻게 디아스포라와 혼종성에 대한 우리의 생각들을 변화(혹은 변질)시켰는지를 살펴보려 한다. 이러한 과정들을 결합시킬 때 테러리스트들, 무슬림, 망명자/난민 사이에 하나의 융합이 발생한다. 이 새로운 최하층민들(pariahs: 원래는 인도의 불가촉천민을 나타내는 말이다—옮긴이)은 모든 사람들 사이에 존재하는 연결 관계를 재조정하며, 서구 민족-국가들의 개량되고 콘크리트로 봉쇄된 신성불가침의 국경 밖으로 감히 나서려는 사람들을 개조한다는 자만이라는 거미줄에 은밀히 갇혀 있다. 관타나모 만(Guantánamo Bay)의 캠프 엑스-레이(Camp X-Ray)에 억류된 고향도 신분도 없는 사람들, 오스트레일리아 우메라(Woomera)와 박스터(Baxter)의 이주민 '센터들' 그리고 영국의 벨마시(Belmarsh)나 말레이시아의 쿠밍팅(Kumingting)에 구금된 사람들과 그 외에도 너무나 지나치게 많은 다른 사람들처럼 테러리스트들과 망명자들은 자격증과 신분증을 지닌 사람들에게 주어지는 권리의 범위 밖에 존재하는 이들이다. 미국의 애국법과 영국의 유사한 법령의 입법화는 초국가적 연결들을 깨트리는 탈(脫)디아스포라화, 시민권 철회 그리고 항상 영국 우파의 꿈이었던 추방을 합법화하기 위한 입법 사례들이다. 혼종성과 디아스포라를 이해할 수 있는 해결 방안이 가장 필요한 시점임에도 불구하고, 학문 연구는 순수 문화적인 사안들에 지나친 관심을 보이고, 특수한 경우와 너무 밀접하게 연관되어 있으며, '위협'의 초국가적인 면을 다룰 수 없는 듯하다. 행동하기 위해서는 이러한 용어들을 비판적으로 파악할 필요가 있으며, 이 책은 행동하기 위한 공간을 만들어내는 하나의 지적 도구가 되려 한다. 물론 이러한 행동의 다양한 형태를 제시해야만 할 것이다. 그러나 이런 형태를 노골적으로 규정하지는 않을 것이다. 우리의 임무는 현실에 개입하기 위해 이전 시기의 이론화를 평가하는 것이라 본다. 우리에게 이러한 평가는 모든 형태의 참여 활동에 기초가 된다. 우리가 혼종성과 디아스포라에 대한 모든 해답이나 심지어 모든 적절한 질문을 요구하는 것은 아니다. 하지만 적어도 물어는 봐야 한다고 생각한다.

고향과 타향: 디아스포라의 사회적 지형

저항? 저항 그 자체가 어떻게 이해되어야 하는지 묻는 것으로 시작하고 싶다(Gilroy 1991: 3).

전통의 바다에서 헤엄치는 것은 좋으나, 그 속에 가라앉는 것은 자살이다(M.K. Gandhi, Navajivan 28 June 1925).[1]

만약 단어가 세상을 바꿀 수 있다면, '디아스포라'는 많은 것을 약속했으나 거의 실행한 바 없는 용어들 중 하나이다. 이라크 전쟁과 9·11을 비롯해서 최근에 일어났던 사건들로 인해 혼종성과 디아스포라같이 이미 합의된 개념적 기준들이 통용될 수 없게 되었고, 오늘날 (흔히 '테러리스트'로 분류되는) 초국가적 네트워크는 사회과학과 신문 용어의 일부가 되었다. 이러한 용어의 변화는 처음은 아니지만 문화적, 사회적, 정치적 구조 전반에 대한 디아스포라의 중요성에 어떤 변화가 나타났음을 의미한다. 그러므로 우리의 목표는 디아스포라의 개념화가 사회정의를 강화하도록 도왔는지 혹은 사회정의로부터 관심을 이탈시켜왔는지를

---

[1] Prashad, Vijay(1995) 'ROOTS: A Manifesto for Overseas South Asians', *Sanskriti*, Vol. 6, No. 1. www.foil.org/resources/sanskriti/dec95/vijay.html. 에 있다.

평가할 수 있는 이론과 실례들을 소개하고, 이것이 평등을 위해 고군분투하는 이들에게 희망이나 실망을 안겨주었는지 묻는 것이다.

현재 하나의 연구 분야로 등장한 디아스포라는 탈식민 연구 그리고 모든 곳에서 발견되지만 제대로 정의되지 않은 세계화 과정과 같은 학계의 지적(智的) 운동과도 연관이 있다는 점에서 매우 중요하다. 이런 분야들은 서로 깊이 관련되어 있는데, 중복이 일어나는 중요한 순간을 간략하게 나타내는 것만이 가능하다. 필 코헨(Phil Cohen 1999)은 디아스포라라는 제목과 주제를 가진 논문과 책들을 모두 모아 디아스포라에 대한 학문적인 관심을 항목별로 구분하였다. 1990년 이전의 학자들은 '디아스포라'라는 용어에 거의 관심을 기울이지 않았으며, 디아스포라를 주제로 하는 몇 안 되는 출판물도 주로 유대인이나 아프리카인들의 역사적 경험을 기술하였다. 1990년 이후에는 디아스포라에 대한 저작들이 대량으로 쏟아져 나오고 디아스포라라는 이름이 붙여지는 집단도 매우 다양해졌다. 현재 디아스포라의 폭과 다양성은 성정체성에 대한 고정 관념들이 도전받음으로써, 결국 섹슈얼리티가 차이의 장이 되는 퀴어 이론으로부터 디아스포라가 효율적인 기업가 네트워크의 실례라는 경제 네트워크 이론에까지 이르고 있다.

우리는 학문적인 저술 세계의 경향에만 관심을 갖는 연구와 해설을 지지하는 연구에는 반대한다. 필 코헨이 디아스포라의 효과에 대한 연구에서 지적한 바는 아니지만, 우리의 핵심은 디아스포라 개념에 대한 관심이 1989년 베를린 장벽의 붕괴 같은 사건과 이후 미국의 외교정책이 소련과의 경쟁으로부터 자유스러워진 새로운 정치 환경이 형성됨과 동시에 급격하게 늘어났다는 것이다. 흔히 냉전으로 불리던 시대가 종결된 이후, 미국 행정부에 절대적으로 반대하는 전 지구적인 움직임이 공산주의의 부활로 나타나기보다는, 다소 논쟁의 여지는 있지만 이슬람공동체를 뜻하는 움마(umma: 아랍어에서 '어머니'를 뜻하는 '움(umm)'에서 파생되었으며, 이슬람교도들을 모두 포함하는 '민족'과 그들의 '전 세계적인 공동체'를 의미한다―옮긴이)라는 개념 아래 나름의 디아스포라를 경험한 이슬람주의로 나타났다(Sayyid 2000b). 비록 이슬람의 디아스포라라는 특정 주제는 마지막 장에서 상세히 논의되겠지만, 이 책의 전반에 흐르는 주제는 디아스포라의 개념적, 사회적, 정치적인 틀 속에서 일련의 사건들과 경향들의 상관관계를 풀어나가는 것이다.

본 장은 유대인의 경험을 시작으로 디아스포라에 대한 기존 관점을 대략 살펴본다. 그런 다음 '이주'와 '종족성' 같은 디아스포라 주변에 맴도는 다른 용어들을 살펴봄으로써 하나의 사회적 존재인 디아스포라에 대한 질문에 답하려 한다. 종족성, 이주, 정착, 인종에 대한 생각들은 모두 디아스포라가 개념화되는 한가운데를 가로지르며, 이를 철저히 분석하는 것으로 보인다. 이러한 용어들을 설명한 다음, 우리는 두 개의 주요 테마로 돌아올 것이다. 첫째, 고향(home)(들)과 타향(abroad)(들)의 관계에 대한 주제를 경제적, 정치적, 사회적 유대관계와 관련지어 검토할 것이다. 둘째, 디아스포라에 대한 비판적 시각을 유지하면서, 이 용어가 어떻게 우리의 불공평한 세계에서 쫓겨나고 소외된 이들의 상태를 설명하는 전략적 사고에 도움을 주는지 평가할 것이다.

편리한 전통

전통적인 방식에서 디아스포라는(접붙이기를 의미하는 혼종성과 마찬가지로) 그리스의 정원 가꾸기 관습과 관련이 있는데, 단순히 종자를 뿌리거나 분산을 의미하는 표현이기도 하다. 배양과 재생산의 능력을 모두 갖춘 매개체인 종자와 정자의 어원이 디아스포라를 설명하는 데 중심이 되므로, 제2장에서 이런 주제들을 거론하고자 한다. 우리는 유대인들의 강제 추방 경험 중 학문적으로 인정된 부분을 디아스포라를 논의하는 출발점으로 삼으려 한다. 유대의 역사 서술에 의하면, 디아스포라 경험의 기원은 기원전 6세기에 솔로몬 성전으로 알려진 제1성전(The First Temple)과 예루살렘의 파괴와 더불어 시작된다. 유대인들의 예루살렘 추방과 뒤이은 바빌론으로의 망명은 유대인의 문화적, 정치적 구술의 주요한 일부가 되어왔다. 당시 그 지역의 여러 곳, 특히 이집트와 그리스에 유대인들의 정착촌이 이미 존재했음에도 말이다. 기원전 4세기경에 이르면 예루살렘 지역보다 바깥 지역에 정착한 유대인들이 더 많았다(Ages 1973). 그럼에도 불구하고 디아스포라라는 용어와 상실이나 추방 혹은 고난의 연관성은 유대인의 경험이 디아스포라 경험의 원조로 여겨지게 되었음을 의미한다. 이러한 한 집단에 대한 묘사는 전 세계에 살고 있는 사람들이 상호관계를 형성하고, 어떤 점에서는 자신이(신화이건 실제이건 간에) 한 뙈기의 땅과 연결되어 있다고 생각하게 만들기 때문에 매력적이다. 물론 유대인의 경우 고향 땅과 연결돼 있다는 그들의 믿음이 팔레스타인들에게는 비극적인 결과와 불의를 초래했다는 사실을 알고 있다. 디아스포라에 대한 유대 민족의 생각이 국외 추방 및 정신적 외상과 밀접한 관련이 있음에도 불구하고, 이것이 팔레스타인들 가운데 또 다른 디아스포라 희생자들이 발생하는 사태를 막지 못한 것은 역설이다.[2] 이는

---

2 약 400만의 팔레스타인인들은 이스라엘과 팔레스타인 통치 지역 내에 살고, 다른 400만 명은 국경 바깥 지역에 살고 있다.

아마도 유대인 디아스포라가 인종적 위계질서에 있어 모호한 위치에 있는 것과 관련이 있을지도 모른다. 제6장에서 이러한 측면을 좀 더 상세히 풀어가려 한다.

고전적 형태의 디아스포라는 강제 이동과 국외 추방, 불가능한 귀환에서 비롯되는 필연적인 상실감과 관련이 있다. 이는 전통적으로 노예제도를 통해 아메리카 대륙으로 건너간 아프리카인들의 집단 이주에도 적용된다. 지그문트 바우만(Zygmunt Bauman 2000)은 디아스포라라는 용어가 오로지 1960년대 아프리카학 연구자들의 노력에 의해 학문적으로 사용되었으며, 이는 특별히 유대인과 아프리카인들의 경험과 관련이 있음을 지적한다. 실제로 블랙(우리나라에서 '흑인'이란 흔히 아프리카인이나 미국 흑인 같은 아프리카계를 의미하는 경우가 많은데, 여기서 '블랙'은 아프리카계 뿐 아니라 인도인같이 피부색이 짙은 이들을 모두 포함하기 때문에 원문대로 '블랙'으로 표기한다—옮긴이) 디아스포라 사회는 노예 경험을 호소하면서 종종 바빌론을 압제자의 상징으로 묘사한다(Gilroy 1987). 엄청나게 많은 저술들이 노예제의 역사를 추적하지만, 대서양 무역의 문화적 영향은 폴 길로이(Paul Gilroy)의 《블랙 아틀랜틱(The Black Atlantic)》(1993a)과 로널드 시걸(Ronald Segal)의 《블랙 디아스포라(The Black Diaspora)》(1996)에 가장 잘 연구되어 있다. 이동과 이주, 정신적 외상과의 상호 연결, 그 안에 담긴 끊임없는 상실감과 고향에 대한 열망은 고전적 형태의 디아스포라에 대한 비판의 주요 초점중 하나이다. 예를 들어, 이 모델은 본국 귀환에는 전혀 지장이 없지만 많은 점에서 우리가 디아스포라로 부를 만큼 스스로를 그렇게 만들어가는 미국의 엔지니어링 분야에서 일하는 고학력 중국 이주민들의 경우를 설명하기 힘들다. 이러한 어려움에도 불구하고 디아스포라와 희생자의 결합은 20세기 초 터키 팽창주의로 인해 강제로 이주당하는 고초를 겪었던 아르메니아인 같은 집단들도 포함하기에 이른다.

이 모든 사례들에 의하면, 디아스포라를 규정하는 특징은 이주를 떠났던 장소로 돌아가는 것이 완전히 차단되어 있거나, 돌아가기 어려운 '귀환'의 봉쇄이다. 강제 추방은 고향을 간절히 그리워하는 고양된 감정에 있어 필수적이며, 디아스포라를 이해하는 핵심이다. 1920년 마커스 가비(Marcus Garvey)의 요구로 성사된 미국 흑인들의 라이베리아 이주같이 귀환을 막는 장애가 사라진 경우조차 귀환 여행은 흔치 않다. 강제로 추방당했던 곳에 대한 애착, 또는 어떤 점에서는 그곳과 연결된 감정이 적어도 하나의 강력한 상징으로 작용한다. 강제 추방에 대한 개념은 현시대의 이주와 이동에도 적용된다. 1990년대 발칸반도에서 일어난 사건들로 인해 강제 이동이 시행되었고, 희생자들이 유럽 대부분의 지역과 북미 지역에 재정착했다. 구유고슬라비아가 보스니아, 코소보, 세르비아, 슬로베니아 등으로 분리되면서, 많은 사람들이 자신의 집 가까이에 살고는 있으나 돌아갈 수는 없게 되었다. 망명자 혹은 난민으로 떠도는 상황 또한 고향으로의 귀환을 어렵게 한다. 흑인들에 대한 인종차별이 극심하던 아파르트헤이트(apartheid)시절 남아프리카공화국의 정치 활동가들은 종종 영국 망명길에 올랐고, 고국으로의 귀환이 금지돼 있었다. 최근에야 디아스포라 개념이 난민 연구와 관련해서 거론되기 시작했다(Wahlbeck 2002 참조). 중요한 것은, 국제연합이 인정하는 난민 여권이 유일하게 여행을 허락하지 않는 나라가 모국이기 때문에 난민이라는 상태는 강제된 디아스포라의 의미와 연결돼 있다는 점이다.

강제라는 개념을 이주의 동기로 그리고 현대세계에서 하나의 디아스포라를 창조해내는 잠재력으로 요약해두면 유용하다. 20세기 말 종족 및 민족주의 정치가 난민 집단을 만들어낸 무수히 많은 사례가 있다. 1994년 아프리카의 르완다에서 일어난 분쟁으로 100만 명이 넘는 난민이 발생하기에 이르렀다.³ 실제로 민족-국가들의 영향으로 인해 한 지역에서 인구 대변동과 이탈이 발생한다는 보다 일반적인 관점에 주목하는 것이 중요하다. 그러나 몇몇 교역 집단 외에는 모든 종류의 이주가 다양한 정도의 강제를 수반한다고 주장할 수 있다. 이러한 강제성을 띤 이주는 한 민족-국가의 직접적인 행위에서 비롯되었다기보다는 노동 수요, 빈곤 혹은 기근의 발생, 더 나은 사회적, 경제적 조건에 대한 기본적인 요구와 같이 자본주의 체제가 만들어낸 불평등과 관련이 있다. 추방과 달리 이주의 경우 고향으로 귀환할 수 없다는 사실 때문에 강한 향수를 불러일으킬 수 있지만, 본질적으로 귀환이 금지되어 있음을 의미하지는 않는다. 뒷부분에서 보게 되듯이, 고향 혹은 아브타르 브라(Avtar Brah 1996)가 일컬은 '귀소(homing)'는 근원적으로 '디아스포라'라는 용어를 효율적으로 사용하는 것과 연결된다.

기초 구조들

디아스포라 이해에 결정적으로 중요한 '고향(home)과 타향(away)'의 관계에서 '타향'은 일종의 상실을 뜻하며, 디아스포라가 무엇인지를 나타

---

3 최근 탈식민 국가 내에서 일어나는 수많은 갈등은 식민주의가 남긴 구조에 책임을 물어야 한다. 르완다 사태의 경우, 갈등의 주역인 후투(Hutu)와 투치(Tutsi) 부족은 유럽 식민주의자들에 의해 각 부족이 소유한 가축 머리수에 따라 차별되었다. 이러한 초기에 일어난 차별은 한때 유연했던 사회적 경계를 강화시켰고, 궁극적으로는 아프리카에서 노예무역제도 이후 최악의 대량 학살 행위들 중 하나를 발생시켰다(Eltringham 2004; Melvern 2004 참조).

내는 하나의 대표적인 유형 또는 정의로 일반화할 수 있다. 로빈 코헨(1997)은 디아스포라라는 딱지를 붙일 수 있게 하는 충분조건들의 목록을 제공하기 위해 윌리엄 사프란(William Safran 1991)이 발전시킨 틀을 확장하였다. 디아스포라를 유형화라는 양식을 통해 볼 경우 많은 문제점이 발견된다. 아래의 기준에서 보듯이, 특정한 유형의 경험에는 고유한 편견이 있다.

1. 분산과 흩어짐(모국으로부터)
2. 집단적 정신적 외상(모국에 있는 동안)
3. 문화적 개화(타향에 있는 동안)
4. 주류사회와의 어려운 관계(타향에 있는 동안)
5. 국가의 경계를 넘어선 공동체 의식(고향과 타향)
6. 귀환 운동의 장려(타향에서 고향으로)

이러한 방식의 적용은 '사람 이름 짓기' 게임과 비슷하다. 해설자들은 목록을 가지고 계급, 성별, 나이 등에 따라 나뉜 한 그룹을 택해서 융통성은 있으나 뚜렷하지는 않은, 자신이 확신하는 범주에 함께 묶는 것이다. 로빈 코헨의 《글로벌 디아스포라(Global Diaspora)》(1997)는 이와 똑같은 방식으로 여러 집단들에 대해 이주와 정착, 사회 활동들을 설명하려고 엄청난 시간을 소비한다. 그의 저서에는 여러 이주민 집단에 대한 방대한 세부 사항이 담겨 있는데, 코헨은 이들을 다시 단정한 틀 속에 넣기 위해 노력한다. 우리는 이에 도전하며 코헨이 분류한 범주 바로 옆에 붙어 있는 괄호 안에 모국과 분산 장소의 관계를 기술하여 이것의 특징을 나타냈다. 이렇게 하는 이유는 코헨이 시도하는 방법의 기본적인 결함들 중 하나를 보여주기 위해서다. 코헨이 제시하는 역동성은 모국에 대한 생각에 따라 변화한다는 것이 매우 중요하다. 코헨의 유형에는 일부 집단들에 대해 이야기할 수 있는 공간이 그다지 남아 있지 않은데, 이유야 어떻든 다른 장소를 향해 어느 한 곳을 떠나게 되고, 이후에 정착한 다음에는 '뿌리(origin)'와 아무런 공식 관계를 맺지 않는 집단들이다. 더구나 뿌리에 의지하여 유형을 구분하면 '추방되어' 고국조차 없을지도 모르는 사람들을 위한 공간이 존재할 수 없다(어쩌면 그들은 결국 디아스포라가 아니다?).

코헨의 봉합된 이론 구조는 지나친 야망 때문에 상처를 입는다. 나아가 코헨은 위의 범주에 덧붙여 디아스포라를 일련의 핵심적인 특징에 따라 분류하였다. 이에 따르면 다섯 가지 디아스포라 사회가 있다.

1. 희생(아프리카인과 아르메니아인)
2. 노동(인도인)
3. 무역(중국인과 레바논인)
4. 제국(영국인)
5. 재배(cultural, 카리브인)

비록 코헨이 인정하듯이 그들 사이에는 겹치거나 시간의 흐름과 함께 변할 수 있는 것들이 있어서 이러한 분류를 적용하는 일이 단순하지는 않지만, 이 안의 본질은 이동과 정착의 세계를 정연한 방식으로 설명하는 하나의 결정적인 이론을 발전시키려는 것이다. 우리는 코헨의 유형학이 '디아스포라'라는 용어에 너무 많은 것을 요구하고, 해당 범주들의 분석적인 유용성은 너무 적게 보여준다는 점에서 문제를 제기한다.

예를 들어, 인도인 디아스포라를 노동 이주로 단순화하는 것이 디아스포라 전체의 외형, 문화, 정착을 구체화하는 데 실마리가 되는 주요 사실이 되는 것이다. 물론 인도인 디아스포라가 생성되기까지의 과정에는 무수히 많은 다른 사실들이 관여하기 때문에 노동 이주가 진실은 아니다. 이런 방식으로 인도인 디아스포라를 이야기하면(디아스포라가 무엇인지에 대한 코헨의 법칙들을 적용할 때조차) 디아스포라의 형태를 구성하는 인도인의 이주와 정착의 다른 측면들을 판단할 수 없게 된다. 코헨의 개념적 기획의 심장부에 있는 구조적 비일관성 때문에 디아스포라는 민족지학(ethnography)에 이의를 제기하는 이들 (Anthias 1998와 같은) 그리고 해당 이론에 의문을 제기하는 이들 (Clifford 1994; Brah 1996과 같이) 모두의 비판을 받는다.

만약 디아스포라 같은 종류의 거대 서사에 유용한 측면이 있다면, 이는 상세한 역사 자료를 제공하고 탐구할 가치가 있으며 다른 맥락에서 이해할 수 있는 쟁점들을 지적한 것이다. 예를 들어, 역사적으로 디아스포라적 구조물의 수명은 근대 민족의 형성을 앞지르고 있다는 것이다. 이런 점에서 디아스포라는 더 큰 지정학적 변화와 역사적 투쟁의 양상들(문명 충돌, 생산양식의 다양한 변화 등)이 고려된 초국가적 조직들, 형성, 과정을 나타내기 위해 이용될 수 있다. 디아스포라는 특정한 역사 시기에 국한되지 않아 (심지어는 기초 구조의 역사화하기라는 특권을 줄 때조차) 식민 이전 시기, 식민시대와 탈식민시대의 디아스포라들이라는 예를 들 수 없다. 코헨의 연구는 적어도 유용한 출발점은 되는데, 디아스포라에 대한 사고의 바탕을 제공하는 수많은 사례 연구들을 보여주기 때문이다. 또한 코헨의 접근 방식은 매우 인간 중심적이며, 자본과 상품 그리고 최근에는 텔레비전, 신문 같은 미디어라는 통로를 통해 형성된 관계들을 우선시하지 않는데, 이는 분명 장단점이 모두 있다. 그러나 궁극적으로 이런 명확한 도식은 디아스포라가 사회정의를 추구하는 선에서 사회를 변화시키는 데 요구되는 지적인 도구를 제공하지 않는 것은 물론이고, 심지어는 우리가 움직임과 변화를 명료하게 생각할 수 있도록 도와주는가라는 질문에도 거의 답할 수 없다.

또 다른 틀은 스티븐 베토벡(Steven Vertovec 1999)이 제공하는데, 그는 디아스포라라는 주제를 다루면서 사람들의 범주화보다는 민족지학 연구를 통해 디아스포라의 복합적인 의미들이 생성되는 방식에 관심을 가졌다. 베토벡은 트리니다드와 영국에 대한 연구를 통해 세 가지 유형으로 디아스포라를 정의하고 있다.

1. 사회 형태로서의 디아스포라
2. 의식(意識)의 한 유형으로서의 디아스포라
3. 문화 생산의 한 방식으로서의 디아스포라

이 장에서 우리는 사회 형태로서의 디아스포라에 초점을 맞춘다. 그리고 다음 장에서는 문화에 대한 문제에 집중할 것이다. 의식으로서의 디아스포라에 대해서는 두 장 모두에서 관심을 기울인다. 베토벡에게 사회 형태로서의 디아스포라는 세 가지 측면이 있다. 첫째, 공통의 기원과 이주 경로와 관련되는 특유의 사회관계를 형성한다. 둘째, 모국에 대한 충성과 호스트 국가에 대한 충성을 사이에 두고 정치적 태도에 긴장이 존재한다. 셋째, 집단적 기동성과 관련하여 특정 디아스포라 집단들을 두드러지게 만드는 특별한 경제 전략이 있다. 이러한 측면을 끌어내는 상황 또한 세 가지이다. (1) 초국가적이고 종족적인 유대관계가 유지되는 세계무대. (2) 정착이 일어난 국가. (3) 모국, 혹은 조상들이 태어난 곳.

    베토벡이 제시한 사회와 문화 형태의 구별하기가 연구의 체계화에 유용한 범주를 제공할지도 모른다. 이러한 기반은 사회집단들을 이해하거나 디아스포라를 분석 용어로 개념화하는 방법을 제시한다기보다 오히려 분류상의 우아함이라는 특권을 가진다. 우리가 이 책을 저술하던 당시에 적어도 세 개의 주요 사회학 및 문화 연구 학술지들[《디아스포라(Diaspora)》, 《퍼블릭 컬쳐(Public Culture)》, 《트랜스내셔널 앤드 트랜스컬처럴 스터디즈(Transnational and Transcultural Studies)》]과 상당수의 저서들이 같은 주제를 다루었다. 디아스포라는 하나의 개념으로서 사회과학과 인문학을 넘나드는 다양한 분야에서 생산적인 역할을 해왔음이 분명하다. 의식과 문화의 생산 방식인 디아스포라가 인류학, 문화 연구, 문학과 예술에서 이론적이며 민족지학적인 텍스트를 중시하는 동안, 사회 형태로서의 디아스포라는 사회학과 정치과학, 경제학의 전통적인 관심 분야에서 나타난다. 그러나 베토벡이 제시한 디아스포라 모델들은 문헌을 잘 분류하는 데는 도움이 될지 몰라도, 개념과 관련된 한계들을 제대로 다루지 못하며, 디아스포라의 개념을 혁신적으로 사용할 수 있는 방향으로 이끌지도 못한다. 물론 이 마지막 지적은 코헨의 연구에도 적용될 수 있다. 위에 제시된 유형적인 틀을 넘어 움직일 경우 이주와 종족성같이 디아스포라에 대한 관심이 급격히 늘어나면서 비평의 대상이 되었던 개념들을 슬쩍 곁눈질해 볼 필요가 있다. 그렇게 함으로써 디아스포라가 이론 만들기뿐 아니라 정치투쟁과 관련짓는 데도 유용하다는 사실이 크게 부각된다.

디아스포라, 이주, 종족성

디아스포라와 가장 밀접한 개념이며, 디아스포라의 렌즈를 통해 어느 정도 정밀 조사를 받아온 개념이 바로 이주와 종족성이다. '이주민'은 공동체를 묘사하는 용어로, 여러 이유들로 인해 평판이 나빠졌다. 첫째, 이는 이주민들의 자손이며 전혀 이주한 적이 없는 집단들을 특정 장소에 속하지 않는 이들로 명시한다. '이주민'이란 단어는 이동이라는 실제 사건과 연결되기보다는 '이곳 사람이 아닌' 혹은 '다른 곳에 속한 사람'에 대한 완곡어법이 된다. 대규모 정착민이 오랫동안 존재해왔던 곳에서는 이주민에 대한 이런 개념화가 분석적인 무게를 덜 지니지만, 한 집단을 주변화하거나 인종차별하기 위한 정치적인 도구로 살아남는다. 둘째, 이는 사람들이 한 곳에서 이주해 다른 곳에 정착하면 이야기가 끝나는 단 한 번의 사건임을 암시한다. 그러나 현재의 연구들은 이주가 여러 번의 변동과 이동을 수반할 수 있으며, 심지어는 완결되지 않는 과정을 필요로 한다는 점을 보여준다(Papastergiadis 2000). 우리가 여기서 물으려는 중요한 질문들은 명료하다. 디아스포라는 '이주'라는 용어가 암시하는 것보다 더 잘 정착된 집단들로 생각하게 만드는가? 혹은 초국가적인 관계를 드러냄으로써 차이를 강조하는가? 다른 말로, 만약 우리가 한 집단의 디아스포라적 본질에 관심을 기울인다면, 이는 그들을 정착 국가에 속하는 이들로 생각하지 않으려는 변명이 될까, 한 집단을 '이주민'으로 부름으로써 같은 덫에 걸리게 될지라도? 분명히 디아스포라는 이주를 단 한 번의 그리고 한 방향의 과정으로 보는 우리 시각을 변화시키지만, 과연 이것이 초국가적인 관계에 대한 긍정적인 포용인지 혹은 '너는 속하지 않는다'라고 말하는 적대적인 호스트 사회에 직면한 공동체들의 방어 자세인지는 불분명하다.

디아스포라는 하이픈으로 연결된 외국 태생의 혼종적 신원과 결합해서, 이주민에 대한 변하지 않는 고정관념을 넘어설 수 있게 한다고 주장할 수 있다. 예를 들어, 알제리계-프랑스인(French-Algerians)이나 가이아나계-네덜란드인(Dutch-Guyanese)이 프랑스로 이주한 알제리 이주민 또는 네덜란드로 이주한 가이아나(Guyana) 이주민보다는 나은 표현이다. 두 사례에서 알제리와 가이아나 디아스포라 사회는 지속적으로 유럽에 정착하고 있을 뿐 아니라 알제리와 가이아나와 유대관계를 유지하고 있으므로 '이주민'이란 용어는 부적합한 듯하다. 정확하게 표현하는 정도에 있어서는 '디아스포라'가 십중팔구 더 적합한 용어일 것이다. 또한 디아스포라는 이주를 한 방향의 결과를 낳는 일회성 단일 사건이 아니라, 오히려 물질과 문화의 단계에서 연결과 관계들을 만들어내는 지속적인 과정으로 보게 한다. 우리는 여기서 크건 작건 간에 보내고 받아들이는 국가들 모두를 변화시키는 하나의 관계를 이야기하고 있다. 이러한 관계는 이주란 용어만을 생각할 때 결여되는 많은 함축적인 의미들을 내포하고 있다. 아메리카는 종종 '이주민들'의 땅으로 묘사되는데, 이는 원주민들의 권리를 부인할 뿐 아니라, 오늘날 미 '합'중국에서 인종화된 집단들 사이에 존재하는 엄연한 격차를 그럴듯하게 덮어버린다. 만약 아메리카가 '디아스포라들'의 땅으로 새로이 명명된다면, 이러한 관계들이 바뀔까? 아마도 근원적인 차원에서는 아닐지라도 새로운 이주민들이 미국인들의 생활방식을 받아들이는 한 그들을 허용하는 백인우월주의 그리고 미국 민족주의의 지배를 불안정하게 할지도 모른다. 이것이 비제이 프라샤드(Vijay Prashad)가 말하는 새로이 도착한 이들이 인종화된 기존 위계질서를 동요시키지 않는 한 이익을 제공하는 '아메리카와 새 이주민들의 협정'(Prashad 2000: x)이다. 이렇게 해서 이른바 디아스포라는 블랙과 백인의 구분을 방해할 때만 위협으로 여겨지는데, 이는 근래 아랍인들, 무슬림, 미국의 남아시아인들에 대한 인종화로 인해 드러나게 되었다.

    이주라는 명칭에는 대부분 좀 더 근본적으로 법, 법규, 민족-국가들 사이의 상호관계 같은 더 큰 제도적 의미들이 함축적으로 담겨져 있다. 사람들의 이동을 관리하는 법률의 제정은 흔히 통화 자본이나 인적 자본이라는 자원을 극대화하려는 민족-국가에 국한될 것이다. 그리하여 만약 당신이 10만 달러라는 투자금이 있다면 캐나다로 이주할 수 있고, 면허가 있는 의사라면 스웨덴으로 이주할 수 있을 것이다. 이 두 사례에서 이민 제도는 받아들이는 쪽에서 이득을 창출하도록 되어 있다. 노동력 부족으로 인한 농촌에서 도시로의 이주나, 항상 새로운 노동자들의 유입을 바랐던 유럽과 아메리카를 향한 좀 더 이른 시기의 국제 이주도 마찬가지이다.[4] 디아스포라 조직들은 송금과 사회적 유대 그리고 지속적인 경제 관계라는 면에서 고국에 어느 정도 이익을 가져다준다는 사실을 암시하기 때문에 이주 메커니즘과는 쉽사리 들어맞지 않는다. 디아스포라를 좌우하는 법적, 제도적 장치는 얼마 되지 않으며 찾아보기 힘들다. 이것이 학계의 담론에서 '초국가주의'라는 용어가 인기 있는 이유 중 하나인데, 디아스포라 조직들이 법률 제정과 국가기관에 미치는 충격에 좀 더 적절하게 대응하기 때문이다. 제도상의 구조에서 문화적 사안으로 비평의 대상을 전환하는 것은—우리가 제5장에서 주장하듯이—디아스포라뿐만 아니라 나아가 혼종성을 겨냥할 수 있다.

---

4 노동 이주에 대한 마르크스주의적인 분석을 위해서는 카슬즈와 코삭(Castles and Kosack 1973) 참조.

제도적인 구조에 대한 외면이 반드시 정치에 대한 관심 부족을 의미한다고 할 수는 없다. 어떤 디아스포라 조직은 다른 디아스포라 조직에 비해 민족-국가의 정치문화에 쉽게 어울릴 수 있다. 가장 명백한 예가 2001년 9월 11일 세계무역센터와 펜타곤이 공격당한 이후에 나타난다. 비록 아메리카의 유대인 디아스포라 가운데 일부가 팔레스타인인들의 암살과 대량학살 정책을 추구하는 이스라엘을 지원하고 함께 일하는 쪽이 비교적 안전하다고 여겨왔을지라도, 무슬림 국가(파키스탄같이 미국을 지지하는 국가들조차) 출신으로 미국에 정착한 이들은 관계기관에 등록해야 했고, 일상적인 괴롭힘과 구금의 대상이 되었다. 각기 다른 디아스포라 집단에 대해 별도의 정책을 펴는 것이 미국 대내외 정책의 이해관계와 결코 모순되지는 않지만, 이는 정부가 전략 때문에 디아스포라 집단들을 고르지 않게 취급한 한 가지 사례인 것이다.

디아스포라에 대한 이해가 이주 연구에 많은 관점들을 덧붙일 수 있지만, 전체적으로 이들은 대립적이라기보다 상호 보완적인 설명이다. 이와 대조적으로 관련 용어인 '종족성'을 적어도 그 용어가 영국의 맥락에서 사용되었던 방식으로 분석할 때는 디아스포라가 좀 더 방해하는 비평을 제공한다고 주장할 수 있다. 비록 종족성에 대해 엄청나게 많은 양의 저술이 쏟아져 나왔지만, 여러 분야에서 이러한 연구들을 정밀하게 검토해왔다. 영국의 소수인종 집단에 대한 연구는 인류학자 프레드릭 바스(Fredrik Barth 1969)의 작업에 근거해 종종 집단 영역의 생성과 유지에 초점을 맞추어왔다. 영역에 대한 바스의 시각은 여러 학자들의 비판을 받았는데, 종족성이 정치를 폄하하고 문화적인 측면에 지나치게 집중하고 있다고 보는 이들(CCCS 1982)과 본질주의(essentialism: 철학에서 특정 실체가 자신의 정체성과 기능에 필요한 공통의 속성을 가지고 있다고 보는 견해이다—옮긴이)에 대해 동시대적 차원에서 관심을 기울이는 이들(Brah 1996)이다. 여기서 나는 종족성이 영역을 유지하고 고정시키는 어떤 특정한 과정에 관심을 기울이는 방식에 주목한다. 국가와 공적 담론의 많은 부분은 성, 계급 등에 의해 구별되는 집단들을 블랙과 아시아인같이 단순한 범주화로 재생산해낸다. 이는 결국 이런 사람들이 취급받는 방식에 영향을 미친다(Sharma and House 1999 참조).

반대로 디아스포라를 이해하는 작업은 종족성에 자극받아 초국가적인 유대관계에 초점을 맞추고 소속감과 정체성의 다양성을 강조함으로써 정체성의 불변성에 이의를 제기할 것이다. 그러나 플로야 안시아스(Floya Anthias)는 디아스포라와 관련된 이런 주장에 신중함을 보인다.

> 이전에 세계를 비춰주었던 '종족의 안경(ethnic spectacles)'을 디아스포라들이 깨뜨린다는 인식은, 종족적 나아가 자기중심주의적 결속이라는 아이디어, 즉 종족적 절대주의(ethnic absolutism)의 새로 재건된 형태에 지속적으로 집착하는 것을 엄청나게 평가절하하는 것인지도 모른다(Anthias 1998: 567).

다른 말로, 디아스포라 집단들도 여느 집단들과 마찬가지로 종족적 절대주의 범위 내에서만 활동할 개연성이 있다. 예를 들어, 이슬람연합(Nation of Islam) 내의 블랙 무슬림들(Black Muslims) 또는 시크(Sikh) 분리주의자들이 초국가적인 집단으로 조직되고 존재할 수도 있지만, 그들 또한 상당히 경직된 경계를 만들고 유지하는 과정에 참여하는 것이다. 안시아스에 따르면, 이는 종족 디아스포라가 지금은 친숙한 생각인 잃어버린 '모국'을 필연적으로 갈구하기 때문이다.

디아스포라는 본질적으로 자식들이 여기저기 흩어져 있는 아버지라는 부모의 개념을 필요로 한다. ……친아버지(의 나라)는 디아스포라 개념에 있어 평가 기준이다. 클리퍼드의 연구에서처럼 얼마나 세련되고 재구성되었든 간에, 결국 이 평가 기준이 지속적으로 적용되면 어느새 근본 기준이 된다(Anthias 1998: 569).

그러므로 디아스포라와 종족성은 종종 이론적으로 인정되는 정도보다 더 많은 공통점을 갖고 있다. 안시아스에게 비평의 목표는 제임스 클리퍼드(James Clifford), 스튜어트 홀(Stuart Hall), 폴 길로이며, 다음 장에서 이들의 연구를 좀 더 세부적으로 살펴볼 것이다. 우리의 현재 목표로는 본질적인 문제들이 디아스포라의 탄원으로는 사라지지 않으며, 디아스포라 집단들과 종족 집단들은 분명히 서로 배타적인 부류가 아니라는 사실을 지적하는 것으로 충분하다.

  그러나 우리의 관심을 어디로 이끄는가라는 점에서 디아스포라는 종족성과는 현저히 다르다. 종족성은 민족-국가를 영역이 만들어지는 합법적인 사회 공간으로 복귀시킨다. 한 종족 집단을 묶기 위해 설명하는 과정들이, 종종 민족을 설명하고 묶기 위해 사용하는 과정들과 유사하기 때문에 종족성은 어떤 면에서 민족의 좀 더 작은 형태인 듯하다. 또한 종종 한 민족-국가의 정책과 제도적 조치가 종족성의 존재를 허용하는 공간을 결정한다. 예를 들어, 네덜란드에서는 모든 어린이들이 주립학교에서 쿠르드어든 네덜란드어든 프랑스어든 상관없이 자신의 모국어를 배울 수 있게 되어 있다. 이는 학교에서 비유럽어를 가르치는 것이 적당하지 않다고 여기는 프랑스식 제도, 비유럽언어들이 '공동체 언어'로 불리는 잉글랜드와는 정반대 경우이다. 민족-국가의 정책들은 종족 집단을 창조하고 유지하는 데 변증법적인 역할을 한다. 디아스포라가 하나의 민족-국가에서 관심을 돌려 민족-국가들이나 국가 내 지역들의 잠재적인 다양성에 관심을 보이기 때문에, 이런 점에서 종족성에 거의 대조적인 세력으로 보일 수 있는 것이다. 나중에 살펴보겠지만, 종족성에 대한 생각은 민족에 대한 생각과 마찬가지로 해당 사회를 떠나서 분석할 때는 유지하기 더 어렵다. 바로 이런 맥락에서 디아스포라에 대한 이해는 우리가 다른 종류의 정체성 형성뿐 아니라 다른 종류의 사회조직을 살피게 한다. 디아스포라 연구에서 출발하는 하나의 주제를 들면, 이는 디아스포라의 다(多)지역적 특성에 대한 주제이거나 한 곳 또는 다른 곳으로 축소될 수 없는 고향과 타향의 상호작용이 바로 그것이다. 이 한 쌍이 바로 정치와 경제에 대한 디아스포라의 본질적인 영향을 가늠하게 한다.

고향들/타향들

만약 디아스포라가 하나 이상의 사회, 문화, 인간 집단의 관계를 암시한다면, 이것이 정치와 경제에 어떤 영향을 주어왔는지 고찰하는 것은 유용한 출발점일 것이다. 대략 세 가지로 확인할 수 있는 사회 영역이 있다.

1. 어떤 형태의 집단 정체성이나 동일시 과정을 거치는 이산 집단
2. 이러한 과정을 거치게 되는 배경과 다양한 집단들이 거주하고 있는 민족-국가들
3. 일련의 사회적, 경제적, 문화적 유대관계를 통해 민족-국가들에 대한

소속감 유지

이러한 '삼인조 관계'(Saffran 1991)는 디아스포라 조직들과 이에 대한 여러 논쟁에서 중심이 되는 특징을 형성한다. 삼인조의 시각에서 디아스포라는 또다시 고향과 타향이라는 적어도 두 장소를 희망하는 기본적인 긴장감을 내포한다.[5] 아마도 이를 가장 잘 묘사한 것이 전 유럽 차원에서 조직되고 빈번하게 국가나 자선기관들의 재정 지원을 받으며 디아스포라의 집단화를 위해 봉사해온 공동체 조직들의 활동일 것이다. 이러한 조직들은 일정한 디아스포라 성향을 구현한다. 유럽의 주요 도시에는 파키스탄인사회, 터키인협회, 우크라이나인센터, 시크공동체와 청년봉사단, 중국인협회 같은 이름을 가진 조직들이 많다. 이 조직들은 실제 활동은 혼합주의적(우리는 이것이 불가피하다고 주장한다)일지 모르나, 자신의 고국과 직접 관계를 맺는 데에는 거의 아무런 어려움이 없다. 그들이 이주에 대한 조언과 복지 정보뿐 아니라 '고향'의 최신 정보에 동등하게 관심을 보인다는 사실은, 그들이 초국가적 유대관계 없이도 존재할 수 있으며, 대개 자신들이 거주하는 국가의 제도 범위 내에서 조직되고 운영되는 종족협회들의 생각과는 잘 들어맞지 않음을 의미한다. 이러한 조직들은 문자 그대로 '이곳과 그곳'에 걸쳐 있으며, '해외'에서 (가정을 일구면서) 살 수 있는 방법들을 제공할 뿐 아니라 '거기'(또 다른 고향)와 연결시켜준다.

---

[5] 동아프리카 아시아인들은 두 차례에 걸친 이주나 여러 곳의 고향을 가진 좋은 예이다(Bhachu 1985). 그들은 19세기 중반 영국령 동아프리카에 철도를 놓기 위해 연한(年限) 계약 노동자와 계약 노동자로 처음 옮겨 오게 되었고, 이후 1970년대에 유럽과 북미 지역으로 추방되었다.

또한 디아스포라 조직들은 고향이 안정된 범주가 아니라는 사실을 구체적으로 예증한다(우리는 다음 두 장에서 '귀소성'에 대한 생각을 좀 더 자세히 살펴볼 것이다). 이 장의 시작 부분에서 코헨의 유형학에 대해 기술하면서 지적했듯이, 디아스포라 연구에서는 한 공동체가 조직하는 방식을 이해하기 위해 가장 중요한 자료로 종종 모국과의 관계를 활용한다. 그러나 모국과의 관계는 상당히 다양한 특성을 지니는데, 영국의 카슈미르인들처럼 매우 가까운 관계가 있는가 하면, 남아프리카공화국의 타밀인들처럼 실질적으로 덜 밀접한 관계도 있고, 가이아나와 카리브 지역 인도인들의 역사적 상황에서 예증된 바와 같이(Ramdin 2000) 방문과 물질적인 유대 면에서 최소한의 상호작용에 이르기까지 상당히 다르다. 이 각각의 경우에 우리가 인도인 혹은 남아시아인으로 단번에 합칠 수도 있는 디아스포라들과 '인도'의 관계는 이주 시기, 이주 및 정착과 연관된 상황, 소통 기술의 발전 등에 따라 엄청나게 다양하다.[6] 좀 더 근본적으로 이러한 관계는 해당 국가들과 물질적이고 문화적인 접촉이 모두 개방된 가운데 대부분 정치적 관계의 변화에 따라 좀 더 강해지거나 약해질 수 있다. 예를 들면, 2003년 일부 국가에서 인도인 디아스포라 정착민들에게 이중시민권을 부여했는데, 시민권은 그런 자격을 획득할 수 있는 사람들과 모국과의 관계를 좀 더 가깝게 만들 가능성이 크다.

'고향'과 '타향'의 관계를 살펴볼 때는 개인들 또는 디아스포라 집단의 구성원들 사이의 관계를 고찰해야 할 뿐 아니라, 지속적인 관계를 만들거나 이를 가로막는 시장과 더불어 입법상의 국가구조가 하는 역할

---

[6] 이런 종류의 세부적인 해석은 그야말로 코헨의 거대한 유형학을 눈에 띄게 엉망으로 보이게 한다.

도 고려할 필요가 있다. 이런 하나의 예를, 자국민 디아스포라의 법적 지위와 그들에게 허용된 비거주 '민족'의 참여에 대한 인도와 파키스탄 정부의 입장 차이를 통해 볼 수 있다. 2002년까지 인도 정부는 단호하게 이중시민권을 금지하였고, 사실 인도 여권을 소지하지 않은 사람이 땅을 소유하거나 그 나라의 정치나 경제에 공식적으로 관여하는 것은 불법이었다. 인도 출신의 많은 이주민들이 조상의 땅에 대한 권리를 갖고 있음에도 불구하고 말이다. 대조적으로 파키스탄 정부는 항상 이중시민권을 인정해왔으며, 그렇기 때문에 파키스탄인 디아스포라는 본국과 훨씬 더 가깝고 밀접한 정치 및 경제 관계를 맺고 있다. 사실상 파키스탄의 펀잡 지방 입법부 의원(Member of Legislative Assembly) 가운데 한 명은 영국과 파키스탄 모두에 집이 있으며, 두 개의 여권을 가지고 있었다. 이러한 예는 국가구조와 법체계들이 어떻게 디아스포라의 영향과 활동을 제한하고, 가능하게 하거나 만들어 낼 수 있는지를 보여준다.

    디아스포라 연구에서 우리가 설명할 필요가 있는 모국의 또 다른 측면은 변화하지 않는 것으로 여겨지는 본성이다. 예를 들어, 1991년 이전에는 단지 에티오피아인 디아스포라만 있었는데, 에리트레아(Eritrea)가 에티오피아에서 독립함으로써 그후부터 현재까지 에리트레아라 불리는 또 다른 독립국가가 존재하게 되었다. 종전 이후부터 1972년까지 남아시아에서 영국으로 향하는 이주는 파키스탄인과 인도인 디아스포라에만 있었다. 독립 투쟁 이후 제3국가인 방글라데시가 형성되었고, 그 결과 새로운 디아스포라가 만들어졌다. 엄격하게 말해 에리트레아인과 방글라데시인 디아스포라 모두 이주, 추방, 무역 혹은 이전에 일어났던 다른 어떤 이유에 의해 형성된 것이 아니라 명목상으로는 새 국가의 탄생에 의해 이루어졌다.

고향과 타향에 대한 생각이 고정되어 있지 않은데, 이는 부분적으로는 상업적으로 야기된 정보통신기술의 사용 증가와 여행 경비의 감소로 말미암아 훨씬 더 큰 규모로 사람과 정보, 상품이 이동할 수 있었던 데 기인한다. 전 세계의 경계를 가로지르는 상호 연결성을 발전시킨다는 것은 출입이 가능한 이들이 다양한 내용의 연결을 유지하고 깊은 관계를 형성하여 시간과 비용, 노력 면에서 더 적은 투자를 통해 네트워크를 넓힐 수 있음을 의미한다. 비록 통신기술의 이용 증가가 여전히 경제 인프라 형성에 더 관련되어 있고, 많은 사람들이 초국가적인 영역에서 제외되어 있을지라도, 정보통신기술을 더 손쉽게 이용할 수 있게 됨으로써 디아스포라적 연결들이 확대되고 있다는 사실은 의심할 여지가 없다. 이는 정보통신기술이 인터넷에 가상의 공동체들을 만들 듯이 디아스포라들을 창조해왔다는 말이 아니라, 오히려 여행에 돈이 덜 들고 교류가 훨씬 더 쉬워졌다는 두 요인이 결합되면서 이미 현존해 있던 것, 즉 디아스포라를 뒷받침했다는 뜻이다(Kaur and Hutnyk 1999 참조).

그러나 정보통신기술이 미친 영향에 대한 설명은 민족-국가가 디아스포라 연구의 중심이라는 옛이야기를 반복한다. 새 기술을 사용하는 데 있어 국경을 초월하는 능력이 강조된다. 이는 정보통신기술이 실질적으로 귀환을 차단하거나 이런 기술로는 초국가적인 유대관계를 유지하는 데 한계가 있다는 추방 이론의 여파이다. 시골에서 도시로의 이동 그리고 노동자계층에서 중산층이라는 상위계층으로의 이동 또한 디아스포라 기질의 일부를 생생히 그려낸다. 나이로비에서 에어컨이 설치된 아파트에 앉아 텔레비전으로 위성방송을 보며 콜라를 마시고 있는 엘리트 가족의 경우, 이런 면에서는 조상 마을인 소코토(Sokoto: 나이지리아 북서쪽 소코토 강과 리마 강이 합류하는 곳에 있는 무슬림 지역─옮긴이)에 살고 있는 작은할아버지보다 런던의 어느 주택에 앉아 있는 사촌과 더 많은 공통점이 있는지도 모른다. 하지만 그 나이로비 사람이 런던 사촌들이 그럴지도 모르는 것과 상당히 비슷한 방식으로 고향 마을과 자신의 관계에 대해 의문을 던져야만 한다는 뜻은 아니다. 인종차별주의, 민족에 대한 충성심, 소속감은 모두 초국가적인 이주와 관련된 타당한 질문들이다. 시골-도시간의 이주에서도 이에 상응하는 질문들이 제기되지만, 항상 비슷한 절박함이나 동일한 위협이 따르는 것은 아니다(물론 다른 방식으로 다급하고 위협적일 수는 있지만).

정치적 관계들

민족-국가가 디아스포라에 대해 갖는 문제는 충성심이라는 이념과 관련이 있다. 오늘날 민족-국가는 자신의 영역 안에 살고 있는 모든 이들에게 제1의 소속 기관으로 여겨지고 있다. 이것이 국가가 자신이 대표한다고 주장하는 이들의 이해관계를 대변할 수 있는 방식이다. 디아스포라는 이렇게 간단한 공식을 복잡하게 만든다. 1990년 노먼 테빗(Norman Tebbit)은 이 문제를 '아시아계 영국인들이 크리켓 경기에서 잉글랜드와 남아시아 팀 중 누구를 지지하겠는가'라고 물음으로써 정리했다.[7] 사람들이(특히 크리켓 실력이 관건인 곳에서) 자신의 민족-국가에 대해 흔들리지 않는 독보적인 충성심을 거의 품을 수 없는, 운동경기라는 상황에서 표현되는 갈라진 충성심에 대한 질문은 잘못되고 어리석은 단순화이다. 《공산당선언(Communist Manifesto)》(Marx and Engels 1848/1987)의 유명한 문

---

[7] 1990년 4월 21일자 〈더 타임스(The Times)〉지에 게재되었다.

구에서 마르크스는 민족-국가가 노동계급의 이익이 아닌 부르주아계급의 이익을 대변하기 때문에 '노동자〔원문그대로〕에게는 국가가 없다'고 주장한다. 페미니스트들은 민족에 대한 소속감을 가진 남성의 본질을 비판해왔다(Anthias and Yuval-Davis 1989; Chatterjee 1995 참조). 그러나 디아스포라적 상황에서는 문제의 충성심이 다른 민족-국가들과 관련되어 있기 때문에 특히 더 중요하다. 이런 점에서 디아스포라에 대한 질문은 마르크스주의자와 페미니스트들과는 달리 대개 민족-국가의 영역에 국한된다. 그러나 중요한 것은, 한 장소에 거주하고 있는 이들이 다른 곳에도 영향을 미치는 점이 문제가 된다는 사실이다.

베네딕트 앤더슨(Benedict Anderson 1994)이 '장거리 민족주의'라고 이름 붙인 디아스포라 집단들의 활동은 정치의 배후에서 상당히 중요한 영향력을 행사해왔다. 그러나 자신의 모국에 영향을 미치는 데 있어 이런 집단들의 활동이 반드시 진보적이거나 심지어 위법적인 정치 목표를 추구하지는 않는다. 요시 샤인(Yossi Shain 2002)에 의하면, 유대계 미국인 디아스포라가 이스라엘의 정치에 영향을 미치는데, 그들은 평화로운 해결책을 장려하려 했다. 그러나 미국 정부의 기부금(2003년 160억 달러)이 이스라엘 군사비의 가장 큰 몫을 차지함으로써 그들의 활동은 거짓이 되어버렸다. 이러한 예는 디아스포라들의 활동에도 불구하고 국가 간의 관계가 잘못된 행위에 대한 비판보다는 오히려 상호 유지를 향해 움직이는 경향이 있음을 상기시켜준다. 또한 영국과 인도 정부가 인도에서 소리 높여 분리를 부르짖는 시크교도와 카슈미르인들을 다루기 위해 함께 행동하는 데서 증명된다(Goulbourne 1991).

모국의 정치에서 디아스포라의 역할은 그곳에 갈등이 진행되고 있을 때 한층 더 명백해진다. 갈등은 종종 거대한 디아스포라 집단들이 연관

될 때 더욱 뚜렷해진다. 에리트레아인들이 독립국의 지위를 얻기 위해 성공적으로 투쟁을 벌였을 때도 해외 디아스포라와 연결되어 있는 집단들에 비해 서구 미디어들로부터 이렇다 할 주목을 받지 못했다. 현대 문화사회 인류학자인 아르준 아파두라이(Arjun Appadurai)가 종종 자신의 비평을 통해 거침없이 이야기하는 목록에는 쿠르드인, 시크교도, 타밀인과 카슈미르인들이 포함되어 있는데, 이들의 디아스포라는 유럽과 미국 양쪽에 모두 중요하게 자리 잡고 있어 비교적 쉽게 미디어에 접근하고 냉전 종식 이후의 신세계 질서에서 힘 있는 집단들로 간주되고 있다. 그러나 모국과 디아스포라의 이러한 유대관계가 그다지 새로운 것은 아니다. 미국에 있는 아일랜드인들은 오랫동안 아일랜드 공화국 군대를 물질적으로 그리고 이념적으로 후원해왔다(제6장 참조). 우리는 이미 두 번이나 유대인의 경우를 언급했다. 안시아스(Anthias 1998)는 외국에 거주하는 사이프러스인들이 그리스인이냐 터키인이냐에 따라 사이프러스 문제에 대해 어떻게 서로 다른 정치적 해결책을 선택하는지 보여주었다. 그러나 이 모든 사례를 검토해봐도 민족-국가의 역할을 일축하기에는 아직 이르다. 하나의 디아스포라가 현실의 정치적 국면에서 발휘할 수 있는 힘과 영향은 대체로 논의의 대상인 특정 민족-국가의 구조에 달려 있다. 오스트가르드-닐슨(Ostergaard-Nielson 2000)은 터키인과 쿠르드인들이 독일과 네덜란드 의회에서 로비 활동에 제대로 성공하지 못하고 있음을 보여준다. 이유는 터키와 쿠르디스탄에 대한 이들 국가의 대외정책 때문이며, 관련 공동체가 로비를 통해 압력을 행사할 수 있는 능력이 없기 때문이다. 대조적으로 요시 샤인(1999)은 북아일랜드, 사이프러스, 이스라엘 모두 디아스포라 그룹을 중심으로 잘 조직된 로비를 통해 미국의 정치적 의제에서 중요한 지위를 유지해온 방식을 보여준다. 미국의 정치문화는 다양한 선거인단을 기반으로 하는데, 관련 선거인단은 국가 의제를 제안하는 매개체로서 로비 제도 속에 일체화된다. 이러한 비교 연구를 통해 초국가적인 영향력이 행사되는 곳에서조차 민족-국가가 지속적으로 디아스포라 집단의 정치 활동을 구성하고 가능하게 하는 역할을 한다는 점을 명백하게 알 수 있다.

민족-국가의 역할과 균형을 맞추기 위해서는 아직도 제대로 설명되지 않은 디아스포라의 조직과 종족-민족적 갈등의 뿌리를 깊이 있게 분석할 필요가 있다. 예를 들어, 시크 독립국인 칼리스탄(Khalistan)을 부르짖는 시크 분리주의 운동은 영국과 캐나다에 거주하는 디아스포라에 의해 엄청난 지지와 영향을 받았다(Tatla 1998 참조). 그러나 해외 디아스포라가 이렇게 큰 규모로 참여하는 이유를 순전히 인도 정부의 조치에 반대하던 편잡 사람들에 대한 동정의 표현으로 평가절하할 수는 없을 것이다. 1980년대에 인도 수상 인디라 간디(Indira Ghandi)가 암리차르(Amritsar)의 황금 사원(Golden Temple) 경내에 근거지를 둔 '테러리스트들'의 제거를 구실로 군사 공격을 명령했을 때, 미국과 영국 시크교도들은 매우 격분하였다. 이렇듯 공감을 바탕으로 이루어진 행동을 영토의 제한을 넘어서는 종족성으로 칭하는 것은, 따로 떨어진 독립적인 과정들이 유사한 결과를 도출해낼 수 있다는 사실을 고려하지 않은 일종의 평가절하이다. 시크교도의 경우 디아스포라가 칼리스탄 운동을 지지한 것은 부분적으로는 영국에 거주하는 시크들의 정체성 '상실' 논쟁과 맞닿아 있다. 시크 분리주의 운동이 불러일으킨 이념적 부활주의가 이주-정착민들의 관심사와 한 목소리를 냈던 것이다. 이와 동시에 편잡 지역 농촌에 자본주의의 충격이 가해지면서 해당 지역 시크교도들에게도 유사한 정체성 문제가 불거졌다. 이렇게 상호 관련이 없는 독립적인 과정들이 디아스포라 공간 내에서 지속적인 대화가 이루어지면서 함께 나타나게 되었는데, 이러한 과정은 인도 정부가 자기 자신의 과실을 회피하기 위한 유용한 수단으로 디아스포라가 편잡에서 모든 문제를 일으킨다고 비난하게 만든 중요한 요인이었다.

훨씬 더 극단적인 예는 인도와 파키스탄 북부에 있는 카슈미르 자치주를 얻기 위해 투쟁에 참여했던 이들 가운데서 발견할 수 있을 것이다. 이 지역에서 정치 활동을 벌였던 주요 조직들 중 하나는, 자신들의 기원을 영국의 버밍엄에서 새로이 형성되고 있던 디아스포라에서 찾았다.[8] 잠무 앤드 카슈미르 해방전선(Jammu and Kashmir Liberation Front)은 (아자드) 카슈미르(Azad Kashmir: 파키스탄령 잠무 카슈미르 지방의 최남단에 위치한 독립정부로서 정치적, 경제적으로 파키스탄의 영향하에 있으며 인도가 통치하는 잠무 카슈미르와 국경을 마주하고 있다―옮긴이)와 영국에서 온 활동가들의 모임에서 생겨났다. 이후 이 조직은 해방 투쟁을 기치로 하는 비종교적인 주요 조직이 되기 위해 인도령 카슈미르로 가고자 국경을 넘기 전에 파키스탄이 통치하던 카슈미르에서 일했다. 그러나 카슈미르의 상황을 서술한 책들이 홍수를 이루는 가운데에도 이러한 투쟁을 발전시켰던 사상과 사람들의 활동은 밝혀지지 않은 채 남아 있다. 이는 아마도 국제관계가 여전히 국가들 간의 상호 관심사에 의해 결정되고, 디아스포라의 참여가 불법적이거나 환영받지 못하는 방해 행위로 간주되던 상황에서 연구를 수행하기가 너무 힘들었기 때문일 것이다.

영토 때문에 멀리서 갈등을 빚는 디아스포라 조직들은 아파두라이가

---

[8] 영국에 거주하는 카슈미르 디아스포라의 정치 활동에 대한 세부적인 분석을 위해서는 알리(Ali 2002) 참조.

'애국심을 넘어선 것'(1996: xx)으로 칭하는 어떤 것도 증명하지 않는다. 시크교도와 쿠르드인들은 서로 다르지만 함께 살아갈 수 있는 새로운 방법을 찾고 있는 것이 아니다. 오히려 자신들의 민족-국가를 수립하는 데 관심이 있다. 많은 사람이 민족-국가는 이제 더 이상 별 의미가 없다 (Held et al. 1999 참조)고 주장하는 시대에 왜 이를 획득하려는 투쟁들이 도처에서 일어나고 있는지 생각해봄 직하다. 독립 국가를 향한 특정 디아스포라들의 열망은 반(反)국가 노선을 주장해온 테러리스트들과, 적어도 디아스포라와 민족-국가 관념 사이의 긴장을 부각시켜온 이들에게는 더더욱 많은 문제를 불러일으킨다. 아파두라이가 사례로 제시한 카슈미르 판디츠(Kashmiri Pandits)들을 추방되어 있으면서도 자기의 국가를 요구하지 않는 집단으로 보기에는 설득력이 부족하며, 이러한 예는 모국 정부와 갈등을 빚는 또 다른 디아스포라인 쿠르드인과 시크교도같이 자신들만의 민족-국가를 요구하는 디아스포라들의 영향력을 오판하게 만드는 경향이 있다.[9] 이는 국가의 지위를 얻으려는 모든 움직임이 실제로 자기 힘의 상당 부분을 해외 디아스포라들로부터 얻게 되는 중요한 모순이 일어난다. 디아스포라들은 항상 비판의 대상이 되는데, 정체성에 대한 그들의 관심이 고국에서 종종 폭력으로 번지기 때문이다.

다시 말해, 디아스포라의 역할이 정치 조직의 형성과 관련되는 역사적 선례들이 있다. 1919년 범(汎)아프리카 의회(Pan-African Congress)가 처

---

[9] 1980년대 중반 이후 카슈미르 판디츠는 파키스탄인들에게 영감을 받고 투쟁 활동을 벌인 결과, 인도의 카슈미르 계곡(Valley of the Kashmir)으로부터 추방되었다. 그러나 아파두라이(1990, 1996)가 명하듯이 이 집단을 망명 집단이나 디아스포라 집단으로 부르는 것은 잘못이다. 이들이 항상 인도뿐 아니라 카슈미르에 대해 강한 민족주의적 감정을 가졌기 때문이다. 이런 이유 때문에 카슈미르 판디츠를 영토에 대해 권리를 주장하지 않는 디아스포라 집단의 사례로 보는 것은 '설득력이 없'다.

음으로 파리에서 열렸고, 1945년에는 그중 가장 큰 모임이 영국의 맨체스터에서 개최되었다. 식민주의와 제국주의에 대항하는 전 세계적인 투쟁은 현존하는 민족-국가들의 경계를 결코 인정하지 않았다. 국왕의 통치에 위협적으로 여겨지는 이들을 추방하는 영국의 정책이 사실상 혁명적인 디아스포라의 탄생으로 이어졌다. 가다르 운동(Ghadar Movement)은 1900년대 인도에서 영국 제국주의를 전복시키기 위해 일어난 혁명 운동이었다. 여기에 참여했던 많은 회원들이 북아메리카로 추방되었고, 18세기 말엽 혁명 전쟁의 결과 영국인들의 지배로부터 벗어났던 수용적인 태도를 지닌 미국 대중들을 알게 되면서 반제국주의 투쟁을 계속했다. 1917년 이후 미국에서〔엠마 골드만(Emma Goldman: 러시아 태생의 무정부주의자로서 미국으로 이주하여 20세기 초 북미와 유럽에서 무정부주의적인 정치 철학을 발전시키는 데 중요한 역할을 했다—옮긴이)을 포함하는〕 정치 망명자인 공산주의자들이 추방되었는데, 이후의 과정을 고려하면 미국 헌법과 미국 자체가 추방된 혁명가들에게 천국으로 여겨지기도 했다는 사실이 역설적이다.[10]

경제적 유대관계

디아스포라와의 유대관계에 관심이 높아지게 된 이유 중 하나는 그들이 돈의 흐름을 이끄는 중요한 파이프임을 깨달았기 때문이다. 앞서 논의했듯이 이주라는 개념에는 사람들이 한 장소에서 다른 장소로 이동한다는 생각이 담겨 있다. 많은 면에서 사람들의 이동은 보내는 나라의

---

10 그러나 이런 생각의 일부가 하르트와 네그리의 《제국》(2000)에서 여전히 나타난다.

입장에서는 손실을 내포하고 있다. 특히 이주하는 사람이 중학교와 고등학교 과정 이상의 교육을 받았다면, 그들이 가장 필요한 나라의 입장에서는 인적자원의 손실을 의미하기 때문에 그들의 이주를 '두뇌-유출'로 여겼다. 그러나 반대 방향으로의 흐름이 두 가지 형태로 나타난다. 송금과 생산력, 즉 사업에 대한 투자이다. 이러한 형태의 흐름은 인도인과 중국인 디아스포라를 비교함으로써 분명히 나타낼 수 있다. 데베쉬 카푸르(Devesh Kapur)에 의하면,

> (중국에 대한) 중국인 디아스포라의 투자 비율은 인도인 디아스포라의 (인도에 대한 투자의) 거의 스무 배에 달한다. 그러나 인도인 디아스포라의 송금은 중국인 디아스포라의 약 일곱 배(1991년부터 1998년까지 각각 498억 달러와 76억 달러)에 이른다(Kapur 2001: 275).

여기서의 차이는 중국인 디아스포라의 경우 확립된 기업가 층이 상대적으로 두텁고, 인도인 디아스포라의 경우에는 농촌 이주자들이 큰 부분을 차지하기 때문일 수 있다(비록 지금은 미국으로의 이주로 인해 새롭게 바뀌고 있지만 말이다). 송금과 사업 투자는 어떤 경우라도 받아들이는 경제권에는 여전히 상당한 영향력을 행사하는 엄청난 금액을 의미한다.

최근 남반구의 정부들이 디아스포라의 환심을 사려는 것은 경제 발전에 긍정적이고 매우 중요한 영향을 미칠 수 있는 거대한 자본의 흐름을 잡아야 할 필요가 있기 때문이다. 그러나 이 경우 송금을 지역이 아닌 '국가' 발전에 사용하도록 요구하는데, 대부분의 송금은 그렇지 않다. 송금의 영향은 오히려 거대 이주 지역들에 국한된다. 예를 들어, 멕시코(Gutierrez 1999)와 파키스탄(Kalra 2000)에서는 일부 지역이 송금으로

엄청난 이익을 얻었고, 이런 현상이 넓게 혹은 고르게 퍼져나가진 않았다. 해외에 거주하는 중국인들의 투자 사례를 살펴보면, 광둥과 푸젠 같은 몇몇 지역들만이 이익을 얻었다(Weidenbaum and Hughes 1996). 디아스포라는 일반적인 상업 발전 계획에 참여하기보다는 자신의 출신 지역에 투자하기를 원하는 경향이 있다. 이것이 자신의 디아스포라에 대해 특별한 계획을 세워둔 민족-국가들과, 이와는 매우 다른 계획을 추구할지도 모르는 디아스포라 집단들 간에 나타나는 또 하나의 차이이다.

디아스포라 인구의 투자 방식이 국가의 발전 계획과 일치하지 않을 수 있지만, 국가 내에서 지역들 간의 불균형 뿐 아니라 사실상 국가들 간에도 불균형을 만들어내는 근래 전 세계적 자본주의의 국면과도 공명하는 점이 있다. 사실 디아스포라의 자본 조직은 거대하고 수직적으로 통합된 생산방식 대신에 소규모 네트워크를 선호하는 선진 자본주의 조직의 새로운 논리가 추구하는 동향과 맞아떨어지는 듯하다(Castes 1996 참조). 거대한 조직들은 개인을 위한 맞춤형 제품을 더 원하는 현대 소비자들의 요구에 거의 반응을 보이지 않는 것으로 비쳐진다. 그러므로 빠르게 변화하는 본성을 가진 시장은, 시장의 변화에 빠르게 반응하는 동시에 전문가로서 지식을 제공할 수 있는 소규모 생산자들의 네트워크에서 더 많은 이익을 얻을 수 있다. 이런 방식으로 비교적 작은 회사들이 협력 회사들의 마케팅 및 판매 조직을 통해 서로 이익을 얻는 관계를 형성하는 동시에 특유의 유연성과 다양한 능력을 유지하는 것이다. 회사들을 연결하는 이러한 생각이 신자유주의 이념과 밀접하게 연관되어 있으며, 국가들을 넘나드는 연결 수단을 지닌 디아스포라들이 어떻게 경제성장을 촉진시키는 도구로 간주될 수 있는지 어렵지 않게 살펴볼 수 있다. 카푸르(Kapur 2001)는 서구 기업들이 개발도상국으로 사업 확장을 원할 때 디아스포라가 해당 지역에 대한 지식과 신뢰성 모두를 제공할 수 있다고 설득력 있게 주장한다. 특히 인도에 진출했던 마이크로소프트와 휴렛패커드 같은 거대 정보기술 회사의 경우에도 적용될 수 있다. 이 과정의 상당 부분이 캘리포니아의 실리콘밸리에서 일하던 인도인 정보기술 전문가들에 의해 가능해졌던 것이다.

디아스포라가 형성되면 시장이나 전 세계적 금융자본의 새로운 논리에 유용하게 쓰인다. 가야트리 차크라보르티 스피박(Gayatri Chakravorty Spivak)이 말했듯이,

> 최근 미국에 정착한 어느 이주민이 미국에 본사를 둔 다국적기업의 이사로 승진했다. 그녀는 정착에 성공한 남아시아 디아스포라인이기 때문에 분명히 떠오르고 있는 남아시아 시장에서 도움이 될 것이다(1993: 310).

이런 종류의 활동은 두뇌-유출에서 '두뇌-획득'으로 이슈가 전환된 전문가 디아스포라인들 가운데에서 볼 수 있다. 이에 따라 연구자들의 관심도 바뀌어, 사실상 디아스포라 구성원들의 대부분을 차지하는 개발도상국(그리고 제1세계 속에서의 제3세계)에서 온 서비스 분야 종사자들의 경제 활동에 대해서는 거의 말하지 않는다. 캘리포니아의 라틴계 농업 노동자에서부터 아테네의 나이지리아인 행상, 프랑크푸르트의 타밀인 꽃 판매상, 런던의 뱅갈인 웨이터에 이르기까지, 이런 집단들은 개별 사례가 각기 다른 종류의 경제적 유대관계를 떠올리게 하는 길고긴 목록을 구성한다. 이런 서비스 분야 종사자들은 대개 첨단기술자들의 디아스포라보다도 더 세계화되고 있는 현대 자본의 필수 요건들을 충족시키고 있다. 물론 이것이 불법 노동 이주가 증가하고 최저 임금 규정과

건강 및 안전 수칙이 제대로 지켜지지 않아 그렇게 될 수밖에 없는 상황에서, 작업장에서 노동조합의 성과와 국가의 복지 정책이 시행되지 않는 가운데 점점 더 줄어드는 임금을 받고 일해야 하는 노동 상비군에게는 결코 좋은 소식이 아니다. 서비스 분야에서 일하는 디아스포라인들은 모국 정부로부터 두뇌-유출의 일부로 간주되지 않으며, 그들의 호스트 정부로부터도 받아들여지지 않고 있다. 그러나 이런 집단들도 경제에서 초국가적인 역할을 담당한다. 물론 국제통화기금의 구조 개혁 프로그램에 의해 고국에 있는 가족들의 삶이 파괴되는 사태를 막고, 신자유주의 세계화 속에서 보편적인 사회 개발에 투자할 수 없는 국가에서의 힘든 삶이라는 고통스러운 현실을 피하려는 것과 더 밀접한 관련이 있지만 말이다(Amin 1997 참조).

그러므로 디아스포라와의 유대관계는 사람과 자본을 동원하는 다양하고 새로운 수단을 제공하고, 사회조직들이 민족-국가의 영역을 초월할 수 있는 방법을 터득할 수 있도록 새로운 통찰력을 제공한다. 그러나 이러한 방법들이 현재의 신자유주의 세계 질서에 대한 하나의 도전인가? 또는 앞서 토론한 견해들을 검토해볼 때, 디아스포라에 대한 관심의 출현은 자본주의 발전의 특정 단계와 일치하는가? 디아스포라는 시장 침투를 위한 또 다른 도구인가, 아니면 정치 네트워크를 만들 수 있는 잠재력을 가진 방법인가? 디아스포라의 개념이 동질성과 본질주의를 비판하는 데 만족해야 할 때 이런 질문들을 던지는 것은 그 개념에 대해 지나치게 많은 것을 요구하는 것인가?

디아스포라, 주목받다

클리퍼드는 1970년대 영국의 블랙 운동가들이 사용한 정치 선전 문구 〔'살기 위해 이곳에, 싸우기 위해 여기에(Here to Stay, Here to Fight)'〕를 어색하게 운용하면서 '그들의 종말론적인 염원이 〔무엇〕이든지 간에 디아스포라 집단들은 머무르기 위해 "여기에 있는 것이 아니다"'(1994: 311)라고 주장한다. 이렇게 한 (또는 다른) 장소에 집중할 경우 안시아스가 적절히 요약한 중요한 정치적 문제들을 불러일으킨다.

> 사실 나는 '디아스포라'가 권력의 위계질서 그리고 젠더와 계급의 상호 연관된 관계들의 영향을 받게 된 트랜스-종족적 관계의 측면들에 대해 분석적인 시선을 외면해버린다고 주장해왔다. 디아스포라 연구를 위해 배제의 형태들, 차별화된 포함, 디아스포라의 단결성 대두와, 한편으로는 정체성에 대한 정치적 기획 그리고 다른 한편으로는(혼종화에서처럼) 공동의 이해에 도달하기 위한 의견 교환 간의 관계라는 중요한 부분에 초점을 맞추어야 한다(Anthias 1998: 577).

실제로 안시아스는 디아스포라를 지나치게 독자적으로 보려는 관심이 어떤 특정 배경에서는 인종화된 사회관계로부터 주의를 분산시킬 수 있다는 중요한 지적을 한다. 클리퍼드는 영국에서 인종차별을 받는 집단들이 평등 대우권과 평등 가치권을 부여받기 위해 사용했던 슬로건을 흉내 내고 비정치화하고 있다. 우리는 이 장의 앞부분에서 디아스포라를 이주 및 종족성과 비교하면서, 디아스포라의 긍정적인 측면은 이주에 대한 인식을 좀 더 미묘하게 표현해내는 능력이라고 언급했는데, 이는 지역의 독특한 요소들과 정치 현실을 외면하는 것일 수도 있다. 디아스포라에 대한 기존의 일부 분석을 비판한 안시아스는 이것이 국가와 인종차별을 받는 집단들의 실질적인 관계뿐 아니라, 계급과 젠더 같은 다른 관련 문제들에 대한 관심마저도 없애버린다고 주장한다. 하지만 이는 지역의 인종화된 권력 관계가 갖는 고유의 폐쇄성보다는 오히려 정치적 관행의 본성과 이에 대한 분석이 가져오는 혼동과 좀 더 많은 관련이 있을 수 있다. 앞으로 보여줄 다른 예가 이러한 점을 명확하게 할 것이다.

1970년대 반인종주의 캠페인의 또 다른 슬로건은 '당신이 거기에 있었기에 우리가 여기에 있다(We are here because you were there)'였다. 이주에 대한 종래의 논리에 완전히 반대되는 논리이다. 탈식민주의 맥락에서는 인종차별을 받는 집단이 영국에 존재하는 이유는 식민의 역사와 관계가 있다. 근래의 이주는 식민주의를 통해 형성된 고리에 기초를 두고 있다. 이런 식으로 본다면 디아스포라에 대한 기억은 현대 정치투쟁의 수단이 될 수 있으며, 모든 반식민 투쟁들이 적극적으로 디아스포라를 끌어들였다고 주장할 수 있을 것이다. 이와 관련해 방대한 저술이 있다. 우리는 라자니 팜 두트(Rajani Palme Dutt 1949)의 글과 젠더 문제가 좀 더 복잡하게 얽혀 있는 자야와르네드(Jayawarnede 1995)의 글을 언급하려 한다. 주요 논점은 이주 정착민이라는 처지에서 권리를 얻기 위해 투쟁하는 집단들조차 초국가주의적 영감에 의지한다는 것이다. 그러므로 디아스포라를 불러낸다고 필연적으로 비정치화로 나아가는 것은 아니다. 실제로 1960년대 미국의 시민 인권 운동은 전 세계에서 일어난 해방운동의 모델이 되었다. 이러한 상호관계는 폴 길로이가 《블랙 아틀랜틱》(1993a)에서 전개한 정치적으로 진보적인 의제에 가장 명확히 표현되어 있다. 여기서 디아스포라는 진보적인 동시에 관습에 역행하는 색채를 띤다. 이 모든 경우에 저지나 공격의 대상은 제한하고 제지하는 민족-국가의 폭력이다. 1970년대 이후 반인종주의 투쟁에 참여한 사람들에게 영국은 인종주의의 가장 중요한 원천의 하나였다. 암발라바네르 시바난단(Ambalavaner Sivanandan 1982)은 당대의 상황을 탁월하게 망라하는 논문에서 '고향으로 귀환할 목적이던 블랙 인종이 억압을 견뎌야 했던 시절은 오래전에 지나갔다. 이제 그들은 정착민들이다. 그리고 국가의 인종주의는 그들을 더 고양되고 더 호전적인 형태의 저항으로 몰아갔다'(Sivanandan 1982: 20)고 서술하였다.

시바난단은 클리퍼드와 안시아스의 몸싸움으로부터 정치적 투쟁과 역사적 중요성으로 한데 묶인 하나의 방향을 제시한다. 실제로 디아스포라의 형성에 진보적인 색채를 더하려고 노력하는 어떤 사람도 계급에 대한 분석에서 확고한 입장을 견지하지 않으면 위험으로 가득찬 길을 발견하게 될 것이다. 스피박이 《포스트콜로니얼 사고 비판(Critique of Postcolonial Reason)》(1999)의 '역사' 장(chapter) 마지막 대목에서 너무도 명석하게 드러냈듯이, 소수인종이나 포스트-식민지인(혹은 디아스포라인으로 덧붙일 수 있다)이라고 해서 모두 서발턴의 위치에 있는 것은 아니다. 이러한 점은 '민족의 독립을 위해 싸웠던 부바네쉬와리(Bhubaneshwari)'에서부터 최근 미국에 본사를 둔 다국적기업의 고위직 경영자로 일하기 위해 이주한 그녀의 증손녀에 이르기까지, 스피박이 추적하는 여성들의 계보에 대한 이야기에서 예리하게 그려지고 있다(1993: 310). 디아스포라가 학계 그리고 그 외 상징적 소비 회로 안에서 유통되는 지식 이상인 것처럼 디아스포라들의 대화와 물리적 투쟁, 활발한 조직 활동 사이에도 현격한 차이가 있다.

우리는 디아스포라의 정의와 관련해 전통적인 여행을 출발점으로 하여, 이주와 종족성에 대한 생각들이 디아스포라의 개념에 얼마나 큰 영향을 받았고 또 변화해왔는지를 검토했다. 우리는 이러한 용어들이 어느 정도 수정되거나 특정 집단들에 '적용된' 분석에 대해 변화를 강요하는 동안, 디아스포라가 이러한 용어들의 분석 요건을 대신하기보다는 다른 관점들을 덧붙인다는 사실에 주목했다. 우리는 디아스포라가 경제와 정치에 어떻게 영향을 미치는지 시험하는 가운데, '세계화'와 '초국가주의'라는 꼬리표가 붙을 오늘날의 흐름에 대해 어느 정도 통찰력을 쌓아왔다. 디아스포라는 설명을 위한 하나의 도구로서 유용하지만 제한된 방법으로 여러 집단의 사람들에게 관심을 기울이고 있다. 초국가주의는 사실상 이전에 디아스포라적인 것으로 불렸던 일부 공간들을 보여주고자 경제와 정치 영역에서 폭넓게 순환되어왔다. 디아스포라가 자신의 평판을 유지하고 실질적으로 꽃피우게 된 것은, 우리가 다음 장에서 살펴보게 될 문화적 영역이다. 그러나 조직적인 정치로부터 분리된 디아스포라는 우리가 지엽적이고 동시대적인 자본주의의 전 세계적이며 초국가적인 파괴에 저항하는 것을 도와줄 수 없는 까닭에, 이러한 상황은 우리가 논쟁에 사용되는 용어들을 가지고 작업하도록 관심을 유발하는 비평으로 돌아가게 할 것이다.

디아스포라의 문화적 지형

그들은 자신들을 빚어낸 특유의 문화, 전통, 언어와 역사의 흔적을 지니고 있다. 단지 차이가 있다면, 그들이 한 곳에 속해 있으나 동시에 여러 '고향'을 가진, 결정적으로 서로 맞물린 여러 역사와 문화의 산물이기 때문에 절대로 옛날 같은 식으로 **하나가 되지**는 못하며, 그렇게 되지도 않으리라는 점이다(Hall 1990: 310).

우리가 보기에 디아스포라 논의는 변하지 않고 안정된 본성을 지닌 '출생'지에 특권을 주는 반면, '초아시아(Trans-Asia)'라는 용어는 공간에 대한 생각을 앞세우려는 의도를 드러낸다(Kaur and Kalra 1996: 223).

디아스포라라는 행위로 인해 만들어진 정치적, 경제적 결과는 민족-국가라는 결코 무시할 수 없는 중요한 구조의 주변과 아래, 사이 그리고 때로는 그 구조를 관통해서 지나간다. 앞장에서 디아스포라 조직의 경제적이고 정치적인 의미는 민족-국가의 행동과 결정적인 움직임에 의해 종종 제한된다는 사실을 보여주었다. 예를 들어, 이중시민권을 소유하는 능력은 민족-국가들의 여러 법적, 제도적 구조가 어떻게 초국가적 관계 속에서 다양한 기회들을 창출해내는지를 분명히 보여준다. 디아스포라의 유형들은 사회집단들을 비판할 수 있어서 반드시 국가기구가 작동되는 방식을 바꿀 필요 없이 기존의 사회구조에 들어맞을 수 있다. 영국의 국민의료보험공단이 의료진의 약 3분의 1을 소수인종 집단에서 고용한다고 해서 제도적으로 인종차별적인 공단의 성격이 바뀌었다고 할 수는 없다.[1] 디아스포라 집단들의 존재는 국가를 형성하는 제도적인 구조보다 국가를 개념적으로 설명하는 방식에 훨씬 더 많은 영향을 미쳤다고 주장할 수 있다. 그래서 미국은 일부 이주민들을 다른 이주민들보다 더 엄격하게 국가 감독 아래 두는 제도적인 기준을 적용하면서도 여전히 자신을 '이주민들의 국가'로 묘사할 수 있는 것이다.[2] 이 장의 마지막 부분에서 비판하겠지만 민족과 국가의 구분은 조잡한 구별이며, 소속감에 대한 질문들뿐 아니라 디아스포라의 형성이 어떻게 소속감과 민족적 정체성이라는 단순한 평형 상태를 바꾸어놓았는지를 강조한다.

우리는 디아스포라를 국적이라는 동종적인 관념을 부수는, 세상을 바라보는 하나의 방식으로 간주함으로써 앞 장에서처럼 디아스포라를 범주화를 설명하는 도구와 관련지어 생각하는 것부터 바꾸려고 한다. 사람들은 꽃이나 식물과 달리 반드시 어떤 범주에 들어맞는 것은 아니다. 19세기 계약노동자로 피지와 트리니다드로 이주했던 인도인들(Clarke et al. 1990 참조)과 21세기 미국 캘리포니아 실리콘밸리의 정보통신기술 전문가들의 일부를 구성하는 인도인들(Kapur 2001 참조) 사이에는 분명히 커다란 차이가 있다. 이런 상황에서 오직 하나의 인도인 디아스포라는 어떤 의미가 있는가? 이렇게 전혀 다른 시대와 이주 원인들, 과정들을 무너뜨리고 하나의 인도인 디아스포라의 정착이란 개념으로 정리하면

---

1 아니스 이스마일 박사는 이와 관련해 악명 높은 사례를 보여주는데, 똑같은 의사 지원서를 잉글리쉬 이름과 남아시아 이름으로 들리는 이름을 사용하여 여러 지역에 보낸 결과, 아시아인으로 여겨지는 지원자의 성공률은 잉글리쉬로 여겨지는 지원자들보다 훨씬 더 낮았다(Esmail et al. 1998 참조).
2 9·11 이후 특정 국가의 국민들에 대한 등록 요구는 아랍과 무슬림 국가 출신들을 대상으로 했다. 이는 특정 주민들을 추방하고 그들 간에 전반적인 공포 분위기를 조장했다(Howell and Shryock 2003 참조).

설득력이 떨어진다. 만약 디아스포라가 동종 집단의 사람들이라는 의미가 아니라, 사람들이 사는 방식 그리고 그들이 살아가는 사회에 대해 어떤 영향력을 미치는 하나의 과정으로 간주된다면, 아마도 더 많은 것을 얻게 될 것이다.

디아스포라를 하나의 과정으로 생각하면 특정 집단의 사람들이 아닌, 여러 종류의 사람들에게 교차 적용할 수 있는 좀 더 일반적인 관념들을 고찰하게 될 것이다. 결국 디아스포라는 소속감과 장소 그리고 사람들이 자신들의 삶을 살아가는 방식에 대한 생각들을 나타낼 수 있다. 물론 디아스포라가 진행되는 상황을 생각할 때, 우리는 거주 지역뿐만 아니라 디아스포라와 다른 장소와의 내적 혹은 물질적 관계를 고려할 필요가 있다. 이런 의미에서 디아스포라는 한 곳으로부터 그러나 다른 곳에 속한(from one place but of another) 것을 의미하는데, 이는 스튜어트 홀이 본 장을 시작하는 발췌문에서 썼고, 폴 길로이의 '당신이 어디서 왔는가가 아니라 어디에 있는가이다(It ain't where you're from, it's where you're at)'(1991)라는 영향력 있는 논문에서도 간결하게 요약된 관점이다. '당신이 어디에 있나'라는 말은 뿌리(roots)와 경로(routes)의 결합을 의미한다(Gilroy 1993a; Clifford 1994). 이 두 단어들(뿌리들, 경로들—그리고 그들이 불러일으키는 상당히 차이가 있는 의미론적 그리고 개념적 관계망들)의 유사한 발음을 가지고 놀이를 만들면, '당신이 있는 곳(where you are)'과 '당신이 온 곳(where you have come from)' 간에 갈피를 잡지 못하는 것이, 당신이 어떤 곳을 가도록 만든 경로와 당신이 어떤 특정한 곳에 가지고 있는 뿌리와 관련해서 재현된다. 이러한 체계화는 영토와 역사의 영역에 '소속감'을 단단히 고착시키는 종족성과 민족주의의 절대적인 개념에 의문을 던진다. 사람들은 한 장소에 속한다. 그 영토를 소유하거나 한 장소에 오랫

동안 정착해왔기 때문이다. 길로이의 체계화에서 소속감은 한 장소에서 온 것과 도착하기까지의 과정 모두를 포함한다. 그러므로 소속감은 절대로 종족성이나 민족주의라는 일원론적인 생각을 받아들이는가를 둘러싼 단순한 질문이 아니며, 오히려 소속감의 다양한 의미에 대한 질문이다.

민족의 이러한 변형은 방어적이고 외국인들을 혐오하는 태도뿐 아니라 진보적이고 초인종적이며 초국가적인 동맹 모두를 의미해왔다. 전자의 경우, 북미와 유럽에서 신화화된 순수한 백인 국가로의 귀환을 추구하는 극우단체들이 빠르게 성장하면서 외국인을 차별하는 태도가 나타나고 있다. 동시에 정화되고(cleansed) 현대화된 모국 문화라는 이상향에 의존하는 내향적이며 차별받고-인종화된 집단들도 확실한 민족적 소속감에 있어서는 방어적 자세를 보여준다. 이것은 다음 장에서 보게 되듯이, 여성의 권리에 대한 문제들이 발생할 때 가장 두드러진다. 외국인 혐오증을 동반하는 민족주의와 관련해서 영국의 반인종주의와 반파시즘 운동(Campaign Against Racism and Fascism) 혹은 프랑스와 스페인을 아우르는 에스오에스 레이시즘(SOS Racism) 같은 반인종주의 동맹들은, 민족에 대한 모든 동질적인 생각을 철저히 비판하는 초인종 동맹의 실제 사례이다. 최근 반전 운동은 사회주의자들과 평화 운동가 및 무슬림 조직들이 손을 잡았는데, 문제가 많기는 하지만 대중을 기반으로 하는 진보적이고 초인종적 동맹을 결성하는 중요한 움직임을 이끌어 냈다. 이런 발전이 곧 닥칠 위기를 극복하면서 얼마나 오래 지속될지, 어느 때보다 관심을 갖고 두고 봐야 할 일이다. 민족의 존속에 어떤 식의 파괴가 일어날 것인지에 대해 아무런 확신을 할 수는 없지만, 파괴의 빈도수 증가는 필연인 듯하다.

이 장에서는 소속감, 민족의 변형, 디아스포라인의 의식에 대한 관념들이 음악, 영화, 문학 같은 문화 생산물들을 조사하는 광범위한 영역을 통해 설명된다. 우리는 인문학 전반에 걸쳐 어떤 학문 분야가 성장해왔는지를 개관하는 가운데 문화 생산물들이 대중으로부터 저항을 끌어낼 뿐 아니라 사회 관습에 영감을 불러일으킬 수 있다는 사실을 인정한다. 그러나 우리는 이러한 발전적인 요소에 의지하는 동시에 비판적인 자세를 유지하면서, 문화 생산에 계속되는 위기가 어떻게 탐욕스런 문화 산업에 역행하고 자신의 상품들을 일상적인 방식으로 대량 생산해내면서 성장했는지를 보여주고자 한다.

소속

디아스포라 상황은 소속감에 대한 모든 생각에 의문을 제기한다. 이 주제는 디아스포라 연구자들 가운데 제임스 클리퍼드, 스튜어트 홀, 아브타르 브라 같은 학자들에 의해 가장 두드러지게 발전된다. 클리퍼드에게 디아스포라 의식은 '순전히 충돌하고 대화하는 문화와 역사의 생산물'이다(Clifford 1994: 319). 디아스포라의 주체들은 차이에 대한 인식을 제공하는 어떤 의식을 가진 전달자들이다. 차이를 인식하는 감각은 디아스포라 주체의 자아-정체성에 있어서 기본 요소이다. 예를 들어, 홍콩계 중국인으로 영국에서 태어나 살고 있는 사람들은, 아주 어릴 때부터 집에서 먹는 음식과 말하는 언어가 자신과 어울리는 아이들과는 다르다는 사실을 정확히 깨달을 수도 있다. 이러한 차이에 대한 깨달음은 젠더 혹은 계급을 나누는 이들 때문에 일어날 수도 있지만, 종족적 혹은 인종적 차이에 대한 감각은 결정적으로 디아스포라 주체의 정체성 인식에 도전하는 지배 문화 세력에 대항하여 나타난다. 그리하여 디아스포라인의 의식은 변형과 차이를 통해, 스튜어트 홀(1990)이 말한 정체성의 생산과 재생산 작업의 일부를 형성한다. 이는 동질적인 전체의 일부가 되려고 시도할 때 차이를 부인하기보다는 오히려 인정함으로써 디아스포라적 의식이 생겨날 수도 있는 것이다. 또한 디아스포라인의 의식 발생에 대항하는, 중심이며, 피할 수 없는, 통합하려는 문화적 압력이 민족에 대한 생각이다. 민족-국가의 영역을 점유하는 이들에 의해 비롯되거나 금지되는 문화적 규범에 대한 인식(1)은 강력한 공식이며, 더 많은 분석이 요구된다.

민족과 그것의 다양한 전례들에 대해서는 이미 지나치게 많이 연구된 듯하다.[3] 우리는 국기를 흔들어대는 외국인 혐오증과 사상을 위해 기꺼이 죽으려는 의지가 20세기 역사를 특징짓듯이〔그리고 스포츠 경기와 마찬가지로 생각 없이 슬로건을 흔들어대는 사태를 우려하며(Marquese 1996 참조)〕, 민족이 소속감과 충성심을 얼마나 많이 만들어내느냐에 구체적인 관심이 있다. 아르준 아파두라이(1996)는 이러한 유대감을 '애국심'이라 부르며, 이전에는 애국심이 특정한 문화적 규범에 찬동하는 사람들과 영토의 융합에 어떻게 의지했는가를 서술한다. 베네딕트 앤더슨은 이러한 유대감이 작용하는 방식에 대해 지금은 중요해진 그의 저서 《상상의 공동체(Imagined Communities)》(1993)에서 잘 묘사하고 있다. 한 국가 내에서 사람들이 다른 많은 이들과의 대인관계를 통해 결속을 이루어낼 수 없을 때 어떻게 서로 연결하는가라는 단순한 질문은, 공동체에 대한 생

---

3 민족과 민족주의에 대한 방대한 양의 저술이 있다. 바바(1990), 앤더슨(1983), 겔너(1983), 챠터지(Chatterjee 1995)는 현재 우리의 목적을 위해 가장 유익한 글이다.

각이 책, 신문, 텔레비전 같은 유사한 형태의 미디어 소비를 통해 발전한다는 명제로 나아간다. 이는 역사적 '근거들'을 갖고 있다. 더 이상 종교적 믿음이나 왕실에 대한 충성심에 의해 통합되지 않는 동질성은 주로 인쇄와 방송-자본주의 생산물들 그리고 여러 형태의 같은 정보를 소비하는 능력을 통해 생겨난다(Anderson 1983). 상상의 공동체에 대한 앤더슨의 생각은 인종, 친족 관계, 혈연관계, 영토 같은 기본 사항들이 사람들을 연결한다고 보는 기본 원리주의자의 견해에 반대한다. 생물학적 결정론에 그리 감화를 받지 않고 언어, 종교, 문화를 동질성의 근원으로 간주하는 학자들조차 일부 논쟁에서는 동질적인 형태의 민족에 의해 영향을 받는다.[4] 여기서는 동질성의 생성이 설명의 바탕이며, 이런 연구들은 페미니스트와 반인종주의자, 계급론자들의 비판을 받지만, 그럼에도 불구하고 민족적 동질성은 필수 요건이라는 요구와 함께 국가가 시민들이 충성을 바치는 유일한 원천이어야 한다는 관념을 가진다.[5]

공통의 언어와 문화는 좌파와 우파 정치세력 모두가 조작할 수 있는 강력한 비유를 만들어낸다. 이러한 점은 폴 길로이의 초기 작업에서 잘 구체화되어 있다. 길로이는 '신인종주의' 분석에서 좌파와 우파가 '인종'과 '민족'의 구별을 흐릿하게 할 뿐 아니라, '민족은 생물학적이고 문화적인 용어 모두에 의해 표현된다는 …… 바로 그 애매모호함이 제공하는 효과'에 의지하는 민족적 소속감과 동질성 개념을 필요로 한다

---

[4] 민족의 중요성을 서술한 고전적 근대주의자들의 저술을 위해서는, '동질성, 읽고 쓰는 능력, 익명성'이 근대 민족의 결정적인 특성이라고 주장한 겔너(1983)를 보라.
[5] 앤 맥클린톡(Anne McClintock 1996)의 연구는 식민주의적 맥락에서 젠더 비평을 민족주의와 연관시킨 점이 독창적이다. 현대 영국에 대한 비슷한 논쟁을 안시아스와 유발-데이비스(Anthias and Yuval-Davis 1989)에게서 찾을 수 있다. 마셜(Marshall 1994)은 서구적 관점에서 유용한 페미니스트적인 민족 비평을 제공했다.

고 주장한다(Gilroy 1987: 45). 우리가 보아왔듯이 오늘날 사용되는 인종이라는 개념은 인종, 문화, 국민 같은 신분의 융합에 의존하며, 19세기와 20세기 진화론자들의 생물학적 결정론과는 다르다. 1960년대 후반에 영국의 인종주의 국회의원 이눅 파올(Enoch Powell)은 이러한 사실을 가장 잘 요약하였다. '모든 민족은 유일하다. ⋯⋯자신의 과거를 가지며 ⋯⋯ 기억들 ⋯⋯ 언어 혹은 말하는 방식을 ⋯⋯ 자신의 ⋯⋯ 문화'를 가진다(Gordon and Klug 1986: 16에 인용-). 위의 인용에는 포함하기도 하고 배제하기도 하는 영국의 변치 않는 전통에 대한 인식이 스며들어 있다. 그러므로 블랙들은 단순히 인종에 의해 배제되는 것이 아니라 인종과 문화, 국적이 교차하는 가운데 이러한 요소들을 바탕으로 하는 차이에 대한 인식에 의해 배제되는 것이다. 한편으로 이것은 영국에서 외부의 적〔'아르헨티나인들(Argies)' '프랑스인들(Frogs)' '독일인들(Krauts)' '이라크인들'〕, 다른 한편으로는 내부의 적(몇 예를 들자면, 블랙 공동체들, 무슬림 근본주의자들 그리고 이전 시기에는 공산주의자들이나 데모하는 광부들)에 대항하는 본질적인 영국 문화를 방어하는 가운데 드러난다(Back and Nayak 1993 참조).

디아스포라는 여러 방식으로 단일 민족의 이상에 설득력 있게 도전한다. 안팎의 적을 하나의 틀 속 그리고 분명히 실재하는 문화 형태 속으로 끌어들임으로써 디아스포라는 국가의 통일성에 심각한 문제를 제기한다. 국제 '테러' 조직은 말할 것도 없으며, 학교 운동장에서 다른 언어로 말하기, 거리에서 풍겨나는 이상한 음식 냄새, 모두 외부의 적이 어떻게 민족의 깊숙한 곳까지 들어왔는지를 보여주는 예이다. 브라이언 에익설(Brian Axel 2002)은 통찰력 있는 논문에서 이주해온 개인이나 디아스포라의 방식이 이런 문제를 일으키는 것이 아니라, 오히려 민족 자체의 개념이 문제를 일으킨다고 주장한다. 그리하여 민족주의를 뒷받침하는 통합에 대한 환상 그 자체가 '어떤 시민이라도 국가의 잠재적인 적일 수 있다'는 가능성을 제기함으로써, '문화적 차이에서 오는 위협은 "다른 사람들"에게 기생하는 외래 요소에 대한 문제가 아니라'(Axel 2002: 246)고 주장한다. 그러므로 민족의 문제는 '한 국가-한 민족'이라는 환상을 충족시킬 수 없다는 점에서 기인한다. 디아스포라가 이런 종류의 훼방을 놓을 수 있는 유일한 사회조직은 아닐지라도 적어도 민족에 대한 이런 사실을 드러낸다.[6]

또한 디아스포라는 근본적으로 같은 영토에 속해 있다든지 땅과 문화적 유대감이 동일시를 가능하게 하는 자연스러운 근원이라는 생각을 없앰으로써 민족에 대해 이의를 제기한다. 클리퍼드는 〈디아스포라(Diasporas)〉라는 글(1994)과 《루트: 20세기 후반의 여행과 번역(Routes: Travel and Translation in the Late Twentieth Century)》(1997)이라는 이후에 나온 저서에서 근대국가에 대한 인식을 뒤엎기 위해 디아스포라 과정을 고찰한다. 이미 우리는 민족이 어떻게 영토와 사람들을 응결시키는지를 설명해왔다. 탈영토화는 땅에 대한 근본적인 주장 이외의 정체성 확보를 암시한다. 이러한 탈영토적인 주장들이 여전히 국적에 대한 논의일지 모르나, 그들은 국적이 땅에서 나왔다는 주장을 할 수는 없을 것이다. 많은 디아스포라는 탈영토화된 집단으로 불릴 수 있는데, 정체성에 대한 그들의 총체적인 주장이 특정한 땅에서의 거주에 의존하지 않기 때문이다. 아메리카의 아일랜드인 디아스포라는 아일랜드인다움을 현재 아일랜드라는 지리적 영역에서의 거주라는 사실로부터 얻지 않으

---

[6] 에익설(Axel 2002)은 디아스포라의 이러한 역할에 동의하지 않을 것이다. 그러나 이것이 그의 모델에서 하나의 결점이다.

며, 이는 런던에 거주하는 아일랜드인 '2세대'도 마찬가지이다(Nagle 2003 참조). 앞장에서 살펴보았듯이, 쿠르드인과 타밀인 디아스포라의 장거리 민족주의는 실질적인 영토에 기반을 두기보다는 모국에 대한 인식에 의존한다. 이러한 과정은 인터넷 공간에 만들어진 새로운 '공동체들'로부터 극단적인 가상의 형태를 엿볼 수 있다. 이러한 가상 공동체들은 영토, 땅, 친족 관계와는 아무 관련이 없지만, 여전히 민족의 권리를 주장할 수 있는 소속이라는 수사를 상당 부분 내포하고 있다(Shain 1999). 또한 인터넷은 보편화된 종교적 정체성에서도 발견되는 유대감을 초국가적인 모델로 발전시킬 수 있다. 무슬림이나 힌두 정체성은 하나의 영토에 완전히 묶여 있지 않으며 하나 또는 여러 교리에 밀착되어 있다. 이러한 재개념화는 인도의 힌두트바(Hindutva), 미국의 루이스 파라칸(Louis Farrakhan)류의 블랙 무슬림 민족주의같이 좀 더 불법적인 형태의 민족주의의 출현을 이끌었다.[7] 정체성이 땅과 민족의 연결에 의존하지 않았던 곳에서 탈영토화는 영토에 상관없이 충성심을 끌어내야만 했거나, 끌어낼 수 있었다. 여기서 좀 더 급진적인 모델이 공산주의 인터내셔널(communist Internationale)로서 그 조직의 개념화 작업과 실행 가운데 존재해 있었다고 논쟁할 수 있다. 여기서 무엇보다 중요한 충성심은 계급적 유대감에서 비롯되었고, 이는 마르크스와 엥겔스의 또 다른 실천 원칙에 함축적으로 정리돼 있다. '전 세계 노동자들이여 단결하라.' 그러나 실제로 민족주의는 좀 더 복잡하고 혼종화된 형태로 종종 자신을 초국가적 정체성 속에 다시 끼워 넣는다.

---

[7] 힌두트바는 말 그대로 힌두-다움을 뜻하며 인도의 우익 힌두 민족주의를 지칭한다. 루이스 파라칸은 아메리카 블랙 무슬림들의 한 우익 단체의 지도자이다.

만약 디아스포라의 한 측면이 탈영토화를 생각하도록 초대한다면, 탈영토화는 또 다른 무엇과 연결되는 결과를 낳는다. '어떤 영토에 원주민(indigenous)으로 여겨지는 이들의 탈영토화'(Brah 1996: 190)이다. 브라는 이러한 점을 영국의 맥락에서 명료하게 설명하는데, '토착민(native)'이라는 용어가 이주해온 영국의 식민지인에 대비되어 영국 '본국인(native)'을 가리킬 때는 어떻게 긍정적으로 평가되는지 그리고 토착민(native)이 식민지 사람이고 영국인이 식민 지배자일 때는 식민주의 맥락에서 어떻게 부정적으로 평가되는지를 지적한다. 토착민이나 원주민의 지위에 대한 주장들을 북미 인디언 또는 오스트레일리아의 아보리진같이 억압당한 사람들이 제기할 경우에는 목적이 다르다. 여기서 소속에 대한 합법적인 주장들은 몇 세기 동안의 '착취, 강탈, 주변부화'를 배경으로 나오게 된다(Brah 1996: 196). 하지만 그들은 여전히 영토와 소속에 본질적인 연관성을 두는 생득설(nativism)에 의존하는 경우가 잦다.[8] 이러면 역사적으로 주변화된 사람들과 현재 다른 어려움에 직면한 사람들 사이에 정치 통합을 잠재적으로 어렵게 할 수 있다. 다양한 유형의 억압에 직면한 아프리카계 미국인들과 미국 인디언들, 최근에 이주해온 무슬림 혹은 한국인들 사이의 관계를 파악할 때는 정치적으로 신중하게 분석하고 대응해야 한다. 국가의 제도와 기업의 월권, 인종주의를 공동의 적으로 선포하는 것은 원주민들 사이에 공통성을 형성하는 출발점일 수는 있지만, 궁극적으로 이러한 전략은 순전히 '본질화되고 자연발생적인 용어들'의 기원에만 초점을 맞추지 않는 출발점이 요구된다(Brah 1996: 192).

디아스포라의 개념은 종족적, 민족적 연결을 없애는 잠재력을 내포

---

[8] 그러나 이것이 이 집단의 정치적 움직임을 위한 유일한 범주는 아니다.

하고 있지만, 실제로는 동일한 디아스포라 공간 안에서 혼합된 문화가 자주 형성되고 종족적이며 민족주의적인 유대관계도 생겨난다. 사이프러스계-영국인들(British-Cypriots), 그리스계-오스트레일리아인들(Greek-Australians), 터키계-독일인들(German-Turks), 이탈리아계-미국인들(Italian-Americans)같이 하이픈으로 연결된 주체의 형성은 양편의 민족-국가에 대한 소속감을 강화시키지만, 이 또한 해당 민족-국가와는 아무런 관련이 없는 새로운 정체성의 탄생을 초래할 수 있다. 디아스포라인으로서 영국-무슬림들, 블랙-영국인 또는 아시아계-미국인들의 탄생은 새로운 신원을 창조해내는 동시에, 이런 절차를 거치는 과정에서 하나의 민족-국가라는 것을 없애버린다. 아일랜드계-미국인들(Irish-Americans) 같은 유형의 하이픈으로 연결된 정체성은 그들의 해외 정착을 이해하기 위한 주요 방안으로 '모국'에 관심을 집중시킴으로써 한 집단의 다름을 강조할 수도 있다. 앞에서 지적했듯이, 이는 정착지에서 실제로 일어나는 대립으로부터 관심을 돌리게 할지도 모른다. 그럼에도 불구하고 영국-무슬림이라는 형태의 정체성은 초인종적 동맹을 가능하게 하는 다양한 이런 공간들을 탄생시킬 잠재력을 가지고 있으며, 종교와 인종을 가로질러 세계적인 결속을 끌어내는 여러 방법을 제공하는 듯하다. 우리는 이러한 집단들을 예로 든다고 해서 즉시 어떤 정치적 공간을 폐쇄하는 것은 아니며, 집단적 신원이 정적으로 머물러 있지만은 않듯이, 오히려 계속 변화해가는 사회 분야의 특정한 변증법적 방식을 나타낸다고 본다. 예를 들어, 앞에서 언급된 영국반전연합(Anti-War Coalition in the UK)에 대한 영국무슬림연합(Muslim Association of Britain)의 참여가 긍정적인 발전으로 나아가는 조짐들이 있다. 확실히 영국의 정치 분야에서는 여러 종류의 실험적이고 '새로운' 동맹들이 나타났다. 우리는 더 많은

동맹의 등장을 환영한다.[9]

 디아스포라가 민족에 의문을 제기하거나 민족을 혼란시키는지를 보여준다고 해서 민족에 완강히 반대하는 편에 있다고 주장할 수는 없다. 살만 사이드(Salman Sayyid)가 지적하기를,

> 디아스포라가 단순히 민족의 정반대 요소들로 만들어지기 때문에 민족과 정반대인 것이 아니라, 오히려 민족의 폐지를 방해하기 때문에 반민족인 것이다. 의미상 디아스포라는 또 다른 민족 안에 있으므로, 디아스포라라는 존재가 민족의 폐지를 방해하는 것이다(2000b: 42).

요약하자면, 디아스포라는 여전히 민족-국가의 범위 안에서 활동하기 때문에 민족을 대신할 수 있는 하나의 대안인 척하지 않는다. 그러나 디아스포라는 하나의 영토와 완전히 겹치는 동질적인 공동체를 규정하려는 시도를 통해 민족을 불구로 만든다. 그런 연후에 디아스포라는 훨씬 더 광범위한 과정들의 일부를 형성한다. 다시 아파두라이의 주장으로 돌아가자면, 일반적으로 디아스포라는 미디어, 자본, 사람과 관련하여 실제로 애국심을 쓸모없게 만드는 초국가적인 움직임이다. 민족은 더 이상 한때(만약 그런 적이 있었다면) 손에 쥐었을 수도 있는 합병과 같은 독점적인 권력을 지니고 있지 않다. 민족으로부터 관심을 돌리게 만드는 새로운 사회 형태를 창조하기 위해 초국가적 결합과 종족적 유대감이 힘을 합친다.

---

9 2003년 2월 200만 명이 참여한 강력한 반전 시위의 결과로 나오게 된 다양한 정당-건설 발의안에 대한 논평은 〈위클리 워커(Weekly Worker)〉에서 찾아볼 수 있으며, 온라인 www.cpgb.co.uk에서 입수 가능하다.

초국가주의

디아스포라는 민족-국가가 출현하기 이전의 시기를 갈구하게 하고, 민족-국가의 영역을 피하거나 우회하는 집단들에 대해 토의하는 것을 가능하게 한다. 그러나 디아스포라는 환경문제나 브레턴우즈(Bretton Woods) 체제처럼 범세계적인 협동 관리와 같은 더 큰 문제들을 해결하기 위해 민족-국가들이 경계를 넘어 노골적으로 관여하는 다양한, 특히 경제적이고 정치적인 활동들을 아우를 수 없었다.[10] 이것이 '초국가주의(Transnationalism)'라는 용어가 떠오르게 된 이유들 중 하나이다. 초국가주의는 디아스포라의 지시문에 기분 좋게 들어맞는 더 넓은 여러 과정들을 묘사할 수 있다. 그러므로 우리는 디아스포라 집단보다 오히려 초국가적인 집단들에 대해 이야기하는 것이다. 또한 초국가적인 것은 디아스포라가 만들어내는 집단이나 인간을 중심으로 생각하는 것을 피하려고 노력한다. 이 용어는 디아스포라를 논하는 데 있어 유대인이나 그리스인적인 원형을 만들어내야 하는 통상의 양식을 피할 수 있다. 동시에 초국가적이란 것은 세계 시스템, 제국주의, 제국 또는 신세계 질서로 불릴 현대 세계의 민족-국가에 대한 좀 더 정확하지만 다소 단조로운 설명이다. 초국가적인 것은, 민족의 영역을 넘거나 가로질러 일하지만 민족-국가의 집행위원회로서의 작업을 방해하지 않는 세력들을 묘사한다. 그러나 이러한 방해의 부족은 그 용어의 약점을 암시한다. 적어도 우리는 디아스포라를 통해 민족이 분석을 위해 자연적으로 만들어진 단위라고 단언하지 않을 수 있다.

---

10 세계무역기구, 세계은행과 국제통화기금은 제2차 세계대전 이후 미국 브레턴우즈에서 열린 회의에서 발의된 기구들이다. 그들이 엄청나게 많은 비판을 받게 된 것은 타당하지만, 원래 이들은 전 세계 자본주의에 질서를 가져오도록 디자인되었다(Klein 2000 참조).

'초국가적'이라는 용어의 가장 큰 힘은 국제 자본주의 관계의 현재 상태를 경고한다는 것이다. 1919년 블라디미르 레닌(Vladimir Lenin)이 제국주의를 자본주의의 최고 단계로 공식화했으나, 초국가적인 단체들의 활동 중 상당 부분은 레닌의 분석이 사실이 아님을 보여주었다고 할 수 있다. 초국가적 자본주의의 지배가 디아스포라의 문화적 산물을 교환할 수 있도록 조직하고 촉진한다는 점에서는 과소평가할 수 없다. 세계에서 가장 큰 초국가적 기업들의 경영자들을 하나의 디아스포라 집단과 관련지어 생각하기는 어려울 듯하다. 그러나 그들의 유일한 집이 더 많은 자본을 축적하기 위해 세워진 창고라는 점에서, 앞 장에서 묘사된 특징들을 많이 공유하고 있다. 그렇지 않다면 초국가적 기업들이 자회사를 세웠던 여러 나라는 상당히 부수적인 존재로 보일 것이다. 비록 이러한 비교가 어느 정도 조롱하는 것일지라도 이 장의 나머지 부분에서 강조하듯이 디아스포라가 사회와 문화에 고정된 상태로 머물러 있는 반면, 초국가주의는 경제와 정치적 작용에 훨씬 더 밀접하게 연관되어 온 방식에 대해 구체적으로 설명하고 있다. 우리는 디아스포라를 논의하는 데 있어 하나의 인식이자 상품의 표적-마케팅에 최신의 영향력인 디아스포라의 증식을 촉진시키기 위해 놀라운 방식으로 변해온 자본의 정치경제를 잊지 않도록 신중해야 한다.

문화의 움직임들

디아스포라적 연결은 초국가적 경제와 정치, 조직의 관계가 심각하게 뒤틀리고 위험한 상황에서도 그대로 유지될 수 있다. 좋은 예가 인도와 파키스탄의 불안한 관계이다. 2002년 핵무기로 인한 갈등이 불쑥 머리

위로 거대한 모습을 드러내어 위협하고, 공식적인 육로 국경이 닫히면서 양국 간의 긴장이 최고조에 달했을 때조차 많은 사람들은 여전히 여러 경로를 통해 국경을 넘을 수 있었으며, 국경의 양 진영에서는 영화와 음악 같은 대중문화가 여전히 소비되고 있었다.[11] 실제로 식민 지배를 당한 경험이 있는 대부분의 세계에서 민족-국가의 역할은 사회 정체성의 중요한 결정 요소로서 그리고 사회 정체성을 향상 및 증진시키는 주요 장치로서 (음악, 영화, 믿음 등) 표현이 풍부한 문화적 기반에 비해 상대적으로 무력하다. 물론 이것이 성숙한 민주주의(서구를 나타낸다)와 약한 국가들(제3세계를 나타낸다)에 대해 유럽중심주의적으로 혹은 정치학이나 사회학에 기반을 둔 논쟁을 불러일으키려는 것은 아니다. 또한 후자의 경우에는 전근대적인 사회활동이 우세하다고 주장하면서 어떤 학문적인 산책에 불과한 것을 학설로 대접하려는 것도 아니다. 오히려 설명에 도움을 주는 하나의 개념으로 민족-국가에 지나치게 의존하는 것이 서구 사회과학의 한 단면이며, 이는 탈식민적 상황들을 고려할 때 문화와 관련해 혼란을 불러일으킬 수 있다는 점을 강조할 필요가 있다. 이러한 맥락에서 디아스포라들은 대항의 핵심 단위로서 반드시 민족-국가에만 의지하는 것은 아니며, 단순히 종족적 표현의 전(前) 경제적 영역인

---

11 남아시아 민족-국가들의 경계에 거의 아무런 관심도 기울이지 않는 디아스포라 집단은 이스마일파(Ismailis)이다. 아가 칸(Aga Khan)의 추종자들은 사회적 접촉에 의해 만들어진 고유의 네트워크를 통해, 그리고 커뮤니케이션을 위한 공통 언어〔우르두(Urdu)/힌두스탄어(Hindustani)〕와 공통의 이슬람 신앙을 가지고 아시아와 서구에서 움직인다. 인도의 구자라트와 밀접한 관계를 가지고 있으며, 지금은 스웨덴에 정착한 한 이스마일리 가족은 19세기 후반에 우간다로 이주했고, 1970년대 초반 난민으로 스웨덴에 갔다. 장남은 방글라데시 여성〔실제로 치타공(Chittagong)의 국경 분쟁 지역 출신〕과 결혼했고, 둘째는 파키스탄(카라치 지역) 여성 그리고 셋째는 뭄바이(인도) 출신 여성과 결혼했다. 이는 지어낸 예가 아니다.

문화나 전통에서도 마찬가지이다. 문화 산업은 여기서도 성장한다. 그러므로 아시아 댄스음악과 이 음악이 순환될 다양한 초국가적인 흥행 조직의 발전은 단순히 여러 민족적 용기(containers)에만 한정되거나 배치될 수 없는 공간(카우르와 칼라(Virinder Kalra)가 이 장 시작 부분의 인용문에서 자세히 묘사했고 다음 문단과 제4장에서 다시 언급된다)을 찾는다.

브라(1996)는 디아스포라 공동체들과 디아스포라의 문화 생산이 민족-국가와 완전히 겹쳐 움직이는 공간을 고찰하기보다는 오히려 디아스포라 공간을 민족-국가의 경계를 가로지르는, 그리하여 쉽사리 법률을 위반할 개연성이 있는 사례로 인용한다. 사람들이 완전히 혹은 전적으로 민족의 유산이나 해당 지역에서 우세한 민족적 담론에 동의하지 않고 한 장소에 살 수 있다는 사실을 깨달을 경우 갈등뿐 아니라 창조력을 위한 공간이 만들어진다. 앞 장에서 설명한 테빗의 크리켓에 대한 테스트가 타당한 예일 것이다. 문화에 기초하여 어떤 스포츠 팀을 선택한 것을 대서특필하는 행위는 단순히 개인의 선택 또는 선택을 하게 만드는 상황에 대한 문제 제기라기보다 민족에 대한 충성도를 시험하는 것이다. 테빗의 보수당 시절 충성도 테스트는 민족에 대한 충성이 시민권 획득 과정의 일부가 된 21세기 신노동당 정부의 요구 속에서 더욱더 정형화되었다.[12] 이러한 평가는 디아스포라의 개방성과 초국가적이며 탈제국적인 운동이 초래할 실제 결과를 이해할 수 없는, 지나치게 위압적인 민족-국가 측의, 디아스포라 의식에 대한 반동으로 이해할 수 있다. 여기서 우리는

---

12 실제로 영국 시민권을 신청한 이들에게 요구되는 충성의 맹세는 왕실에 대한 충성에 초점을 맞춘다. '본인(이름)은, 영국 시민이 되면, 여왕 폐하 엘리자베스 2세와 법이 정하는 그녀의 상속인들과 후계자들에 충실할 것이며 참된 충성을 다할 것을 전능하신 하느님 앞에 맹세합니다'(Nationality, Immigration and Asylum Act 2002, Schedule I, Home Office 2003).

디아스포라가 투쟁을 위한 장이라고 제안하는 바이다.

그러므로 디아스포라적 의식은 잠재적으로 민족의 한계를 넘어 생각하기 위한 장이다. 아파두라이가 제안하듯이, '우리는 우리 자신들을 민족을 넘어 생각할 필요가 있다. ……지적인 실천은 민족의 최근 위기들을 구분해내고, 이를 구분하는 과정에서 탈민족적 사회 형태를 깨닫는 장치의 일부를 제공하는 역할을 한다'(1996: 158). 이어서 아파두라이는 '우리는 디아스포라의 다양성으로 인해 실제 영토가 없는 트랜스 민족에 우선적으로 충성한다는 사실을 깨닫게 될지도 모른다. ……문제는 어떻게 탈민족적 정치가 이러한 문화적 사실 주변에 건설될 수 있는가이다'(1996: 173). 길로이에게 이런 종류의 정치는 종족과 인종적 차이의 절대적인 범주들이 배제되는 가운데 존재한다. 민족을 넘어 일하려면 인종을 넘어 일해야 한다. 길로이는 《블랙 아틀랜틱: 모더니티와 이중 인식(The Black Atlantic: Modernity and Double Consciousness)》(1993a)에서 정치 및 문화 차원의 중대한 순환에 초점을 맞추면서, 블랙들의 경험을 이해하고 설명하기 위한 방법으로 서유럽, 카리브 지역, 서아프리카, 북미에 대해 디아스포라적인 공간 횡단을 주장한다.

길로이에게 속죄를 위한 프로젝트는 '블랙 아틀랜틱(Black Atlantic)'이라는 뮤지컬의 형태 속에 있다. 그 이전에는 평가절하되었을 뿐만 아니라 '미개하고, 야만적이며 퇴폐적인 것'으로 여겨졌던 창조적인 표현들이 제2차 세계대전 이후에는 폭넓게 소비되었고, 안정적으로 전 세계에 공급되었다. 무도장에서의 뮤지컬 공연이 길로이가 가장 좋아하는 예이지만, 여러 종류의 표현적인 문화 양식을 지지해온 그의 감수성은 박수갈채를 받아야 한다. 이러한 칭찬은 인종에 대한 사고를 넘어서는 어떤 움직임의 징후를 의미한다. 디아스포라와 그들의 창조적 생산물은 새로운 휴머니즘을 상상할 수 있는 가장 중요한 장의 하나이다. 분명 이것은 야심찬 주장이며, 디아스포라의 보편적인 휴머니즘에 기반을 둔 의제 때문만이 아니라 여러 측면에서 많은 비판을 받게 될 주장이지만, 우리는 이러한 움직임을 지지한다. 그러나 우리의 시각에서 볼 때 이러한 개념들은 어떤 정치 조직 또는 길로이가 그려놓은 '세계적 휴머니즘'을 실현할 계획도 없이 비교적 내용 없는 상태로 남겨져 있다. 문화적 가시성이 반인종주의 문화 정치에 필요한 첫걸음일 뿐이라는 주장은 반드시 인정해야 한다(Kalra and Hutnyk 2000). 그러나 디아스포라의 창조성과 정치적 현안에 미치는 영향력을 빈틈없이 결합하는 사람이 바로 길로이이다.

창조성과 상품화

만약 제도의 변화하는 정도가 디아스포라의 움직임에 별 영향을 받지 않은 채 남아 있다 해도, 문화 생산과 소비의 단계에서는 결코 그렇지 않다. 디아스포라적 인식이 미치는 주요 영향들 가운데 하나는 호미 바바의 말처럼, '세계에 새로움'을 가져오면서 창조성의 선두에 나설 수 있는 능력이다. 디아스포라의 심미적이고 경험적인 측면에 대한 강조는 문화와 문학 연구에 엄청난 영향을 미쳤다. 음악, 영화, 시각 예술이 모두 디아스포라 경험의 내부 구성요소로 간주되는 상호문화주의(interculturalism)에서 이득을 취한다. 딕 헵디그(Dick Hebdige 1987)가 흑인 음악 문화에서 빌려와 현대 문화의 '자르기"와" 섞기(cut "n" mix)'로 불렀던 문화적 전통들이 서로 섞이고 침투하고 혼합하여, 혼합주의적이고 혼성화된(creolized) 문화적 형태인 혼종을 생산할 수 있게 한다. 기본 공식은 당신이 다름을 경험하며 살고 있을 때 문화 창조가 더 쉽다는 것이다.

자의식이 건설한 삶의 본질은 이주 과정을 통해 드러난다.[13] 그러므로 문화 생산은 없다고 느껴지는 것을 존재하게 하고, 친숙한 것을 무언가 아주 이상한 것으로 변화시킨다. 그러나 스튜어트 홀(1989)은 이러한 문화 창조의 과정을 새로운 장소에서 일어나는 전통의 재창조 또는 사회 형태의 재생산으로 파악한 인류학적 접근 방식들과 달리[14], 이러한 문화적 혁신은 새로운 물리적인 조건들에 의한 생산품이기 때문에 단순한 재창조가 아니며 절대 그럴 수도 없다는 자세를 유지한다. 어쨌든 이 창조적 잠재력이 우리가 음악, 영화, 문학을 살펴보는 이 장의 다음 세 단원에서 언급할 디아스포라적 경험을 우려내는 바로 그것이다. 이들 각 분야에 대한 학자들의 토론이 부득이하게 엉성하고 전체를 아우르지 못하는 가운데, 우리는 이런 문화 생산물들에 대한 다량의 논평을 있는 그대로 사용하려 한다. 우리는 디아스포라의 문화 생산물이 디아스포라 인구의 경험에 얼마나 주의를 기울여왔고, 여전히 그 안에서 울려 퍼

---

[13] 디아스포라는 이주에 특권을 부여하는데, 이주를 현실의 만들어진 특질을 인식하게 하는 혼란으로 간주한다. 그러나 이러한 혼란은 서구의 노동자계급 사회가 산업 쇠퇴로 인해 단련된 혼란과 유사하다. 백인 디아스포라(제6장 참조)라는 개념의 등장은 미국의 탈산업화 그리고 그 결과 새로이 형성된 일부 계급을 묘사하는 '백인 쓰레기'라는 의미와 연관 있는 백인성에 대한 인식에 입각한다. 혼란에 대한 이러한 생각은 최근 퀴어 이론에서도 받아들여졌는데, 디아스포라가 비표준적인 섹슈얼리티의 렌즈를 통해 제시하는 고향을 문제시하고 있다. (이러한 양상의 좀 더 세부적인 사실을 위해서는 제3장 참조).
[14] 제1장에서 지적했듯이 영국학계에서의 민족 연구는 고향과 타향에 초점을 맞추는 학문 줄기 가운데 하나이다. 왓슨(Watson 1977)을 시작으로, 일련의 연구자들은 주로 인류학자들이 중심이 되어 인종화된 영국 태생의 젊은이들을 이주 과정 때문에 정체성 위기에 처한 사람들로 '두개의 문화 사이에' 갇혀 있는 이들로 병리화했다. 현재 유럽과 미국 학계에서 나온 연구서에서는 상당히 보기 드문 이런 부정적인 암시들은 영국의 정책결정자들과 저널리즘의 활동에서는 매우 중요했다. 영국의 교육 종사자들은 파키스탄과 방글라데시계 학생들의 학업 성취도가 낮은 주요 원인을 '가정 문화'가 '학교 문화'와 다르다는 사실을 든다. 이는 중등 의무교육이 시작되면서 영국의 노동계층 어린이들이 받았던 대우와 매우 흡사하다(Willis 1977 참조).

지고 있는 '저항의 씨앗들'을 유지하는지를 고찰하려는 것이다. 디아스포라 문화 생산물의 상품화와는 대조적인 요소로서 혼종성의 유행 경향과 대중 소비에 바람직한 가장 혁신적인 메시지를 만드는 마케팅 대리인의 능력이 이러한 우리의 의도를 방해한다.

음악

아마도 음악은 다른 어떤 창조적인 형태보다도 더 생산과 소비 양쪽 모두에 존재해야 하는 짐을 짊어지고 있을 것이다. 헵디그(1987)가 음악 분석을 통해 '자르기"와" 섞기'라는 용어를 만들어냈으며, 음악이 디아스포라 문화 생산의 선두에 서왔다는 점은 결코 놀라운 일이 아니다. 이와 관련해서 가장 영향력 있는 이론가는 길로이이다. 그는 '더 나은 미래라는 관념에 대해 완강하고 일관되게 헌신하는 블랙 음악'(Gilroy 1991: 10)에 내재된 창조적 표현들이 특정 디아스포라 공간을 나타낸다고 지적한다. 음악은 '아프리카, 아메리카, 유럽, 카리브 지역을 이음새 없이 맺어주는 매개체이다. 이것은 블랙 시카고가 공급한 원재료들로 영국에서 카리브 지역과 아프리카 출신의 정착민 자녀들이 생산했지만, 자메이카 킹스턴 사람들의 감수성을 통해 여과되어 나왔다'(Gilroy 1991: 15). 이러한 종류의 양식화는 다른 상황에서뿐만 아니라 다른 형태의 문화 생산에서도 반복될 수 있다. 음악적 표현에 대한 길로이의 입장 가운데 특별한 것은, 저항의 표현과 표현 형태들 사이에 맺어진 관계이다. 유사한 방식으로 아시안 더브 파운데이션(Asian Dub Foundation)과 펀^더^멘틀(Fun^da^mental)이라는 밴드 음악가들이 걸어온 길은 또 다른 디아스포라 공간을 생산한다. 이 공간은 남아시아, 중동, 잉글랜드, 북아프리카를 수용하며 길로이가 설명한 음악가들과 문화적인 관례를 통해 저항이라는 전통을 공유한다. 이 음악은 자신의 소재를 런던과 버밍엄의 도심에서 찾아내지만, 여전히 다양한 장소와 다양한 음악 공급원으로부터 영감을 받고 있을 뿐만 아니라 전 세계적으로 소비되었다.

앞서 우리는 주로 남아시아 댄스음악의 발전을 다룬 여러 저서들을 통해 이러한 문화적인 표현들을 탐구했다(Kaur and Kalra 1996; Kalra and Hutnyk 1998). 우리는 이 책 전반에 걸쳐 그 논쟁을 반영한다. 한편으로는 항상 흡수될 여지가 있는 변화하고 불안정한 본성을 지닌 문화적 경험에 대한 깨달음이 있고, 다른 한편으로는 음악이 끌어내는 진보적인 작업을 가능하게 하는 잠재력에 대한 인식이 있다. 우리는 음악과 정치의 관계에 대해 다양한 비판적인 시각을 발전시켰던 《비지향성 리듬: 새로운 아시아 댄스음악의 정치(Dis-Orienting Rhythms: The Politics of the New Asia Dance Music)》(Sharma et al. 1996)라는 책과 함께 개입하기 시작했다. 가장 중요한 것은 펀^더^멘틀과 아시안 더브 파운데이션 같은 예술가들이 문화 정치에 관여하는 조직의 탄생과 긴밀히 연관돼 있음이 드러난 것이다. 아시아 댄스음악의 정치에 주의를 기울이는 과정에서 우리는 그것의 상업화에도 주목하게 되었으며, 존 허트닉(John Hutnyk)의 《엑조티카 비판(Critique of Exotica)》(Hutnyk 2000)은 이러한 음악 형태의 상품화 과정뿐 아니라 세계음악의 좀 더 일반적인 범주도 분석하였다. 이런 책들과 함께 학술지인 《포스트콜로니얼 연구(Postcolonial Studies)》(Hutnyk and Kalra 1998)의 특별판 두 개와 《이론, 문화 그리고 사회(Theory, Culture and Society)》(Hutnyk and Sharma 2000)에서도 음악을 중심으로 다양한 대중문화 양식을 검토했다. 이 모든 작업에는 음악이 시장에서 하나의 상품으로 순환되지만, 모든 소비성 제품에 대해 공짜인 포스트모던적인 쇼핑몰에서는 그렇지 않다(현재 그런 경향이 있기 하지만)는 인식이 존재한다. 실제로 아시아 댄스음악은 음악의 기쁨을 통해 그리고 불의와 관련된 이야기를 상세히 설명함으로써 특정한 공간들을 연결할 수 있었다. 샤르마(Sharma 2005)는 최근에 수행한 연구에서 아시아 댄스음악이 어떻게 행동주의 정치와 맺은 관계를 박탈당하고, 서구 도시인들의 다문화적인 미각을 위해 마련된 '신제품'으로 추락했는지를 설명한다.

디아스포라는 속하고 속하지 않을 능력을 통해 한 사회에서 그곳 특유의 평등하지 않은 본성을 간파하기 때문에 이런 종류의 음악 생산에 있어서 특권을 가진다. 하지만 이 또한 종종 디아스포라 집단들을 착취당하는 위치에 놓는 실질적인 사회적 위계질서를 만들어낸다. 미국과 영국에 있는 남아시아인들의 지위를 서로 비교하고, 인종주의에 대한 저항을 표하고 소비자 문화를 위해 이것을 잡다한 것(trinket)으로 변형시킬 수 있는 여러 문화 생산의 표시자로서 계급의 중요성도 비교해보라. 유명한 음악 스타 마돈나는 가수 활동 중에 한동안 빈디(bindi)를 붙이고 헤나 장식을 했는데, 1990년대 미국 뉴저지에서 인종차별주의 집단〔빈디는 '숨겨진 지혜의 자리'로 불리는 미간에 붉은색 점을 그리는 힌두 전통이다. 빈디 장식은 에너지를 유지하며 악마나 악운을 물리친다고 믿어졌는데 힌두뿐 아니라 일부 무슬림들 사이에도 일반화되어 있다. 1980년대 후반부터 1990년대 초반까지 미국의 뉴욕과 뉴저지 지역을 중심으로 활동하던 인종 집단은 스스로를 도트버스트즈(Dotbusters), 즉 빈디 파괴자라 부르며 남아시아인들을 공격하거나 괴롭히고 심지어 그들이 살던 집을 파괴하고 강도질을 일삼았다. 이 사건은 미국에서 관련 법안과 교육이 강화되는 계기가 되었다—옮긴이〕들이 남아시아 여성들을 공격 목표로 삼도록 이끄는 역할을 하면서 이러한 상징들의 적이 되었다. 빈디를 붙이고 헤나로 장식하는 백인 여성들은, 어쩌면 남아시아 여성들을 주변화하고 그들의 정체성을 고정시키며 인종차별적 폭력으로 이끌 수 있는 이러한 소비재와 동일시되는 남아시아 여성들과는 명백히 다른 인상을 준다. 때로 우리는 인종화된 집단들에 의한 문화 생산이 오로지 가시성을 얻기 위해 정체성의 정치에 효율적으로 사용되는 방식에 매우 비판적이었다(Kalra and Hutnyk 1998). 정치 없이 또는 문화 산업에 고유한 정치와 교류 없이 문화를 '생산해내'는 행위는 인종적 위계질서를 방관하고 이국적인 상품으로 만들어 상업화하는 허울에 묵묵히 따르는 것이다. 마돈나로부터 힙합 스타 미시 엘리어트(Missy Elliot)에 이르기까지 시타르(sitar)와 타블라(tabla) 소리를 일부 혼합하여 만든 음악 상품들이 쏟아져 나오면서, 상품화가 음악의 존재감을 확실하게, 그러나 단지 시장 내에서만 향상시킬 수 있는 과정을 분명히 보여준다. 실제로 레코드 산업은 모든 창조적인 생산물에서 인종화되거나 착취당한 집단들과 관련이 있을지도 모르는 어떤 유기적인 연결성을 없애버리고 일부를 빼낸 뒤에, 이를 상품화할 수 있다. 토니 브레넌(Tony Brennan)은 이를 정확하게 지적한다.

> 모든 대중 예술(이와 관련해서 어떤 이들은 특별히 펑크음악을 염두에 둔다)은 항상 상품화되고 있으며 상업적인 것이 되어가는 과정에 있다. 하지만 이런 과정의 첫 20년 즈음에는 툭툭 두드리는 소리 이상의 실체가 없던 것이, 너무나 선율적으로 시장에 대한 저항과 시장 안에 존재하려는, 그러나 시장 없이는 존재하지 않으려는 욕망을 드러내는 데 관심을 두게 되었다(2001: 14).

한때 '흑인들을 위한 CNN'[15]으로 묘사되었던 랩조차 이제는 세계적 현

---

15 랩 그룹 퍼블릭 에너미(Public Enemy)는 그들의 노래 〈혼돈의 시간 속에 블랙 스틸(Black Steel in the hour of chaos)〉을 선전하는 포스트 시리즈에서 스스로를 '흑인들을 위한 CNN'으로 불렀다(1994).

상이며, 전 세계 음악 판매의 80퍼센트를 차지하는 네 개의 초국가적 레코드 회사들이 이윤을 얻는 기반 중 하나이다. 문화 생산품들을 대중 소비를 위해 단정하게 낱개로 포장된 단위로 밀어 넣는 이러한 과정은, 인종주의적 지배나 배제에 저항하는 과정에서 나타날 수 있으며, 패션과 다른 물질적인 문화 양식의 세계 속에서 반복되고 있다. 물론 테오도르 아도르노(1991)의 작업은 대중문화와 상품화의 공모를 대략적으로 그려보는 데 가장 큰 도움이 된다. 아도르노의 이론을 현대 디아스포라의 음악 문화에 적용할 수 있다.

> 아도르노가 50년 전에 제안했듯이 표준화에 대한 비평은—그가 두려워했던 모든 것의 표준화가 차이와 전문화로 새로 태어날 수 있도록—차별화된 생산과정과 짧은 생산 시간, 정확한 배달 체계, 틈새시장 전략들을 감안할 필요가 있을 것이다(Hutnyk 2000: 47).

대량생산에서 틈새 마케팅으로 향하는 변화를 통해 우리는 디아스포라의 문화 생산물이 작은 에스닉 시장에서 주류 시장으로 진출하는 것을 목격했다. 아시아 댄스음악은 이러한 변화 과정을 확실하게 밟아왔다. 영국의 방그라(Bhangra) 산업(방그라 음악은 인도의 전통적인 편잡 포크음악을 말하는데, 영국 방그라는 이를 받아들여 테크노 같은 다른 형태의 음악과 섞은 일종의 개작물이다—옮긴이)에 기반을 둔 편잡인 예술가 엠시(MC)에 의해 〈바흐 케라헤(Bach kerahe)〉라는 노래가 2003년 영국 팝뮤직 차트에 진출했는데 이는 상품화 과정에 따른 결과이다. 이 곡은 1998년 영국의 미들런즈(Midlands)에 기반을 둔 DJ이자 음반 제작자인 편잡인 엠시가 디아스포라 색채를 띤 작은 레코드 상표로 처음 생산했다. 이후 캘리포니아의 댄스 음악 전문가가 리믹스했으며, 댄스음악 상표(주요 음반 회사들 중 하나가 소유한)를 달고 발표되어 처음에는 변변찮았으나 5년 후에 음악 차트에 올랐다. 이를 통해 디아스포라의 행보 또한 때로는 길거리에서 대형 상점으로 아주 대담하게 이동한다는 사실을 알 수 있다.

영화

다소 덜 두드러진 방식이지만 음악과 비슷한 과정이 영화 제작에서도 엿보인다. 스튜어트 홀은 영향력 있는 논문 〈새로운 종족성(New Ethnicities)〉(1998)에서 어떻게 디아스포라 영화 제작이 젠더와 계급, 종족성의 다양성을 항상 넘나들고, 다시 그것이 어떻게 기준이 되는 우세한 문화 양식에 대한 비평과 블랙의 동질적이고 본질화된 주제를 모두 다루는지 자세히 설명하기 위해 〈한즈워스 노래(Handsworth Songs)〉〔아코파므라(Akofamrah)의 1986년작〕와 〈기억의 열정(The Passion of Remembrance)〉〔산코파 필름 워크숍(Sankofa Film Workshop)의 1986년작〕 같은 블랙 필름을 예로 든다. 두 영화는 〈나는 영국인, 그러나(I'm British, But)〉(1990) 같은 구린더 챠드하(Gurinder Chadha)의 초기 작업과 더불어 영국에서 인종화된 집단의 삶이 얼마나 복잡한지를 명백히 밝혀주는 역할을 한다. 특히 〈한즈워스 노래〉는 1985년 버밍엄의 다인종 지역인 한즈워스에서 경찰과 그 지역의 인종적 불의에 항거한 인종 폭동에서 출발한다. 이 영화는 정치와 절박하고 영리하게 결합한 디아스포라 문화 생산의 한 예이다. 챠드하의 작은 선물 〈나는 영국인, 그러나〉는 인종주의를 배경으로 젊은 아시아계 영국인들의 정체성 문제를 고민하면서 그들에 대해 자세히 알려준다.

 디아스포라 연구에서 영화의 중요성은 학문적 소비를 위한 이야기를 제공하는 능력에서 찾을 수 있다. 〈나의 아름다운 세탁소(My Beautiful

Launderette)〉[스티븐 프리어스(Stephen Frears)의 1985년작]과 〈샘과 로지, 밤일하다(Sammy and Rosie Get Laid)〉(스티븐 프리어스의 1987년작) 같은 영화의 비평들은 디아스포라 간의 차이, 특히 미국과 유럽에서의 차이(Spivak 1993)를 이야기하기 위한 주요 주제일 뿐 아니라 두 지역의 인종 정치를 비교해보는 수단이기도 하다(hooks 1990). 이러한 영화들의 원작 소설의 저자인 하니프 쿠레시(Hanif Kureshi)는 영국의 아시아인 디아스포라가 어떻게 '블랙/아시아계 영국인 되기(Becoming Black/Asian-British)'(Bromey 2000: 121)인지를 이해하는 데 핵심 요소가 된다. 이런 식의 비판적인 평가가 놀라운 점은, 실제 제작 편수에 비해 영국 디아스포라 영화를 중시하고 이에 대해 써왔다는 사실이다. 그런 이유 때문에 이런 영화들이 지나친 기대와 무언가를 대표한다는 불필요한 짐을 지게 되는 것이다. 영화 제작 편수가 너무 적기 때문에 한 편 한 편이 무언가 심각한 것을 말하거나 적어도 일부가 집단 전체를 그려내는 데 적절한 무언가를 말하리라는 기대를 받는 것이다. 챠드하의 두 번째이자 널리 선전된 영화 〈해변의 바지(Bhaji on the Beach)〉(1994)는 중매 결혼, 가출한 딸들, 공동체들 사이의 인종주의, 성적 환상, 문화 충돌로 인한 2세대의 불협화음 등과 같은 '다문화' 환경에서 볼 수 있는 상투적인 모든 사안을 다루고 있는데, 특히 이 부분에서 유죄이다.

 1990년대 영국에서는 미국 디아스포라 영화 제작의 오랜 전통에 따라 디아스포라 영화 제작이 급격히 늘어나기 시작했다. 이들 중 많은 영화가 뮤지컬 제작을 흉내 내면서 쉽게 소화할 수 있는 희화화를 통해 지나치게 상업화되고 있었다. 그러나 1980년대는 인종, 기억, 이데올로기, 영국의 식민 과거 등의 주제를 가지고 한즈워스의 블랙 공동체들이 폭동을 일으킨 원인을 찾았던 〈한즈워스 노래〉 같은 영화들이 제작되었다. 대조적으로 〈베이비마더(Babymother)〉〔줄리언 엔리케스(Julian Henriques)의 2000년작〕는 음악세계로 진출하기 위해 노력하던 한 여성의 개인사를 이야기한다. 〈베이비마더〉와 〈한즈워스 노래〉 모두 독립영화 제작자들이 만들었고, 영국의 주류 영화산업에 비해 부차적인 중요성을 가졌으며, 베이비마더의 경우 지나치게 사회적이고 정치적인 내용에서 물러선 미국 블랙 영화계의 추세로부터 받은 영향이 드러난다.

어떤 점에서는 지금까지 분석한 영화들도 정착과 그에 관련된 문제들을 강조하는 점을 고려하면, '민족'이나 '이주' 영화의 범위 내에서 설명할 수도 있다. 하미드 나피시(Hamid Naficy)는 〈억양 있는 영화(An Accented Cinema)〉(2001)라는 책에서 서구로 추방당했거나 이주한 소수인종 영화 제작자들의 작업을 그리기 위해 '억양 있는' 영화라는 개념을 소개해 그 배경을 넓힌다. 현대 문화 이론을 재현하자면, 억양 있는 영화들은 스타일 면에서는 혼종이며 이중 의식을 적절히 사용한다. '그들은 시네마적인 전통에서 한 쌍의 목소리를 얻고, 추방이라는 상황, 디아스포라적인 상황에서 다른 것을 획득한다'(Naficy 2001: 22). 이로써 우리는 억양 있는 영화를 정의할 수 있다. '여기서 논의되는 영화는 장인적이며 집합적인 생산방식과 관객들의 탈영토화된 위치에서 자신의 억양을 가져온다'(2001: 23). 이처럼 폭넓은 범위에서 정의함으로써 다양한 종류의 영화 주제를 분석할 수 있지만, 국가의 영화 전통이 자신의 시장 수용 능력을 향상시키기 위해 디아스포라 주제를 얼마나 활용하는지는 감안하지 않는다. 인도의 발리우드(Bollywood) 영화는 해외 디아스포라의 소비를 촉진시키기 위해 무조건적으로 영화 주제를 발전시켜왔다. 크리스티나 클라인(Christina Klein)은 영화 〈와호장룡〉〔리안(李安)의 2000년작〕 분석을 통해 디아스포라 이해하기의 또 다른 활용 형태를 제안한다. 중국을 배경으로 하는 이 블록버스터 로맨틱 무술영화는 민족주의 양식 대 할리우드 양식이라는 대결에서 하나의 정통 중국 영화와 비교되었고, 또 다른 한편 무술영화 장르의 비정통적인 할리우드화라는 비판을 불러일으켰다. 클라인은 이러한 양극성에 의문을 던지고 이 영화를 '이안의 중국 고향땅, 중국인 디아스포라의 다른 구성원들, 그의 호스트 국가인 미국의 문화와 이안의 유대관계와 같은 초국가적인 삼각관계' 사이 어딘가에 놓기 위해 디아스포라 이론을 이용하였다(2004: 21). 클라인의 분석은 이 영화가 야기했던 정통성에 대한 논쟁들이 보여주었던 것보다 한층 더 나아갔음은 의심할 여지가 없으나, 영화의 제작에 든 비용이 초국가적이라는 전제를 회피하고 있다. 세트장, 대본, 배우들은 중국인 디아스포라에 의존하는 한편, 자금 조달은 소니와 콜롬비아 같은 가장 큰 초국가적 거대 영화사들이 완전히 전담하고 있다. 결국 초국가적 자본의 참여로 인해 이런 디아스포라적 생산품이 존재할 수 있었고, 영화는 홍콩-대만-싱가포르라는 쿵푸 영화 3대 소비국을 떠나 전 세계화된 소비 무대로 옮겨진다.

  차이와 함께하는 삶에서 얻는 풍부한 경험이 창조적인 연습생들에게는 문화적인 '새로움'을 생산해낼 수 있는 능력을 줄지는 모르나, 이것이 그 차이를 흡수하는 데 대한 확신은 아니다. 홀이 날카롭게 지적하듯이,

이러한 자본주의 세계화의 최근 국면은 그것의 가차 없는 압박과 시공간을 가로지르는 재정리와 함께 균일화하는 모더니티가 대체할 것으로 여겼던, 좀 더 현지화된 공동체들에 적합한 특정 구조들과 특유의 부착물들 그리고 신원을 파괴하는 결과를 반드시 초래한 것만은 아니었다. ……이른바 '자본의 논리'는 성적인 차이를 포함해서 차이를 보존하고 변화시키면서, 그

것을 무시하면서가 아닌 차이들을 통해 움직여왔다(Hall 1992a: 353).

종종 디아스포라의 문화 생산물은 민족이나 핵가족 같은 사회조직의 다른 기준 영역들을 드러내고 의문을 던진다는 바로 그 이유 때문에 본질적으로 진보적인 것이라고 가정되는데, 이는 잘못이다. 문화 생산물은 본질적으로 진보적이고 전통적인 규범들이 지켜지지 않는 곳에서조차 언제나 시장에 의해 도용되고 재포장되어 판매될 수 있는 길이 열려 있다. '자르기"와" 섞기' 문화 생산물과 관련된 스타일은 빠르게 소비자 자본주의의 탐욕스런 기계 속에 흡수되어왔다. 홀이 위의 인용문에서 지적했듯이, 이러한 과정이 전혀 새롭진 않지만 자본주의 세계화의 최근 단계에서 중요한 측면이다. 페이즐리 문양〔페르시아에서 유래한 것으로 알려진 문양으로, '눈물방울'에서 '야자나무'에 이르기까지 다양하게 묘사되었다. 인도 펀잡에서는 '망고'의 펀잡어인 '암브(Amb)'라는 단어에서 유래된 '암비' 문양으로 알려져 있다. '페이즐리(Paisley)'는 스코틀랜드 중부 지역에 위치한 도시로 방직업과 직조업이 유명하다—옮긴이〕은 19세기 식민주의 시대에 북인도의 암비(Ambi) 문양인지 모른 채로 빌려온 것이다. 오늘날에도 문화 소유물의 전매특허화하기와 단속이 계속되는데, 세계무역기구(World Trade Organization) 같은 초국가적인 기구가 식민시대의 오래된 일상인 상업적 약탈을 대신하는 착취할 권리를 승인하고 유지시키고 있다.[16]

---

16 경작 분야에서 중요한 두 개의 입법은 TRIPS(The Agreements on Trade Related Aspects of Intellectual Property Rights)와 TRIMS(The Agreements on Trade Related Investment Measures) 협약이다. 좀 더 교활한 TRIPS 협정은 특허화 권리와 관련이 있는데, 그 결과 많은 자생 곡식들이 미국에서 특허를 받게 되었다. 결과적으로 제3세계의 농부들은 자신의 고장에 고유한 씨앗 품종을 사용한 대가로 로열티를 지불하도록 요구받는다. 현재까지 가장 논쟁이 되고 있는 사례는 인도 바스마티(Basmati) 쌀로서 한 텍사스 회사가 텍스마

문화의 상품화는 저항의 기회가 생기기도 전에 흡수가 시작되는 강렬한 과정이다. 이는 종종 디아스포라와 글로벌 기술을 대상으로 논의되는 기술 변화의 중요성과 밀접하게 연관되어 있다. 클리퍼드의 디아스포라에 대한 논문은 거의 전 페이지에 걸쳐 '새로운 전 세계화의 상황 속에서 옮겨 다니거나 혼종하는 담론의 중요성'을 언급하고 있다(Clifford 1994: 306). 디아스포라는 '초국가적인 연결' '전화 배선' '수송 기술, 통신, 노동 이주' '비행기, 전화, 카세트테이프, 캠코더' '사업 체인과 여행 경로들'(Clifford 1994: 303, 305-28)에 의지하고 있다. 이러한 디아스포라의 형성과 새로운 정보기술의 관계에 대한 가정은 자본주의 발달의 최근 국면과 통신 및 정보기술의 중첩되는 관계를 시사하고 있다. 이런 추론에 기반한 구성은 지나칠 정도로 자주 디아스포라의 문화 생산물 유통에 있어 경제적인 요인들의 역할을 무시하고 있다.

문학

음악 및 영화 제작과 유통은 디아스포라를 연구하는 사람들의 많은 관심을 받고 있지만, 디아스포라 의식이 문화 생산에 미친 영향에 대한 설득력 있는 이론의 발전은 표현 미디어가 아닌 문학 세계에서 이루어졌다. 탈식민 연구로 불리게 된 더 넓은 무대에서 디아스포라는 여러 종류의 새로운 글쓰기와 비평을 규정하는 중심 소재가 되어왔다. 앞 장에서 코헨이 제시했듯이, 만약 디아스포라의 유형들과 직접 대조되는 무언가가 있다면, 아마도 해체하는 연장 도구들을 소유하고 있는 문학 비평

티(Texmati)라는 새로운 이름으로 특허권을 취득했다. 인도 정부는 해당 특허에 대한 인정을 거부해왔다.

가들의 작업이 가장 유력한 후보들일 것이다. 문학 이론 분야에서 '디아스포라'라는 용어는 오리엔탈리즘의 파멸과 유럽중심주의에 대한 폭로 그리고 동인(動因)으로 여겨지는 남성상의 중요성을 약화시키는 작업을 원하는 훨씬 폭넓은 계획의 일부로 최고의 권위와 힘을 가지고 부상하였다.[17]

해석(재해석)의 여지가 있는 문화 생산물을 원문으로 읽는 기술 때문에 문학 이론이 디아스포라 문화 형성 연구에서 매우 중요하게 되었다. 모든 이종 문화의 상호작용에서 중심이 되는 것은 두 언어가 충돌할 때 발생하는 긴장이다. 여기서 언어는 단지 격식을 차린 구어가 아닌, 커뮤니케이션을 하는데 있어 은유적인 기초를 의미한다. 이것이 디아스포라의 중요성에 대한 호미 바바의 접근 방식에서 중심이 된다. '이주 경험의 시작은 어떤 변형만큼이나 과도적인 현상이다. 그리고 두 가지 조건이 모호하게 이주민들이 "생존"하는 데 있어 요구되기 때문에 그것에 대한 해답은 없다'(Bhabha 1994: 224). 디아스포라 공간의 탄생으로 말미암아 식민지인들이 제국의 중심과 직접 대면하게 되면서 또렷이 밝혀진 주요 과정들 중 하나는 번역이다. 문화적 차이의 문제는 번역될 수 없다는 것이다. 바바가 발터 벤야민(Walter Benjamin)을 인용하면서 말하기를,

> 문화적 차이라는 주제는 하나의 문제가 되는데, 이는 발터 벤야민이 확고하지 않음으로 혹은 '번역의 문턱'으로 묘사했던, 변형의 과정에서 일어나

---

[17] 이 분야의 중요한 저술을 위해서는 바컨과 셸턴(Barkan and Shelton 1998) 참조. 최근에는 디아스포라가 새로운 글쓰기를 위한 마케팅 도구가 되었는데, 런던에서 닉 맥다올(Nick McDowell)이 엮은 《디아스포라 시티(Diaspora City)》(2003)라는 표제의 새로운 글쓰기 모음이 그 예이다.

'번역하는 데 있어 그 자신을 해석에 빌려주지 않는, 바로 그 요소'인 저항의 요소이다(Benjamin 1968: 75, in Bhabha 1994: 224).

바바에게 문화적 차이가 해석되는 작은 틈은 급진적이고 위험한 가능성을 지닌 장소이다. 번역이라는 독특한 현장은 불가능하지만 필요한 교환의 영역으로서 어쨌든 통합주의자의 꿈(용광로)과 인종주의자의 염원(순수한 백인 국가) 모두의 경계 너머에 있으며, 바바(1994)의 세계에서 우리가 '우리로 일어날' 수 있는 포스트-민족주의적 환경 발전을 추진하는 잠재력이 있다. 이러한 도전의 현장은 '제3의 공간'으로 불린다. 제3의 공간을 급진적인 정치의 공간으로 차지하려던 야망에 대해 최근에 이 공간을 잠재적인 협상을 위한 평범한 장소로 낮추어온 바바가 이의를 제기하였다.[18] 제3의 길이라는 개념을 식별할 수 있는 또 다른 계보가 있는데, 이는 새롭게 독립한 이전 식민지들이 미국과 소련이라는 세력권 사이에서 하나의 공간을 만들어내려는 노력으로 비동맹운동(Non-Aligned Movement)에 이 개념을 접목함으로써 시작되었다. 최근에 미국과 유럽의 민주당 가운데 실용주의자들은 표면상 사회주의와 자본주의의 양극화된 국면에 반대하면서, 중도 우파적인 안건들을 내놓기 위한 수단으로 제3의 길이라는 개념 가운데 진보적인 요소들에 주목해왔다.[19]

어떤 면에서 바바의 연구는 물질적 그리고 문화적 형태의 관계로부터 다른 사회적 행동과 행위들을 언급하기보다는 오히려 그 자체의 구

---

[18] '스튜어트 홀과 호미 바바의 대화에서(Stuart Hall and Homi Bhabha in Conversation)', 2000년 12월 11일 월요일, 웨스트민스터 대학(University of Westminster).
[19] 로버트 영(Robert Young 2001)은 비동맹운동이 서구와 소련으로부터 제3세계 국가들을 본질적으로 구분하기 위해 어떻게 제3의 길이라는 인식을 발전시켰는지에 대한 역사를 보여준다. 앤터니 기든스(Anthony Giddens)는 영국에서 제3의 길의 설계자로 가장 잘 알려져 있다.

조 내에서 정당화된 원문 분석 형태로의 전환을 나타낸다(이 점과 관련된 바바의 연구를 좀 더 세부적으로 분석한 Hutnyk 2004 참조). 그러므로 계급, 젠더 혹은 인종이라는 사회의 축들을 언급하는 데서 소설에 대한 기술적인 분석과 영화에 대한 시네마적인 미학 분석은 제외될 수 있다. 우리는 이러한 회피가 학문적 생산의 일상적인 부분이 아니라고 말하려는 것이 아니라, 디아스포라 문화 생산물 '고유의' 초월하려는 본성과 그 이름 아래 이루어진 분석 가운데 상당 부분 드러나는 대조를 지적하고 싶은 것이다. 디아스포라의 문화 생산물은 평가 기준 체계를 항상 바꿀 수 있을 만큼 충분히 초월적이지는 않다. 이러한 예는 최근 로저 브롬리(Roger Bromly)의 《새로운 소속에 대한 내러티브들(Narratives for a New Belonging)》(2000)이라는 저서에서 발견된다. 로저는 자신의 저서에서 원문 묘사의 필요성을 제기하였다.

> 거의 모든 픽션은 탈식민에 의해 강제된 이동의 결과 그리고/또는 이주 환경들로 인해 소속의 범주와 현재가 불안해져버린 사람들의 창작물이며, 그들에 대한 것이다. 언어, 고향, 기억 그리고 주변화는 되풀이되는 문제들이다. ……그 픽션들은 이주 정체성에 대해, 이주 정체성에서 출발하여 이주 정체성을 넘어 이야기하고, 복수성과 유동성 그리고 항상 무언가 되기 위해 불시에 나타나는 이야기를 발전시킨다(Bromley 2000: 1-2).

클리퍼드, 홀, 사이드, 스피박과 함께 아메리카, 캐나다, 영국의 여러 소설과 단편소설들을 읽는 데 있어, 원문 생산의 중심적 역할은 '인종주의, 경찰의 잔혹한 진압, 저개발, 성차별'의 결과에도 불구하고, '내러티브가 권력과 지배의 문장들 밖에 있는 말들에 형태를 부여함으로써 패권 관계를 끊고 부수는 …… 근본적인 수단이 될 수 있는 세계를 만들어 내는 데 이바지한다'(Bromley 2000: 16). 이들은 의심할 여지 없이 숭고한 글이며 디아스포라/탈식민 문학 연구가 확장되는데 기여하였다. 책과 영화 그리고 불평등에 대한 비평이 담긴 한권의 책이 사회정의를 불러일으키기에 충분한지에 대한 질문이 암암리에 남아 있다. 어떤 종류의 사회 행동주의가 디아스포라 픽션의 독서로 이끌까?

아마도 글의 힘과 기존 문학세계의 보수성을 가장 강력하게 보여주는 살만 루시디(Salman Rushdie)의 《악마의 시》에 대한 반응일 것이다.[20] 이른바 '루시디 사건'은 영국을 배경으로 인종주의와 형편없는 생활수준에 의해 훼손된 디아스포라 집단들의 사회적인 측면과 어떤 영역도 신성시하지 않는 문학세계의 표현 사이의 깨지기 쉬운 관계를 가장 넓은 차원에서 드러낸 것이다. 이는 감히 다른 것에 대해 논평을 하지 말아야 한다거나 침해하지 않아야 한다는 주장이 아니라, 루시디의 디아스포라 공간은 〈악마의 시〉에 담긴 내용이 불경스럽다고 보아 이 책에 반대하는 캠페인을 벌였던 남아시아 무슬림들의 디아스포라 공간과는 같지 않다는 것이다. 루시디의 디아스포라에는 많은 작가들이 거주하고 있다(당시에는 영국에서, 그러나 지금은 의심의 여지 없이 다른 학자들이 이 목록에 추가될 미국에서). '스위프트(Jonathan Swift), 콘라드(Joseph Conrad), 마르크스는 타고르(Robindranath Tagore)나 람 모한 로이(Ram Mohan Roy)만큼이나 우리의 학문적 조상들이다'(Rushidie 1992: 20). 라자고팔란 라다크리쉬난(Rajagopalan Radhakrishnan 1996)은 루시디 사건의 이런 모순 관계에 대해

---

[20] 여기서 우리의 관심은 다른 유형의 디아스포라 문화 생산자들 간의 관계이다. 1989년 〈비판, 이론(異論)과 해석(Criticism, Heresy and Interpretation)〉이라는 잡지에서 수집한 글이, 우리가 아는 한, 이 논쟁과 관련하여 공공에 알려진 최초의 학문적인 글이다.

좀 더 깊은 통찰력을 가져다주는 읽을거리를 제공한다. 그가 말하기를 '아이러니하게도 (그 자체가 끔찍한) 파트와(fatwa: 이슬람의 법 조항에 대한 종교적 견해로서 법 이상의 권위를 지니는 법 해석이다. 이슬람교도라면 누구나 파트와를 따르는 것이 종교적 의무로 규정되어 있다—옮긴이)는 사실상 저항의 상징으로, 약하고 엄청나게 비방받고-착취당하고-전형화되고-인종차별을 당하고-타자화된 아시아가 서구의 세속적이며 추론에 입각한 규범들의, 의문의 여지 없이, 전 세계적인 지배에 맞서기 위해 노력하는 것이다'(1996: 160-161). 그러나 디아스포라 글쓰기에 의해 다소 의문시되는 것이 바로 이러한 규범들이다. 문학세계는 좀 더 이전 시기에 철두철미하게 반인종주의적이며 반제국주의적인 논평을 환영했던 방식과는 다르게 루시디를 방어하고 있다. 라다크리쉬난을 다시 인용하자면 '(자유주의적 문인들이) 이슬람의 지식인 계급과는 반대 입장에 선 루시디를 존중하는 것은 "내부" 인종주의와 자민족중심주의에 대한 그의 비판을 존중하는 것보다는 훨씬 더 쉬웠다'(1996: 161). 외무부 외교관과 관련된 다른 '사건'과 첩보 활동 스캔들(Profumo Affair, Foreign Affairs: 1963년 해롤드 맥밀런(Harold Macmillan)이 수상으로 재임하던 시절 전쟁부 장관 존 프로푸모(John Profumo)가 소련 대사관부 해군무관과 관계를 맺고 있던 크리스틴 킬러(Christine Keeler)와 일으킨 스캔들—옮긴이)에 대한 반향 또한 표면상으로는 문학에 대한 사건이 정부-차원의 정치 영역에서 처리되었음을 나타낸다. 나아가 사건이 예기치 못한 방향으로 흘러가 루시디는 미국 시민이 되고, 유럽인들의 반미 정서에 격앙되어 이라크 공격에 찬성함으로써 무슬림 세계에 대한 미국의 어떤 형태의 간섭도 옹호하는 사람이 되었다.[21]

---

[21] 'Fight the good fight', Salman Rushdie, 2002년 11월 2일 토요일, 〈가디언(The Guardian)〉.

또한 루시디는 디아스포라 문학의 상품화에 앞장선다. 이번 달 최신의 맛은, 영어를 훌륭하게 변형하거나 영어로 된 글을 읽는 대다수 독자들이 그때까지 맛보지 못했던 새로운 분야의 경험에 대한 통찰력을 제공하는 디아스포라 또는 추방된 작가이다. 유명한 인도 소설가 비크람 세스(Vikram Seth)의 《적당한 남자(A Suitable Boy)》(1994)는 영어로 번역되어 그야말로 대히트했으며, 지금은 적어도 매년 이러한 혼종 계통의 작가 한 명이 주요 픽션 출판사들의 선택을 받고 있다. 아마도 영어로 글을 쓰는 디아스포라 작가와 인도인 작가들, 이와 대조적으로 (몇 안 되는) 영어로 번역되고 있는 작가들(물론 훨씬 더 많은 작가들의 작품이 번역되지 않고 있다)을 구별할 필요가 있을 것이다. 인도에서 영어로 글을 쓰는 이들은 대도시로 이사하는 국내 이주를 통해 또는 여러 언어에 능통함으로써 주조된 디아스포라적 자각을 가진다고 논쟁을 벌일 수 있다. 아룬다티 로이(Arundhati Roy)는 이러한 작가의 한 예로, 1997년 데뷔작 《작은 것들의 신(The God of Small Things)》으로 문학상인 부커상(Booker Prize)〔부수적으로 말하자면 살만 루시디는 1981년에 이 상을 탔으며, 1993년에는 부커상이 제정된 25주년을 기념하는 부커 중의 부커상(Booker of Bookers prize)도 수상했다〕을 수상했다. 문학계는 '로이 씨가 쓴 글의 우수성은 치열하게 도덕적이며 동시에 매우 유연하고 상상력이 풍부하고, 너무나 뛰어나서 읽는 내내 독자들의 마음을 사로잡는다'(Dinnage 1997: 14)고 홍보한다. 그러나 최근 세계에서 벌어지고 있는 일들에 대해 그녀는 루시디와는 대조적인 반응을 보였다. 디아스포라 작가가 아니라 델리에 기반을 두고 영어로 글을 쓰는 인도 작가로서 서구의 출판업계에서 출판하는 능력을 가진 자신의 모호한 위치를 이용하는 그녀는, 집요하고 일관되게 나르마다 댐(Narmada Dam)[22] 건설 반대 운동을 벌이고, 남아시아의 핵무기화와 이라크의 재식민지화에 소리 높여 반대하기 위해 자신의 지위를 이용하였다.

디아스포라인들의 공간이 가진 이러한 특권은 제4장과 제5장에서 스피박의 연구를 통해 다루어지겠지만, 여기서 우리는 디아스포라의 문화 생산이 유례없이 팽창하는 자본주의 세계 속에서 시장을 지속시키고 확장시키려는 요구인 새로움에 대한 문화 산업의 열망을 바탕으로 얼마나 중요해졌는가를 두고 벌어진 논쟁을 부각시키고 싶다. 심지어 가장 진보적인 양식의 비평들이 어떻게 정부의 군대 파병에 영향을 미치는지 지적하려 한다. 이라크 전쟁에 반대한 어느 무슬림 디아스포라는 영국에서 가장 큰 시위를 조직하고 세계에서 가장 광범위하게 조직된 반전운동에 기여하였다. 전 세계적으로 약 1000만 명이 여러 수도에서 행진하며 디아스포라가 만들어낸 네트워크와 기술을 확실히 이용했으나, 그럼에도 불구하고 이러한 총동원은 2003년 영국과 미국의 탱크가 이라크로 굴러들어가는 것을 막을 수 없었다.

문화 전쟁들

디아스포라가 정체성과 관련하여 절대론적인 개념들을 넘어서 생각하고 지배적인 민족 문화를 비판하는 가능성을 가지고 있을지는 모르나, 착취 구조에 도전하기에 충분한 힘이 있는가? 계급의 위치와 젠더 역동성은 민족-국가를 넘어 조직하는 디아스포라의 어떤 잠재력도 단번에 손상시킨다. 또한 디아스포라는 반동적인 정치와 문화 프로그램을 장

---

22 인도 중부 나르마다 강의 댐 건설과 그 사업이 강 유역에 살고 있던 수백만 명의 사람들에게 미친 영향은 현대 인도에서 가장 중요한 사회 이슈 중 하나이다. 로이는 《삶의 비용(The Cost of Living)》(1999)을 통해 그 댐의 건설을 반대하는 운동가가 되었다.

려하는 힘도 있다. 미국 힌두교도들이 인도에서 극우파와 외국인을 차별하는 민족주의 조직을 지지해온 사실은 잘 기록되어 있다(Bhatt and Mukta 2000 참조). 이러한 디아스포라의 정치는 탈민족적인 구조가 아니라, 모든 차이가 인정되고 존중되기보다는 제거되는 순전히 민족적인 조직을 구체화시킨다.

  디아스포라는 그 민족의 문화 정체성에 의문을 제기하는 것과 확실히 연관되어 있다. 그러나 문화 연구에 있어 대부분의 수사가 저항의 잠재력을 드러내고 있음에도 불구하고, 현재 디아스포라 조직들은 새로운 문화 상품 생산에 앞장서 있고, 소비에 적합하고 소비할 준비가 되어 있으며, 민족의 종말을 드러낼 태세를 갖추고 있다. 산 후안(E. San Juan, Jr.)은 어느 강렬한 비평에서 어떻게 '현대 문화 연구가 교리의 출발점과 다를 바 없이 민족의 사망을 의문을 던져서는 안되는 가설로 단정하는지'에 대해 지적하는 것으로 시작한다(2001: 52). 그러나 이 책의 마지막 장에서 좀 더 많은 세부 내용을 탐구하게 될 문제인 국가 권력을 옹호하는 상황은 2001년 이후에 격렬해졌다. 우리는 디아스포라가 문화적, 정치적 투쟁의 장으로서 많은 것을 이야기할 수 있으나, 실제로는 폭넓은 선택들이 디아스포라 곁에서 방치되거나 무시되고 뚜렷하게 디아스포라와 연결되지는 못한다고 주장하는 바이다. 반인종주의, 반제국주의, 세계주의 혹은 단일 문제들에 대한 캠페인[수감 중인 재소자들의 사망, 북아일랜드로부터의 철군, 관타나모 연대(Guantánamo Solidarity: 관타나모 만 억류 캠프는 2002년 부시 정권 치하에서 아프가니스탄과 이라크의 전쟁 포로들을 수감하기 위해 쿠바의 관타나모 만에 위치한 미국 해군기지에 만들어졌다. 관타나모 만이 미국 영토 밖에 있기 때문에 미국 헌법이 적용되지 않을뿐더러 전쟁 포로의 처우와 관련된 제네바협정도 거부당하고 있다. 그 결과 억류 캠프는 성폭행을 비롯하여 높은 자살률에 이르기까지 많은 문제점을 안고 있으며, 캠프 폐쇄를 위해 전 세계적인 연대 활동이 벌어지고 있다—옮긴이) 혹은 가사노동에 대한 임금 지불]을 살펴보면서, 디아스포라와 혼종성을 넘어 어떻게 능동적으로 조직하는가와 같은 질문들이 종종 학문 분야의 지식 범위를 넘어서는 듯하다는 사실에 주목한다. 우리는 많은 학자와 학생들이 차이에 대해 점점 더 많이 논쟁을 벌이고, 심지어는 억압에 항거하면서 사회운동에 참여한다는 사실을 인정할 때조차, 이를 하나의 징후적인 공백으로 읽어야만 하는 것이다. 이 책에서 우리는 교육과정의 주요소들과 이론화하는 습관 그리고 주요 개념들이 제한된 방식으로 논쟁되고, 그 용어와 무언가 연관이 있을 법한 일들이 여전히 방치되고 있음을 지적한다. 우리는 산 후안과 함께 디아스포라의 약속을 '문화적 차이 위에서 번성하는 모든 종(種)을 위해 배려하고 자비를 베푸는 의무를 실행하며 특유의 섬세함을 구체화할 수 있는'(2001: 60) 세계를 만들어낼 수 있는 것으로 주목하지만, 예를 들어, 이러한 약속은 지나치게 발전된 세계의 수도에서 가사노동에 종사하는 필리핀 여성들의 존재와 그 외에 너무나 많은 다른 예들을 특징짓는 형편없는 임금을 지불하는 직업과 수준 이하의 생활에 의해 반박당하고 있다고 본다.[23] 산 후안에 대해서는, 디아스포라의 위치가 귀화의 범주는 면했으나 '국경, 정부 기구, 이 세상의 다른 규칙'으로부

---

[23] 필리핀 여성들은 신(新)디아스포라로 불릴 수도 있는 것의 구성요소인데, 신디아스포라는 가사노동, 혹은 산 후안이 선호하는 표현인 노예노동의 큰 부분을 포함한다. 이러한 여성 노동력은 '새로운 세계적 무질서'를 상징하는 끊임없는 억압의 상태 속에, 그리고 필리핀이 인구 1퍼센트를 위해 흑자를 내도록 조직된 근래의 자본주의적 관계 속에 존재한다. 몇몇 민족지학자들은 이런 여성들의 삶을 특징짓는 양의성에 대한 미시적인 서술을 찾아서 그들의 소비 형태에 초점을 맞추어 그들의 직업 소개소를 드러내고자 했다(San Juan 2001: 60). 좀 더 상세한 설명은 제3장 참조.

터는 자유롭지 못한 정체성의 재발명을 위한 공간을 제공할 수 있는 장이라는 비판이 제기된다(2001: 60). 산 후안은 아파두라이의 글을 심각하게 받아들인다.

> 오늘날 서구 학계에서는 추론적인 방식의 연구를 다른 제도적 형태의 연구에서 분리하고, 문학적 담론 연구를 관료 정치와 군대, 사기업들과 비국가 사회조직들에 대한 일상적인 담론에서 분리하는 혼란스런 경향이 있다(Appadurai 1996: 159).

궁극적으로 디아스포라에 대한 이러한 연구들은,

> 필리핀[제3세계]과 미국[제국주의의 중심부들] 및 세계 다른 지역에 있는 필리핀 사람들을 연결하는 식민주의와 제국주의의 역동성에 대한 변증법적이고 유물론적인 분석이 [부]족하며 …… 모두 학자인 체하는 게임이며, 기껏해야 광신적인 애국심이나 백인우월주의적 옹호론에서 나온 정직하지 못한 행동이다(San Juan 2001: 62).

디아스포라 연구가 인문학과 사회과학의 거의 모든 분야로 번져갔으며 특히 문학과 예술 분야에서 우세해진 방식이 산 후안의 단호한 비평 속에 평가된다. 디아스포라인이라 불릴 수 있는 이들과는 어떤 정치적인 관계를 맺지 않고, 유물론적인 비평도 부족한 이런 연구들의 상당 부분은 자유주의적 다문화주의 담론 속으로 빠져드는데, 스피박은 이를 매우 단호하게 무시한다. 여기서 디아스포라는 우리에게 '3만 년 이상 한 곳에 머물러온 이들'(Spivak 1999: 402)에 대해 알리는 일을 할 뿐이다. 그들은 세계의 토착민들(natives)로서, 그들에게 있어 디아스포라는 식민 세력의 지도에 금 긋기와 탈식민시대의 댐 건설 계획 등 근대성을 부르짖는 선동 정치가들에 의해 조상의 땅에서 쫓겨나는 것을 의미했다. 토착민들과 오스트레일리아의 아보리진 그리고 아메리카 원주민들의 다양한 문화의 파괴로부터 배울 수 있는 것은, 이런 곳에서 문화는 한편으로는 이국적인 여흥과 문화 골동품 그리고 또 다른 (숨겨진) 한편으로는 지속적인 대학살, 질병, 가난과 같이 자유주의적 다문화주의에 의해 새로 만들어지기 위해 파괴될 뿐이라는 사실이다. 또한 스피박(1999)이 '다문화적 디아스포라주의자들'로 부르는 것 속에 이러한 과정의 흔적이 있다. 다문화적 디아스포라주의자들은 초국가적인 교육의 필요성이나 자본주의적 관계의 원칙들에 대한 비평과 이들을 와해시키는 방법에 대해 아무런 노력이나 관심을 표명하지 않는 지배세력과 공통 언어를 사용하기 때문에 디아스포라와 소통할 수 있는 이들이다. 디아스포라는 친절한 듯한 다문화주의 속에서 다른 문화와 연결하기 쉬운 장치가 된다.[24] 이런 점에서 디아스포라에 의해 제작된 음악, 영화, 문학의 소비는 전 세계적 다문화주의자들의 전형적인 가식이며, 디아스포라라는 이름을 짓게 만든 이주가 발생한 장소들에 대해서는 전혀 알 수 없게 만들어버린다. 이들은 새로이 출현한 제국주의의 움직임에 의해 폭격당하고 불구가 된 장소들이다. 그러나 우리는 스스로를 넘어서서 다음 장에서는 용어들을 혼합하는 데에 더 큰 주의를 기울여야 할 것이다.

---

[24] 2001년 잉글랜드 북부에서 아시아계 무슬림 남성들이 폭동을 일으킨 후, 영국 정부와 정책 입안자들의 영어를 가르치는 데에 대한 강박관념은 언어가 한 문화를 이해하지 못하도록 사용된 사례이다. 이 폭동에 가담한 대부분의 젊은 남성들은 영어에 능숙했지만, 이런 사실이 그들의 행동을 설명할 수 있는 것을 의미하지는 않았다.

디아스포라의 성적(性的) 제한

성(性)은 어떠한가? 이 장에서는 디아스포라 내부의 젠더와 섹슈얼리티 문제들을 다루는 데 있어 제1장과 제2장에서 언급한 이론과 실증적 논쟁들에 기반을 둔다. 우리의 논쟁은 이동과 뒤섞임(그리고 그것의 부족함)이 여성과 남성, 소녀와 소년들의 삶에 어떻게 서로 다른 영향을 미치는가에 주목해야만 유대인 디아스포라나 아프리카계 카리브인 디아스포라 혹은 제국 본국에서의 탈식민적 혼종 같은 범주를 논의할 수 있다는 것이다. 디아스포라와 혼종성이 젠더에 대한 전통적인 구분을 넘어 하나의 주제를 형성하도록 도울 것인가? 혹은 이러한 용어들이 문화적 통설로부터 여성들을(그리고 그야말로 남성들을) 해방시키는 데 공헌할 것인가를 물어볼 필요가 있다. 젠더를 강조할 때 우리는 여성과 남성이 동질적인 분석 범주를 형성하지 않는다는 생각도 받아들여야 한다. '제3세계'와 인더르팔 그루얼(Inderpal Grewal), 노르마 알라콘(Norma Alarcon), 찬

드라 탈파데 모한티(Chandra Talpade Mohanty), 발레리 스미스(Valerie Smith), 호텐스 스필러즈(Hortense Spillers)와 가야트리 챠크라보르티 스피박 같은 탈식민주의 페미니스트들은 '젠더의 본질 자체가 인종적, 계급적 구성과 관련해 중심 역할을 담당'해왔음을 강조하면서, 정부가 굳건히 지지해온 이성애적이며 가부장적인 전통 가치에 도전해왔다(Butler 1994: 5). 이 장에서 우리는 디아스포라의 '중요한 세부 사항들'로 묘사할 수 있는 무언가를 젠더, 종족성/인종, 계급, 삶의 무대 그리고 섹슈얼리티와 관련된 역학 관계 속에서 찾으려 한다.

디아스포라 개념을 씨 뿌리기, 그리하여 남성 중심적인 민족의 건설과 연결하면 이 개념을 영원히 페미니스트적인 재건설의 범위 밖으로 쫓아내는 것일 수 있으며, 이는 지나치게 단어의 어원에 집착하는 것일 수 있다. 좀 더 정확히 말하자면, 디아스포라 연구가 젠더화된 사회적 관행의 측면들을 얼마만큼 경고하는지에 관심을 기울이는 편이 오히려 더 타당할 것이다. 이와 관련하여 젠더에 무관심한 디아스포라에 대해 많은 비판(Clifford 1994; Brah 1996)이 일고 있으며, 최근에 플로야 안시아스(Floya Anthias 1998)는 이 장의 방향과 관련하여 특별히 중요한 두 가지 측면을 모두 포함하는 안건인 디아스포라의 성별화하기에 대한 윤곽을 그려냈다. 첫째, 디아스포라 집단들이 얼마나 호스트 국가의 젠더 관계와 자기네 공동체의 젠더 관계라는 이중 관계에 직면해 있는가이다. 둘째, 여성들이 어떻게 디아스포라 집단의 영역을 표시하는 문화적 상징주의의 매개체가 되는가이다. 우리는 이러한 분야를 발전시킬 뿐 아니라 디아스포라라는 제목 아래 거의 모습을 드러내지 않는 국제 섹스 무역에서 거래되는 여성들 같은 집단을 생각하기 위한 필요조건들을 밝혀내려 한다. 좀 더 근본적으로 남성성에 대한 초점과 블랙과 아시아/

중동 남성의 악마화를 포함하기 위해 젠더에 민감한 디아스포라 연구의 결과물들을 받아들이며, 이러한 '복잡성'을 이성애적 기준과 피해망상에 도전하기 위해 사용하려 한다.

우리는 이주와 정착 과정에서 남성과 여성을 구별하면서, 먼저 이주의 젠더화된 관점과 상징적 형상을 평가하는 것으로 시작하고자 한다. 이 과정에서 여성은 문화의 전달자일 뿐 아니라 문화를 결속시키는 유대관계의 창조자이다. 이것이 여성들에게 하나의 짐인가, 아니면 권력을 가진 느낌을 주는가? 세부적으로 살펴보겠지만, 디아스포라 형성의 한 측면은 여성을 문화를 담는 용기(vessels)로, 그리고 남성을 노동력의 수단으로 해석하는 젠더 구분에 의지하는 것이다. 이러한 구분은 '가정'에서 그리고 더 넓은 사회에서 젠더의 역할 차이에 주목함으로써 한층 더 복잡해진다. 우리는 여러 사례를 통해서 디아스포라 남성이 가부장적인 규범 덕분에 가정에서는 가장 큰 권력을 부여받지만, 더 넓은 사회에서는 경쟁으로 인한 적대감과 비백인 남성성에 만연한 피해망상 때문에 영향력을 잃는다는 사실을 발견하였다(Alexander 2002; Banerjea 2002). 여성은 가정에서는 여러 이유로 영향력을 잃지만, 좀 더 넓은 사회에서는 디아스포라 사회의 연약하고 억압받는 여성 구성원들을 '구원하려는' 담론들이 널리 퍼져 있어 잠재적으로 힘을 부여받을 수 있다. 이것이 가야트리 스피박이 식민 인도라는 주제를 가지고 대도시 공간에서 '백색 남성이 갈색 남성으로부터 갈색 여성을 구하려는 것'으로 불렀던 사례이다(Spivak 1999: 285). 우리는 이것이 성매매의 정치뿐 아니라 여성들의 '권리'에 대한 국제적 캠페인에서도 이용되고 있음을 볼 수 있다.

현대는 여러 복잡한 구조적인 요인들로 인해 여성들의 이주가 급증하는 경향이 있는데, 이는 '전 세계적인 이주 흐름의 여성화'로 묘사된

다(Andall 1999: 241). 나아가 알리슨 머리(Alison Murray)가 말하듯이,

> 현재 훨씬 더 많은 여성들이 인류 역사상 최대의 집단 이주에 나서고 있다. 그들 대다수가 계약에 의거하여 외국인 가사노동자('하녀 무역')로 고용되어, 종종 빚, 착취, 성적 학대가 수반되는 상황에 직면한다(Murray 1998: 58-59).

디아스포라 연구는 남성 노동력에서 여성 노동력으로의 변화를 거의 인정하지 않는다. 실제로 이러한 결여가 젠더를 따로 독립된 장에서 그리고 다양한 미묘한 차이를 살펴볼 이론적 근거의 많은 부분을 제공한다.

움직이기 시작한 남성성

디아스포라와 젠더 연구는 남성보다 여성의 상황에 훨씬 더 주목하는 것으로 나타난다. 이는 근시안적인 렌즈로 오로지 여성의 삶과 상황에만 초점을 맞춤으로써 초기 젠더 연구의 많은 부분을 망친 장애물이다. 디아스포라 연구에서 남성들을 다루는 경우에는 이주, 노동, 친족, 종교, 종족성, 인종적 측면들을 보편화된 렌즈를 통해 보게 된다. 말하자면, 남성성과 관련된 이슈에 적용되는 젠더 역동성은 암묵적으로는 남성의 세계에 대한 것이며 남성 담론들이 이 기준으로 고려되기 때문에 선명하게 드러나지는 않는다. 이주 과정과 디아스포라의 형성을 간략하게 다시 읽어보면, 여성과 남성 모두 어떻게 성별화된 방식으로 특징이 규정되었는지 잘 나타나 있다.

산업시대에 남성은 우월한 육체적 힘이라는, 이미 인식되고 있던 미

덕에 의해 가치 있게 여겨져 시골에서 도시로 그리고 국경을 넘어 노동 이주의 길에 나섰고, 이후에 그들과 합류하려는 여성들을 위해 이주의 길을 닦게 되었다. 그러나 이러한 일반적인 경향에도 예외가 존재했으며, 실제로 여성들은 해외로 이주하는 남성들의 결정에 중요한 역할을 하였다. 1950년대와 1960년대 카리브 지역 출신 여간호사들의 영국 이주는 특정 노동 유형에 대한 요구가 어떻게 젠더의 이주를 결정하는 요인이 되었는지를 보여준다.

현대에 '부드러운' 기술을 가진 탈산업적인 노동에 대한 요구로 인해 종종 여성들이 먼저 이주하게 되고, 나중에 살펴보듯이 섹스 무역을 위한 인신매매가 거의 여성뿐이라는 결과를 가져왔다. 그럼에도 불구하고 역사적으로 국제 이주의 대부분은 남성의 이동이었다. 노동 이주 사회에 아내들, 엄마 혹은 여형제들이 많이 존재하지 않았다는 사실은 초기 정착 경험에 중요한 역할을 했다. 뒤에서 다루게 될 혼종성에 대한 토의를 상기시킬 중요한 예는, 주로 20세기 초반 남아시아 편잡 남성의 북미 지역 디아스포라에 관한 것이다. 1913년에서 타인종과의 결혼을 반대하는 법들(anti-miscegenation laws)이 폐지되었던 1948년 사이에 캘리포니아의 남아시아 남성 80퍼센트가 중남미 출신 여성들과 결혼했다. 이는 캘리포니아의 샌워킨(San Joaquin)과 임페리얼 발리(Imperial Valley)에서 함께 농사를 짓기 위해 인도 여성들을 데려올 수 없었으며, 그들이 합법적으로 타 '인종'과 결혼할 수 없었던 현실의 귀결이었다. 대신 그 남성들이 발견하기를,

> 지방 사무관들은 '인종'이 서로 다른 사람들이 비슷한 피부색을 가지고 있을 경우 그들에게 결혼 허가증을 발부할 수 있었다. 이렇듯 법을 유연하게

적용하자 편잡인과 1911년 멕시코혁명 이후 국경을 넘어왔던 수많은 멕시코인들의 결혼이 성사되었다(Nash 1999: 15).[1]

리사 로이(Lisa Lowe)는 '(미국) 시민권 집행이 동시에 인종화와 젠더화의 "기술"이었다'고 보고했다(1996: 11). 1870년 아프리카인들의 남성 후손들은 백인 남성들이 그러하듯이 시민권을 획득할 수 있게 되었으나, 아시아 남성들의 시민권은 1943~1952년 폐지령이 반포되기까지 장벽에 가로막혀 있었다. 이 모든 사례에서 법적 시민권을 얻었던 이들은 바로 남성들이었다. 동족 여성들은 오로지 그들과의 관계에 의해 시민이 되었다.

이와 유사하게 카리브해 출신의 간호사들에 대한 요구에도 불구하고 여전히 해당 지역으로부터 영국으로 이주한 이들은 대부분 남성이었다. 1948년 처음으로 대규모의 아프리카계 카리브인들을 영국으로 싣고 와 엄청난 논의를 불러일으켰던 여객선 윈드러시(Windrush)의 항해일지를 조사해보면, 여성들은 극히 소수였다. 카리브 지역에서는 가족 단위나 작은 사회 공동체에서 가장 큰 영향력을 행사했던 사람들이 특히 나이 많은 여성들이었다. 영국으로의 이주가 시작되었을 때 영국 내 카리브인 공동체에는 여성 한 명당 대략 두 명의 남성이 있었으며, 이러한 상황은 1950년대 말엽에 가서야 겨우 균형이 잡혔다. 마이크 필립스(Mike

---

[1] 1965년 이민법 제정 이후 아시아 인도인 사회는 생기를 되찾은 편잡 문화를 동반하며 몇 천에서 십만 명이 넘게 성장했다. 점차 새로 이주해온 편잡인들과 샌워킨발리 주변 도시 출신의 히스패닉계 편잡인들(편잡인들은 북미로 이주한 최초의 남아시아인들이다. 이들 일부는 캘리포니아의 샌워킨발리에 자리 잡고 농업에 종사했다. 미국 이민법에 의해 인도인 노동자들은 아내와 가족을 불러 올 수 없었기 때문에 현지 멕시코 여성들과 결혼했다—옮긴이) 사이에 긴장이 생겨났다(Leonard 1992; Nash 1999: 16 참조).

Phillips)와 트레버 필립스(Trevor Phillips)가 지적하듯이, 아프리카계 카리브 여성들의 부족이 '이전에는 남성들의 행동을 구속했던 모든 사회적 제한들로부터 어느 정도 자유롭고 얽매이지 않는 수많은 남성들을 만들어냈다'(Phillips and Phillips 1999: 118). 초과근무, 형편없는 보수와 주거 환경에도 불구하고 여성 친족들의 제약을 받지 않는 남성들은 자유롭게 자신의 레저 생활을 추구하였다.

사람들 사이의 차이를 주장하는 가장 중요한 근본 요인이 인종과 종족성이었으나, 성별화된 정체성 또한 질적으로 다른 여러 이미지들을 호스트 사회로 전달하였다. 게으른 토착민, 위험스러운 타자, 퇴폐적인 혹은 유약한 남성 같은 인식은 식민주의적 구상에 근원을 두며, 오늘날까지 이주민, 망명자들, '테러리스트들'을 보는 시각에 남아 있다. 예를 들어, 영국으로 대규모 이주가 시작되면서 블랙 남성들은 블랙 여성들과는 다르게 인식되었다. 이러한 인식이 지역 남성 및 여성들과의 다양한 접촉에서 나름의 역할을 했다. 아프리카계 카리브인 알프레드 '킹 딕' 하비(Alfred 'King Dick' Harvey)가 1940년대 말엽 이후 영국에서 보낸 시절을 회상한다.

> 만약 이곳에 남자들만 있었다면 우리 중 상당수가 고향으로 돌아갔을 것이다. 왜냐하면 남자들이 우리를 싫어했기 때문이다. 여자들은, 그들은 우리에게 끌리는 듯하며, 그래서 나는 백인 여자들이 우리를 영국에 머물게 할 거라고 말하고 싶다. 맞아, 우리 중 상당수, 특히 내 그룹의 남자들이 머문 주된 이유가 바로 이거야(Phillips and Phillips 1999: 117에 인용-).

조직폭력배연합에는 여러 클럽과 도박장들을 관리하던 남성들이 포함되어 있었는데, 이들은 전후 시대의 '쾌락 탐닉자들(swingers)'을 유혹하는 자유분방한 생활방식을 추구했다. 아프리카계 카리브 남성들은 지역 여성들과 여러 차례 일시적인 성적 접촉을 하면서, 유럽 중심적 '신화'인 성욕이 지나치고 성기가 큰 흑인 남자의 역할을 했다. 이러한 이미지는 아프리카계 카리브 남성들을 영국의 도덕 구조에 위험한 대표적인 인물로 그리고 점차 극단적인 형태로 경찰이 감독하는 대상으로 만들었다(Hall and Jefferson 1974).

이렇듯 위험하고 인종화된 남성들의 이미지는 옛 영국 식민지에서 온 남성 노동자들의 정착으로 말미암아 대부분 계속 이어졌다. 클레어 알렉산더(Claire Alexander)는 《아시안 갱(The Asian Gang)》(2000)에서 런던 남동부 지역에 거주하는 남아시아인들이 생각 없이 '최하층 무슬림'으로 묘사되는 현실에 초점을 맞추고 있다. 그녀는 아시아 남성들을 '갱'으로 보는 생각이 굳어지고, 인종차별적인 표현들이 미디어에 의해 영구화되는 상황을 돌아보았다. 특히 미디어가 이런 판에 박힌 인상을 만들어냈다. 이러한 이미지들은 1994년 런던에서 백인 청년 리처드 에브릿(Richard Everitt) 살해 사건과 1995년 브라드퍼드(Bradford) 폭동 이후에 널리 퍼졌다. 알렉산더는 아무런 관련이 없는 작은 규모의 충돌들이 어떻게 학교와 경찰 그리고 미디어를 대표하는 이들이 보인 반응에 의해 갱들의 전쟁으로 묘사되고 굳어졌는지를 보여준다. 그 결과 노동자 계층의 아시아 청년들이 계속해서 악마로 취급되는 것이다. 이와 비슷하게 코쉬크 바네르제아(Koushik Banerjea 2002)는 남아시아나 중동의 남성들이 질병으로 묘사되는 맥락을 한층 더 상세하게 설명하였다. 그가 주장하기를,

그 '까무잡잡한 적'이 그만큼 현실로 느껴지거나, 그의 성별화된 존재가 이 토록 명백한 적은 없었던 듯하다. 2001년 북부 잉글랜드 도시 전체에서 인 종 폭력이 발발하여 이미 환경이 악화된 가운데, 9월 뉴욕과 워싱턴에 대한 대단원의 공격 그리고 뒤이은 '테러와의 전쟁'이 미국과 동맹국들에 의해 추진되면서 전망을 더 어둡게 할 뿐이었다. 만약 서구의 대도시에 이미 '타자'와 '그의' 좀먹는 현존에 대한 우려가 있었다면, 그것은 2001년 9월 11일 이후 빠르게 중요한 위치를 차지하였다(Banerjea 2002: 575).

이러한 '인물들'은 우리 한가운데에 또렷하게 도사리고 있는 '해로운 이방인들'과 '가짜 시민들'로 희화화된다. 그런 생각들이 도시 공간의 내부와 주변에서 불안과 망상을 기반으로 하는 체제를 효과적으로 강화시키는데, 이런 공간 안에서 '슬프게도 유일하게 확실한 사실은 다양하게 터번을 쓴, 깨끗이 면도한, 턱수염을 기른, 취업한(실직한), 무슬림(비무슬림)과 여기에 있는(실제로는 없는) 모호한 적에 정확하게 대항하는 추가 폭력이다'(Banerjea 2002: 575). 이런 연구들은 우리에게 디아스포라와 젠더 연구에 있어서 단지 여성들뿐만이 아니라, 남성들도 성별화된 정체성을 당연히 여기지 않는 방식으로 특별히 다루어야 할 필요가 있음을 상기시킨다.

차이를 대표하기
남성다움은 악마화의 역사에도 불구하고 디아스포라를 대표하는 데서 빈번히 제외되고, 여성들의 이미지가 종종 디아스포라의 차이를 만드는 핵심이 되었다. 유럽 중심적 담론은 비백인 남성들과는 다른 식으로 비백인 여성들에게 영향을 미쳤다. 블랙 아프리카게 카리브 여성들이 두렵지만 탐나는 '여성 거세자들'로 보였던 데 비해, 남아시아 여성들은 대부분 소극적이거나 의존적으로 여겨졌다. 아브타르 브라는 영국의 남아시아 여성들을 세 종류의 기본적인 객관화를 통해 구별한다. 이러한 견해는 모두 서구의 여느 지역에 거주하는 디아스포라 아시아 여성에게도 마찬가지로 적용될 수 있다.

1. 고분고분한 여승무원들을 보여주는 항공사의 선전에서 전형적으로 그려지는 '감각적이고, 유혹적이며, 동양의 약속으로 가득한 이국적인 오리엔트 여성'
2. '더럽고, 못생기고, 기름진 머리를 한' 남아시아 여성
3. 미쳐 날뛰는 '성적으로 방종한' 남아시아 여성(Brah 1996: 78-79; Parmar 1982: 259도 참조).

남성들이 좀 더 위협적이고 약탈적으로 보였던 반면, 여성들은 성차별적이며 비민주적인 '전통'으로 자주 풍자되는 사회에 살고 있는 욕망의 대상이나 불쌍한 존재로 여겨졌다. 남아시아 여성의 전형에 대한 브라의 유형화에 이어서, 아시아—특히 무슬림—여성들에 대한 견해가 덧붙는데, 다음에서 묘사되는 렌즈를 통해 드러난다.

중매 결혼, 여성의 음핵 제거, 베일과 같은 문제 영역. 그들의 저항 방식이 영국 내에서 그들의 삶을 구체화하는 경제적, 정치적, 사회적, 이데올로기적 구조 내에서는 이해되지 않기 때문에, 이러한 여성들을 '본연적으로' 소극적인 존재라고 규정해버린다(Puar 1995: 25).

베일 착용, 중매 결혼 관습, 세대 갈등과 신체 훼손에 관한 일반적인 인식 때문에 사람들은 비서구권의 생활방식을 비난해왔다. 실로 여성들의 신체는 문화적 차이 그리고 디아스포라와 본국의 연결성의 표식이 되는 것이다. 공적 영역에서는 남성들도 의심의 여지 없이 식민의 형상에 의거하여 인종차별의 대상이 되지만, 그것이 공동체 형성의 기초가 될 이유는 없다. 바로 이 부분에서 젠더가 디아스포라를 분명히 밝히는 중심이 되는데, 적어도 응집력 있는 디아스포라에 대한 이상적인 관념을 형성하는 접착제인 전통으로 여겨지는 것들이기 때문이다. 이러한 이중 결합은 정착지에서 태어나고 자란 여성들에게서 좀 더 잘 보인다. 젊은 여성들은 이를테면 '이중의 희생자'로 그려지며,

> 억압적이고, 가부장적인 낙후된 문화와 '대'가족뿐 아니라 백인 사회에 동화되고 싶어 한다고 가정되는 바람들 그리고 그 안에서 인종주의의 (명백한) 박해 대상이 되었다. 지배적인 백인의 시선에 의하면, 그녀는 서구가 제공하는 모든 것을 간절히 원하는 존재로 보이지만, 자신의 문화 때문에 주춤하게 되고 단지 '반항자들'만이 성공할 뿐이었다(Puar 1995: 25-26).

이것은 지나치게 전형화되고 형식적인 방식으로 문화를 바라보는 문제성 있는 가정의 한 예로서, 디아스포라 어린이들이 전통에 의거하여 정체된 아시아 문화들과 진보적이고 자유스런 서구 '문화들 사이'(Watson 1997; Anwar 1979, 1998)에 놓여 종종 혼란스럽고 방향을 잃은 것처럼 보인다는 가정과 같은 맥락이다.[2]

---

2 이러한 이론적인 틀은 비교적 별 문제 없이 영국인으로 받아들여지는 아프리카계 카리

아시아 여성들을 자신의 디아스포라 공동체에서 부족한 매개자로 객관화하는 것은 전통과 근대화에 대해 극단적으로 단순화된 특징들을 강조하고, 영국과 인도 사이뿐 아니라 이전에 식민화되었던 아시아의 각국과 서구 국가들 사이의 역사적인 관계를 결정지었던 식민 담론의 잔재이다.[3] 이러한 객관화는 대부분의 아시아 여성 인구에 대해 그리고 그들이 어디에 거주하든 상관없이 특정한 형태로 고착되는 무섭도록 탄력적인 현상이다. 예를 들어, 미국의 남아시아 여성들 또한 서구 부르주아적 주체(Koshy 1994)의 페미니스트적 모형인 자유롭고 해방된 서구 여성들에 비해 온순하고 모자라는 매개자로 추론된다. 미국에 살고 있는 중국 여성들도 필리핀과 베트남 디아스포라 여성들(Chow 1993; Lowe 1996)처럼 위와 유사한 방식으로 연상된다. 모든 경우에 여성들은 그들을 억제하고 있는 것으로 간주되는 문화의 저장고로 인식되었다. 이러한 방식으로 극도로 부정적인 그림이 그려지고, 단지 (유럽 중심적 관점에

브인보다는, 남아시아인 2세대 또는 3세대들에게 거의 압도적으로 적용된다. 알렉산더가 지적하기를,

> 블랙/아프리카계 카리브인의 정체성이 유동적이고, 분산되고, 절충되고, 창조적으로 정의되는 반면, 아시아인들의 정체성은—반대로—고정되고, 속박된, 내부적으로 일원적이고 외부적으로 침투가 불가능한 [⋯⋯] 것으로 정의되어왔다. 그렇다면 이 경우에 '차이'는 타자와의 관계보다는, 변형시킬 수 없고 비위에 맞지 않는 '타자들'의 구체화인 문화의 절대 원칙들과 대립 속에 상상된다. '차이'의 이런 두 형태가 가진 문제점은 젊은이들과의 관계에서 가장 명백해진다. 아프리카계 카리브 청년 문화는 바깥쪽 주류 문화 속으로 움직이고, 영국 전체의 문화 정체성에 대한 관념들을 변화시키고 넘어서는 것으로 보이는 반면, 아시아 청년 문화는 만약 '공동체' 정체성의 블랙홀 외에 어떤 존재성을 인정한다면, 신비롭고 '외부인들'에게는 불가사의한, 배타적인 것으로 보인다(Alexander 2002: 558).

디아스포라의 2세대 어린이들에 대한 유익한 비교로서 제6장의 제3문화 아이들에 대한 논의도 참조.
[3] 후자는 우리가 국제적인 '가사노동자들'과 성매매를 논의할 때 다시 다룰 주제이다.

서의) 근대화만이 그들을 구제하는 것으로 여겨졌다.

문화 '운반자'로서의 여성

적어도 1960년대 이후 여성들이 자식을 양육하는 엄마이기 때문에 특히 '자연스럽게' 여겨지는 역할과 관련하여, 과연 그들이 문화의 주요 전달자들인가를 두고 페미니스트들과 비평가들 사이에 격한 논쟁이 일었다(MacCormack and Strathern 1981). 이러한 논쟁은 디아스포라 사회들이 고려될 때 더욱 민감해지는데, '자신의' 문화와 언어가 이질적인 환경으로 간주되는 가운데 아이들을 길러야 하는 압박이 훨씬 더 강하기 때문이다. 이러한 경우에 여성들은 종종 '문화 운반자' 역할을 하지만, 그것이 자연적으로 결정되지는 않는다. 남자들 또한 문화 교육 과정에 공헌하고, 젊은 세대의 문화와 언어 능력 문제를 다룰 목적으로 생긴 공공 및 민간 부문의 조직들을 대개는 남성들이 지배하였다. 그러나 특히 가정을 배경으로는 여성들이 이러한 문화 전달자 역할을 수행하도록 주요한 압력이 가해졌다. 안시아스(Anthias 1992)는 영국의 그리스계 사이프러스인 디아스포라에서 중요한 '문화 매개자'가 주로 여성이라는 사실을 발견하였다. 여성들의 재봉과 요리 기술이 의류산업, 출장연회업과 소매업에 강점이 있는 사이프러스인들의 역량의 바탕이 되었고, 사이프러스 기업정신의 주춧돌 역할을 할 뿐 아니라, 여성 섹슈얼리티의 관리자로서, 가장과 아이들 간의 중재자로서 자식 양육이라는 자신들의 장점을 활용해 종족성의 '문화'를 전달하였다(Anthias 1992: 90-91).[4] 이러

---

4 문화적으로 종족의 영역을 규정하는 여성들의 역할은 법적으로도 지지된다. 1983년 영

한 '문화 운반자'로서의 역할은 한계일 수도, 강점일 수도 있다. 이러한 역할을 거부하는 여성들을 '잘못 지도된' 혹은 '진짜가 아닌' 여성들로 격하시키며 억압할 때 한계가 드러난다. 다른 한편, 미국 피츠버그 남인도 사회의 지역 사원을 운영하는 데 있어 여성들이 특히 중요하다는 사실을 깨달은 아파르나 라야폴(Aparna Rayapol)이 지적하듯이, 문화 운반자 역할은 여성들이 공동체 권위자의 위치로 상승할 수 있을 때 하나의 힘이 된다. 라야폴은 이렇게 주장한다. '여성들이 거의 모든 것을 담당하고 감독하고 운영하고 있는 것 같았다'(Rayaprol 1997: vii).[5] 다음 부분에서 보듯이, 이것은 정치적 현실에 관한 한 깨지기 쉽고 우발적인 관계이다.

'문화 운반자'로서 여성의 역할에 대한 좀 더 깊은 가정이 존재한다. 남성과 여성들 사이의 문화적 동질성에 대한 가정, 그리하여 공유되고 전달될 공동 문화에 대한 인식과 관련된 가정이다. 앞서 우리가 예로 들었던 20세기 초 미국의 편잡 남성들과 멕시코 여성들 사이의 접촉에 대한 사례가 젠더들 간의 안락한 문화적 균형을 모조리 깨버린다. 편잡인-멕시코인-미국인 사회는 캘리포니아의 이주민으로서 공유하는 경험을 바탕으로 젠더 라인을 따라 형성되었다. 이전에 동료 선원이었거

국 국적법 초안(Nationality Bill)은 국민의 범위를 새로이 규정하면서 여성들은 '그들의 자식에게 영국 국적을 전해주는 독립적인 권리'를 가진 것으로 규정한다. …… '동시에 그 법은 영국에 거주하고 있는 특정 범주의 여성들은 국가의 국민들을 재생산하는 존재에서 제외시킨다'(Anthias 1992: 93에 인용됨).

5 요르단과 캐나다에 위치한 팔레스타인 디아스포라 공동체의 여성들에 대한 셀리아 로던버그(Celia Rothenberg)의 연구는, 여성들이 어떻게 세대 간뿐 아니라 대륙 간의 문화적 연결을 전적으로 책임지는지에 주목한다. 그녀는 그들이 팔레스타인의 서안(West Bank)에 남겨두고 온 사람들, 그리고 그들을 받아들인 사회의 다른 사람들에 대한—사회 지리학적 용어이자 사회적 관계의 연결망을 나타내는—'가까움'의 경험에 집중했다. 이러한 느낌은 서안에서의 이동으로 인해 줄어든 것이 아니라, 쿠웨이트, 요르단 그리고 캐나다와 같이 멀리 떨어진 장소에서도 여성들에 의해 추진되어 공동체들 내에 존속하게 되었다.

나 같은 작업반의 일부였던 펀잡 남성들은 자기네 사회집단 속에만 있으려는 경향이 있었다. 그들의 멕시코인 혹은 멕시코계-미국인 아내들은 자신들만의 문화적 공간을 나누기보다는 '비록 초기에는 친족 유대관계에 기초하였으나, 이후에는 지역 내 우호 관계, 그리고 콤파드라즈고(compadrazgo)〔대부(godparent) 같은 의식상의 친족 관계〕를 통해 펀잡인들과 결혼한 다른 멕시코 여성들과 멕시코계 미국 여성들에게로 자신들이 만든 네트워크를 확대시켜 나갔다'(Mankekar 1994: 353). 남성들은 문화적, 언어적으로 대다수 여성들보다는 오히려 남성들 간에 나눌 수 있는 것이 더 많았으며, 이는 여성들의 경우도 마찬가지였다. 이러한 사실을 제외하면, 엄마의 문화적 배경이 자식들에게 더 직접적으로 강하게 스며들었다. 퍼니마 만케카(Purnima Mankekar 1994)가 말하듯,

> 이러한 초기 펀잡 이주민의 후손들은 대개 모계 문화 속에서 사회화되었다. 그러나 동시에 아버지에게 물려받은 기억을 통해 펀잡과의 관계를 유지했다. 그러므로 그들은 펀잡-멕시코-미국 문화라는 유일한 변종을 창조했는데, 이를 통해 스스로 부모의 세계에 모두 걸칠 수 있게 되었다(Mankekar 1994: 352).

이런 유형은 양쪽 모두 인종화되고, 백인이라는 지배적인 타자와의 관계를 통해 주변화되는 상황 속에서 형성된다. 제4장과 제5장에서 언급되겠지만, 다른 '인종'으로 간주되는 이들 간의 접촉은 '행복한 혼종성'을 낳지 않았으며, 오히려 극단적인 형태의 인종 폭력을 유발해왔다. 여성의 신체는 다시 이런 종류의 공격 대상이 된다. 호스트 사회와 이주민 공동체 사회 모두 디아스포라 여성들의 문화적 역할에 대해 틀에 박

힌 시각을 갖고 있는데, 이런 시각에 붙들렸음에도 불구하고 여성들은 항복하지 않았다.

저항에 대한 질문

디아스포라 환경은 여성들을 억압하는 관례에 저항할 수 있는 비옥한 터전을 제공하였다. 영국에는 근본주의에 반대하는 여성들(Women Against Fundamentalism), 아프리카와 아시아 후손 여성 기구(Organization of Women of African and Asian Descent) 그리고 여러 지역의 블랙자매들(Black Sisters)과 그중에서도 가장 유명하고 오래된 사우스홀블랙자매들(Southhall Black Sisters) 같은 조직들이 공동체의 문화적 관행과 주류의 편견에 대항하여 투쟁해왔다.[6] 논란이 되고 있는 문제 또한 가정폭력에서부터 성의 선택(Purewal 2003)에 이르기까지 광범위하나, 무엇보다 중요한 관심사는 여성들이 종종 직면하는 끔찍한 상황들을 바꾸려고 노력하는 한편, 여성들을 '야만적'이고 차별적인 문화 전통의 희생자로 만들어버리는 일상에 저항할 필요가 있다는 것이었다.

성기 훼손(성기 봉합, 여성 할례)의 예는, 디아스포라 여성단체들이 여성운동에 참여할 때 제기되는 안건들을 다룰 수 있는 강력하고 유익한 사례 연구를 제공한다. 무슬림 여성들, 특히 아프리카에서 온 이들은 유럽 중심적인 상상 안에서 언제나 성기 훼손과 연결되어 있다. 물론 이러한 관행이 드러나긴 하지만, 우리는 그들을 단순히 희생자라고만 가정할

---

[6] 아프리카와 아시아 후손 여성 기구에 대해서는 브라(Brah 1996) 참조. 사우스홀블랙자매들의 경우는 굽타(Gupta 2004) 참조.

수 없다. 성기 훼손은 중요한 문제이기 때문에 여성들 스스로가 자신의 힘으로 이러한 문제에 개입하고 좀 더 극단적인 현상에 저항해왔다. 그러나 이런 여성들은 소수자로서 자기 역할의 한계 그리고 여성으로서의 한계를 넘어서야 하는 상황에 놓여 있다. 이는 소수자 사회 내부에 종종 존재하는 불공정함을 얼마나 세상에 '폭로해야' 하는가라는 난처한 질문을 동반한다. 과연 침묵으로 일관하면서 억압적인 대우를 받아들일 것인가, 아니면 그들 각자의 '공동체'에 대해 이미 전형화된 편견을 입증하는 비용을 지불하고서 '비명을 질러'야 할 것인가? 이는 하나의 학문적인 질문으로서 온갖 종류의 문제를 제기한다. 그러나 정치적 현실 앞에서 여성단체들은 이런 종류의 상황들을 하루하루를 기준으로 협상한다.

영국에 근거지를 둔 아프리카여성복지단체(African Women's Welfare Group)는 호스트 사회와 디아스포라 주민 모두에게 성기 훼손에 대한 인식을 높이기 위해 활동하고 있다. 그들은 성기를 절단당한 여성들에게 행해진 '정의롭지 못한' 일에 대항하여 목소리를 높일 필요가 있으며, 주류 사회의 무지한 (그리고 종종 관음적인) 태도를 바로잡기 위해 노력해야 하는 어색한 위치에 놓여 있다. 아프리카여성복지단체는 여성들과 사회 전체에 대한 '교육'을 지향하며 결연한 태도로 노력해왔다. 이 단체의 소말리계 영국 여성, 하디야 아흐메드(Hadiyah Ahmed)가 말하기를,

〔성기 봉합〕에 반대하는 운동이 요구하는 사항들 중 하나는 …… 이미 어린 시절 이런 경험의 주체가 되었던 여성들의 건강과 복지를 보호하도록 보건복지사들에게 정보를 제공하고 그들을 훈련시키는 것이다. 그러나 이와 똑같이 중요한 것은 전통적으로 '할례'라고 불리는 행위가 건강을 위협

하고 심리적 상처를 안기는 문제에 있어서 아프리카 여성들을 교육시키는 것이다(Hadiyah Ahmed, Ruge 1992: 7에 인용).

이러한 실천에 나서면서 여성들 스스로가 자신의 일부로 여기는 문화 전체를 고발할 필요는 없다. 사람들은 가부장적인 구조가 구성요소의 하나인 문화를 전체적으로 비난하지 않고도 기존 구조를 비판할 수 있다. 아흐메드가 주장하기를,

> 나는 나의 문화를 사랑하지만, 이 부분은 없어져야만 한다! 나는 여기에 앉아서 성기 훼손에 영향을 받지 않은 남자들이 심지어는 그것이 옳고 자신들의 즐거움을 위한 조치라고 생각하며 나에게 그것에 찬성하도록―그것이 우리에 대한 억압과 고문을 의미한다는 사실을 내가 아는데―우리 문화라고 말하며 나를 설득하도록 내버려둘 수는 없다. 그리고 지금은 점점 더 많은 여성들이 나처럼 생각하고 있다(Hadiyah Ahmed, Ruge 1992: 7에 인용).

이런 문제를 표출할 경우 남성들뿐 아니라 젊은 여성들을 감독하는 연로한 여성들을 포함하는 전통적인 가부장 체제의 분노를 살 수 있고 이를 감수해야 한다. 전통적인 관례에 도전하는 것으로 비쳐지는 여성들은 지나치게 '서구화'되었거나, 심지어는 내부의 관습을 외부에 알려 세상의 비판을 받는 길을 연 '배신'자로 맹렬히 비난받는다. 티아라(Ravi K. Thiara)는 이와 비슷한 남아시아 디아스포라 주민들의 예를 들며 주장한다.

남아시아 사회에서 여성에 대한 폭력이 문제가 될 정도는 아니라는 지도

자들의 선포에서 나타나듯이, 여성들은 공동체의 활동에 치명적이라고 여겨지는 내부 비판에 참여하기 때문에 종종 종족 집단에 해로운 존재로 비쳤다. 더구나 종족적 동원(ethnic mobilization: 피부색, 언어, 관습 등을 포함하는 종족적 정체성을 나타내는 일부 특징들과 관련해서 총체적인 결론을 낼 목적으로 조직하는 과정—옮긴이)에 대한 토의는 해당 집단 내부에서의 불평등뿐 아니라, 그와 상관없이 일반적인 불평등에도 대항하고 변화시키려고 시도하기보다, 오히려 소속 집단을 이롭게 하는 데에 항상 초점이 맞춰진다(Thiara 2003: 142).

소수자 사회 전체의 지위를 향상시키려고 노력할 때 구성원들 사이에서 일어나는 부정적인 관행을 폭로하거나 비판하는 움직임은 위축된다. 그러나 구성원들의 다양한 견해를 막는 것도 억누를 수 없는 변화가 가져올 이득을 거스르는 것이다. 만연하는 인종주의로부터 소수자들을 '보호'하고 싶어 하는 주류 세력이자 좌파 성향의 자유주의 집단 또한 소수자 사회의 내부 문제들을 폭로하는 데에는 지나치게 조심스러워 결국에는 이상한 방식으로 '근본주의자들'의 담론을 수렴하게 된다. 그러나 문제가 있는 이슈들을 은폐하면 결국엔 비싼 값을 치르지 않을 수 없다는 사실을 받아들여야 할 것이다. 아흐메드는 계속해서 말한다.

그들은 우리가 우리 문화에서 항상 어떤 잘못을 찾고 있는 백인 사회의 비판에 우리 사회를 단순히 노출시킨다고 생각한다. 인종주의 사회에서 우리의 지위가 약화될 것이므로 그래선 안 된다고 말한다(Hadiyah Ahmed, Ruge 1992: 8에 인용).

이러한 배경에서 얼마나 '비밀을 누설할 것'인가 그리고 자신의 공동체 구성원들과 더 넓은 세상으로부터 배척당할 위험을 얼마나 감수할 것인가. 이는 남성들보다는 여성들에게 훨씬 더 자주 일어나는 중요한 관심사이다. 좀 더 보수적인 곳에서는 대개 여성들의 경험이 넓은 영역이 아닌, 가정 내 혹은 '사적인 영역'에 속한다고 여기기 때문이다. 이러한 긴장은 런던에 거주하는 초정통파 유대인 여성이 소속 사회의 다른 구성원에 의해 자기 자녀들이 성폭행을 당했다고 공공연히 주장함으로써 오히려 배척당했던 사건을 통해 선명하게 드러났다. 그녀의 집 밖에서 데모가 벌어지고 그녀는 '밀고자'로 비난받았다. 반유대주의에 대한 공포가 이러한 항의의 논거가 되었다. 가정폭력/성폭력과 같이 해결하기 어려운 문제에 대한 논쟁의 시작은 이러한 이슈들을 어느 정도까지 세인의 이목을 감수하며 이야기할 수 있을 것인가와 같은 질문을 극복해야만 하는 디아스포라 여성들에게 하나의 재난일 수 있으며, 때로는 다루기 힘든 문제들을 불러일으켰다. 가정폭력과 성폭력 같은 문제들이 해당 공동체 내에서만 해결되어야만 하는가? 디아스포라 사회 '의' 관심사와 '외부의' 사안 사이에 경계를 그을 수 있을까? 우리는 궁지에 몰려 있다. 문제를 늘어놓으면 '타자'로 간주되는 문화를 거의 이해하지 못하는 사회에서 나쁜 인상을 받고 비난받을 위험도 있다. 그럼에도 내부 문제들을 무시하는 행위는 차별을 묵인하는 것이다.

 디아스포라 사회의 이익을 위해 활동하는 단체들 또한 구성원 모두를 위한 정의에 관심을 가지고, 활동과 전략에 있어서 이중 초점 렌즈를 배치해—한쪽 눈은 사회 내부의 관심사에 향하고, 다른 쪽 눈은 더 넓은 사회의 압력과 편견에 초점을 맞추어—야 했다. 이러한 시선들은 문화가 (혹은, 이 문제와 관련해서 실제로는 공동체들이) 동질적인 현장으로 여겨질 수 없다는 사실을 강조한다. 그러나 정체성과 행동의 틀들은 특정 디아스포라 문화의 흐릿해진 윤곽 안팎에서 끊임없이 작동되고 재작동되는 가운데 매우 경쟁적으로 보일 수도 있다는 사실을 드러낸다. 성기 훼손의 예로 돌아오자면, 루이즈 팬턴(Louise Panton)이 제작한 BBC 다큐멘터리 〈여성 할례와 잔인한 의식(Female Circumcision and a Cruel Ritual)〉(1990)은 아프리카여성복지단체, 영화 제작자, 영국 카디프의 소말리 사회를 둘러싸고 뜨거운 논쟁을 불러일으켰다. 아흐메드는 이에 대해 자세히 말한다.

> 루이즈 팬턴은 영국 백인으로서 그런 영화를 만들 권리가 없으며 '우리 일'에 관여하지 않아야 한다고 공격적으로 이야기했다. 한 여성이 나에게 물었다. '왜 당신은 이 모든 일을 공공연하게 이야기하나요?' 그래서 나는 대답했다. '제가 소말리인이기 때문입니다. 우리는 진실을 똑바로 봐야 합니다.' 그러자 남자들이 떠들며 소리치기 시작했다. 그들은 여성들이 스스로 이야기하기 시작하면서 생길 수 있는 위험을 감지했던 것이다(Ruge 1992: 7에 인용).

위의 사례는 공동체 구성원으로서 '공동체'에 대해 바쳐야 할 충성과 여성으로서 갖고 있는 권리 사이에 빚어지는 긴장을 상세히 묘사하고 있다. 그러나 해당 '공동체'를 이미 부정적으로 정형화하고 있는 사람들이 이 다큐멘터리를 압도적으로 많이 볼 것이며 이런 사실로 인해 논쟁에 절박함이 더해진다.

여성들의 권리가 공동체의 권리와 모순되는 정치적 상황의 가장 강력한 예는, 우리가 제2장에서 검토했던 이른바 '루시디 사건'에서 발견된다. 이 사건에 대한 또 다른 해석을 받아들이기 위해 우리는 불경스런 책으로 간주되었던 《악마의 시》를 대상으로 1989년 아야톨라 호메이니(Ayatollah Khomeini)가 공포한 살만 루시디에 대한 파트와가 유색인 페미니스트들이 이중적(혹 심지어는 다중적) 전략을 펼쳐야 했던 주요 논점들을 제기했다고 할 수 있다.

영국의 아시아인 사회에서 호전적인 집단이 거리로 나와 데모를 하고 《악마의 시》를 불태우면서 '반인종주의보다 오히려 이슬람의 기치 아래 행진했을' 때, 표현의 자유를 수호해온 이들은 문제에 직면했다. 비록 그것이 살해 협박을 인정하는 것을 의미할지라도 책을 불사르는 이들이 밝혔듯이 자기 문화의 정당성을 표현할 그들의 권리를 지지해야만 하는가? 혹은 미디어 전반에 걸쳐 너무나도 명백하게 나타났던 피부색이 검은 사람들을 원시종교의 야만적 신봉자로 규정할 기회를 선뜻 붙잡은 인종주의자들의 편을 들어야만 하는가? 일부 사람들은 한쪽을, 또 다른 이들은 다른 쪽을 선택했으며, 이 논쟁이 다양한 배경의 여성들을 분노하게 만듦으로써 영국 내에서도 그리고 국제적으로도 반근본주의 운동이 조직되기 시작했다. 동시에 그들은 인종주의에 대항하는 명백한 입장을 취하게 되었다(Bard 1992/93: 3).[7]

집단 근본주의의 대두는 결정적으로 디아스포라의 연결에 의지했고, 이러한 집단들의 국제적인 유대관계를 기록한 문학이 급성장하고 있다

---

7 《악마의 시》에 의해 야기된 더 많은 논쟁은 말리즈 루스번(Malise Ruthven)의 《악마 어페어(A Satanic Affair)》(1991), 타릭 모두드(Tariq Modood)의 《브리티시의 고난(Not Easy Being British)》(1992), 폴 길로이의 《스몰 악츠(Small Acts)》(1993b) 그리고 스튜어트 홀의 〈새로운 종족성(New Ethnicities)〉(1998)도 참조.

(Bhatt 1997; Bhatt and Mukta 2000도 참조). 남아시아와 영국 양쪽에서 여성들은 이러한 종교적 모더니즘(religious modernism)으로의 전환—즉 근대성이 자리 잡았음에도 불구하고 전통적인 종교적 관념이 부활하는 것—에 결정적인 영향을 받았다. 이는 인종주의와 성차별주의라는 이중의 속박에 직면한 여성들의 경험에 다양한 결과를 가져왔다. 근본주의에 반대하는 여성들과 사우스홀블랙자매들 같은 여성단체들은 균형을 회복하는 길을 모색해왔다. 한편으로 그들은 주류사회의 편견을 염두에 두었고, 다른 한편으로 근본주의자들과 반인종주의자들을 함께 다루어야 했는데, 여성단체들이 '반인종주의 투쟁을 분열시키'고 '인종주의적인 미디어의 손에 놀아나고 있다'고 비난받았기 때문이다. 이러한 다양한 정치적 입장들은 오직 정치적 투쟁 과정을 통해서만 협의될 수 있고, 또 경우에 따라 해결될 수도 있다.

디아스포라 공간과 여성의 자유/억압에 대한 여성단체들의 영향은 우리가 논의해온 정치적 현실에 명백히 작용한다. 그러나 앞서 언급한 여성단체들의 조직 논리, 특히 경험의 상당 부분은 영국을 발판으로 한다. 사실상 도전해야 할 정치적 공간은 유일하며, 물리적으로 정착 국가에 기초를 두고 있다. 이런 점에서 관련 단체들은 제1장에서 안시아스(Anthias 1998)가 윤곽을 그려놓은, 디아스포라가 국가와 인종화된/성차별받는 집단들 간의 관계에서 다른 데로 관심을 돌릴 수도 있다는 비판을 심각하게 받아들이고 있다. 성의 선택, 성기 훼손, 가정폭력 같은 우려되는 문제들이 디아스포라 공간에서 생겨나고 과장되는 것이 명백한 상황에서, 이러한 억압에 저항하기 위해 요구되는 정치적 절차는 국민-국가에 뿌리를 내리고 있는 것이다.

오기와 가기

만약 여성들의 육체에 영향을 미치는 문제들이 특정 디아스포라 공간의 '안과 밖'인 영역에 위기를 불러온다면, 섹슈얼리티 관련 문제들은 엄청난 폭발을 일으킬 것이다. 이 단원의 끝부분에서 간단히 살펴보겠지만, 디아스포라가 퀴어 이론에 기여함에도 불구하고, 여성을 디아스포라의 '문화의 운반자'로 초점을 맞추는 설명이 표준적인 이성애자들에게 받아들여진다. 인더르팔 그루얼(Inderpal Grewal 1994)은 남성 대 여성이라는 젠더에만 바탕을 두는 획일적인 정체성의 완전한 지배에 저항을 시도하면서, 이러한 이분법과 내부자-외부자 대립을 고집하는 경우 생길 수 있는 위험을 일깨운다. 그녀는 주장하기를,

> 전 세계에 걸쳐 유색인 여성들이 사회 내에서 자신의 지위를 찾기 위해 새로운 방식을 제시하고 법제화하려는 내러티브들이 많다. 이러한 형식들은 대립적이기도 하고 비본질주의적이기도 하며, 포함, 다중적 정체성, 디아스포라 주체의 위치라는 이름으로 자아-타자 대립에 맞서고 그 대립을 깨뜨린다(Grewal 1994: 234).

그루얼은 '메스티조 여성들의 의식'에 대한 연구에서 이성애적 주체성에 대한 글로리아 안잘두아(Gloria Anzaldúa 1987)의 의견을 받아들여, 그것이 '항상 만들어지고 있는 과정에 있으므로, 일원적이거나 명확하지 않은'(Grewal 1994: 250) 하나의 독립체라고 규정한다.[8] 이성애적 주체성은

---

[8] 제4장에서 훨씬 더 세부적으로 살펴보겠지만, 메스티자(mestiza)는 아메리카에 대한 식민 정복으로 말미암아 스페인인과 아메리카 인디언들 간에 발생한 혼혈이다. 안잘두아

젠더와 섹슈얼리티와 관련된 주제들 간에 일어나는 다양한 상호-역동성을 고찰하는 데 유용하다. 이러한 연구는 두 가지 중심 역할을 수행한다. 첫째, 디아스포라와 호스트 사회의 구성원 모두의 기대에 부응하기 위해 디아스포라 환경에 대한 이성애적이거나 가부장적인 가정들에 도전해야 할 필요가 있다. 둘째, 인종/종족성의 특수성을 전면에 내세우는 질문은 젠더와 섹슈얼리티를 주요 도입부에 놓는 유럽 중심적 페미니즘의 모든 것을 보편화하는 가설들을 훼손시킨다. 유익한 사례가 레즈비언주의와 미국의 멕시코계 미국 여성들(Chicana)/라틴계 미국 여성들(Latina)에 대한 사라 호글런드(Sarah Hoagland 1988)와 린다 테스먼(Linda Tessman 1995)의 논쟁에 의해 제시되었다. 호글런드는 레즈비언 분리주의의 필요성—즉 이성애적 '진영'에 서명하는 행동을 거부할 것—을 제안했다. 그녀가 '포괄적인 레즈비언'이라는 관념을 제시한 반면, 테스먼은 그런 보편화하는 행위에 영향을 미치는 인종/종족성의 특수성을 주장했다.

블랙 여성들이 성차별주의, 인종주의, 경제적 차별 등 억압의 모든 주요 시스템에 의해 악영향을 받는다는 주장은 사실일 수도 있지만, 이런 억압하는 제도들은 말하자면 다른 방식으로 인종화된 사람들에게 다양하게 작용하기 때문에 블랙 여성들에게 영향을 미치는 억압들과 싸운다고 해서 반드시, 예를 들어, 라틴계 미국 여성들에게 악영향을 미치는 특정 형태의 억압을 해결하지는 못할 것이다(Tessman 1995: 81).

(1987)에게 메스티자라는 용어의 사용은 하나의 중간적인 혹은 혼종적인 상태를 나타내는 용어의 회복이다.

이는 호글런드에 대한 마리아 루고네스(Maria Lugones)의 비평과 일치하는 견해이기도 하다(Lugones 1991). '포괄적인 레즈비언'이란 개념은 루고네스가 미국의 멕시코계라는 자신의 유색인종 집단을 떠나도록 요구한다. 그러나 이 집단 내에서 루고네스는 자신을 인종주의에 대항하는 매우 중요한 문화 참여자로 본다. 만약 그녀가 그곳을 떠나게 된다면, 자신이 그 디아스포라의 변화와 생존을 위한 주체로서 수행하던 필요불가결한 역할 또한 그만두어야 할 것이다. 루고네스는 두드러진 문화적 개인('나의 등에 나의 문화를')으로 레즈비언 사회에 왔지만, 그것이 미국의 라틴아메리카계 주민들의 권리 투쟁을 위한 공간을 제공하지는 않았다고 주장한다. 그녀는 멕시코계와 라틴계 미국 여성들의 문화에 관여해야 할 뿐 아니라 다른 곳의 페미니스트들과도 힘을 합칠 필요가 있다고 주장한다. 그러지 않으면 문화는 절대 진보적인 양상으로 변할 수 없다.[9]

정부뿐 아니라 종교계 권위자들은 가족과 사회의 이념 체제에 중요한 영향력을 미칠 수 있는데, 심지어는 명백하게 비종교적인 국가에서조차 그러하다. 레즈비언 정체성은 보수적인 의제에 집착하며 도덕성을 표명하는 단체에게 일종의 파열이다. 그리고 인종/종족성이라는 문

---

[9] 앞에서 디아스포라의 레즈비언 정체성에 대한 논쟁들을 추려냈지만, 지나치게 구체화된 한 분야를 제안하는 것에 대해 조심할 필요도 있다. 이블린 헤이먼은 일반적인 가정들을 해체할 필요성을 지적했다.

> 일반적으로 레즈비언과 게이 연구에 있어 끊임없이 배제하기 위한 관행들, ……그 분야의 권위 있는 용어와 범주들인 '레즈비언', '게이', '버치(butch: 게이와 레즈비언의 남자 역―옮긴이)', '팸(femme: 게이와 레즈비언의 여자 역―옮긴이)', '섹슈얼리티', '주관성'은 바로 이런 범주들과 정체성, 그리고 주체의 위치를 이론화하는 작업 과정에서 맥락이 없어져버린다. 이런 개별 용어들은 백색과 함께 존재의 표준적 상태로 정의되고 있다(Hamon 1994: 127-128).

제와 결부될 때는 한층 더 첨예한 긴장이 나타난다. 한 가지 예를 들면, 영국에 기반을 둔 유대인 레즈비언과 게이 상담전화 서비스(Jewish Lesbian and Gay Helpline)는 '가족의 가치를 장려하는' 단체가 아니기 때문에 런던 하이드파크에서 열리는 유대교 최고 지도자의 유명한 산책(Walkabout)에 참가할 수 없다는 말을 들었다. 바드(Bard)가 이에 대해 자세히 묘사하기를,

> 유대인 공동체도 마찬가지로 이것이 여성들에게 특별한 의미가 있는데, 여성들의 중심 역할이 아이를 낳고 양육하고 집단의 문화를 미래 세대들에게 전달하는 것이기 때문이다. 만약 섹슈얼리티와 재생산에 대한 개인의 선택이 기존 집단의 필요와 모순된다면, 다른 말로, 만약 그들이 이성애자가 아니거나 아이들을 원치 않거나, 자식들에게 유대인의 정체성에 대해 이설을 제시한다면, 그들은 자기네 공동체에 속하지 않는다는 통보를 받게 된다. 문제이든 해결 방안이든 이의를 제기하는 이들을 히틀러에게 사후(死後) 승리를 안겨주고 있다는 주장으로 침묵시킨다(Bard 1992/93: 4).

역사적으로뿐만 아니라 현재에도 자신이 공격당하고 있다고 여기는 공동체에서 사용되는 강한 언어는, 다른 이들을 배척하고 자신을 존속시키기 위한 '보존'의 합창을 노래할 수 있다. 보존과 후손이라는 생각을 묶으려는 의지는 우리가 앞에서 목격했던, 자신의 공동체를 변화시키기 위해 투쟁하는 여성들에게 맞서는 행위의 또 다른 반복이다. 그러나 섹슈얼리티는 다른 차원의 적대감을 초래한다. 가족 그리고 나아가 집단의 가치관에 대한 저항으로 비치는 것은 오직 전통적인 결속을 통해서만 구원을 찾는 사람들의 분노를 일으킨다. 예를 들어, 이블린 헤이먼

(Evelynn Hamon)은 흑인 이성애자 여성들이 어떻게 흑인 레즈비언들을 '인종의 소문난 배신자들'로 만드는지에 주목한다(Hamon 1994: 137).

그러나 동성애를 향한 적대감은 디아스포라 내의 그룹들이 그러한 방향에 따라 조직되는 것을 막지는 않았다. 런던에 기반을 둔 나즈 프로젝트(NAZ project) 같은 단체들은 '강력한 남아시아 게이 사회'를 활성화하고 발전시키려는 뜻을 표명해왔다. 그들의 목표는 '성적 취향 및 행동양식과 관련하여 우리 사회에 존재하는 다양성에 대한 드넓은 이해를 촉구하는 것'이다(Rasanah Khaberie 2000: 2). 뉴델리에 있는 동명의 조직과 연결된 나즈는 에이즈(HIV/Aids) 문제를 해결하기 위해 디아스포라 네트워크들과 함께 일해왔다.

디아스포라 연구는 학계에서 퀴어 이론이 등장하는 데 영향을 미쳤다. 퀴어 이론은 동성애를 정상으로 간주되는 이성애에 단순히 반대되는 성향으로 단정하지 않은 채 동성애라는 주제를 논의하기 위한 수단이다. 또한 이 학파는 게이 연구와 레즈비언 연구를 구별하는 반대편을 비판하는 방향으로 나아갔다. 디아스포라 연구와의 연관성에 대해 두 단계가 작용하고 있다. 첫째, 디아스포라가 동성애자들의 경험에 동조하는 정도는 근본적으로 집과 관련된 고정되고 표준적인 생각들에 대한 인식과 연관이 있다. 이주 때문에 집은 디아스포라 개인에게는 불안정한 범주이다. 동성애자에게 집은 표준적인 이성애적 기대 때문에 불안정하다(Fortier 2003 참조). 두 번째 단계는 퀴어 운동과 문화의 초국가주의화와 관련이 있다. 특히 자스비어 푸오르(Jasbir K. Puar)의 연구와 저작은 유념할 가치가 있다. 푸오르(2002)는 퀴어 디아스포라들의 여행과 관광 경험이 단지 가족을 방문하는 것만은 아닌, 더 중요하게는 '모국'에서의 퀴어 전통을 재발견하고/연결하는 '모국으로의 귀환' 여행일지라도 이를 특별히 취급하는 데에는 우려를 표명한다. 푸오르(2002)에게 이런 형태의 여행을 특별하게 취급하는 것은 신식민주의적 전례들을 무시하는 것이며, 이성애적 자본과 백인 게이의 자본 사이에 만들어질 수 있는 구분에 대해 의문을 갖게 한다.

푸오르의 연구는 디아스포라 퀴어들의 관례를 포함하기 위해 모든 것을 지배하는 단 하나의 정체성을 제시할 수 없다는 사실을 거듭 지적한다. 호미 바바는 계급과 젠더의 교차점에 대한 비평을 통해 유익한 견해들을 제시한다.

변화의 변형적 가치는 그것(일원적 노동계급)도 아니고 저것(젠더의 정치학)도 아닌, 그러나 양쪽의 조건들과 영역에 이의를 제기하는 그 외 다른 무엇인 요소들에 대한 재표현, 또는 해석에 있다. 젠더와 계급 간에는 협상이 존재하는데, 그곳에서 젠더와 계급 각각의 구조는 그것의 집단 대표 중에서 제외되고 차별화된 영역들 그리고 사회 권력의 제한과 한계들이 논쟁적인 관계 속에 만나게 되는 선언의 장과 맞닥뜨린다(Bhabha 1994: 28).

물론 협상은 조직을 요구하는데, 우리는 이러한 견해를 한층 더 깊이 있게 다루려 한다. 앞서 살펴본 모든 사례 연구에서 우리는 혼종적 혼합물들을 만들어내기 위해 후에 다시 합류하게 될 특정 젠더와 종족성, 섹슈얼리티, 혹은 계급이 연결되어 있다는 의견에 동조하지 않음을 지적하며, 오히려 후자들을 행동가들과 집단 개입을 위한 장소로 본다. 그러나 이런 개별 범주들은 종종 이것 또는 저것도 아닌 '그 외 다른 무엇'이며, 실재하는 집단들이 참여하고 있는 상황인 훨씬 더 복합적인 역동성에 대한 축약이다. 정체성이 게이들의 권리, 여성들의 권리 혹은 공장 파업에 내포된 계급투쟁의 기치들 같은 다양한 기치들 주변에서 생기를 잃게 되는 상황은, 바로 위기일 때와 캠페인을 벌이고 있을 때이다.[10] 정체성은 그들이 빨리 형성되는 것만큼이나, 단지 다시 재응고되기 위해 흩어지는 것인지도 모른다. 어쩌면 정체성은 '지식의 기능보다는 실행의 기능을 가지며, 푸코식 정의에 의하면 최후의 발견에 대한 문제이기보다 영속적인 재발명'이다(Fuss 1991: 6-7). 그러나 디아스포라의 정체성은 인종/종족성, 젠더, 섹슈얼리티, 삶의 무대, 계급이라는 요소들이 변하기 쉬운 상호 연결 속에서 정치적 투쟁에 탁월해지는, 끝없는 영향력이라는 사슬의 일부가 된다. 이론은 정체성이 가장 적절하고 효율적으로 기능하는 특정 상황을 예측할 수 있는 능력은 없으나, 우리에게 해방의 가능성에 깃든 잠재력을 알려야만 한다.

디아스포라적 또는 반유토피아적

앞서 우리는 젠더와 섹슈얼리티에 관련된 디아스포라의 관계에 초점을 맞췄던 반면, 이 장의 마지막 부분에서는 디아스포라 연구가 별로 간섭하지 않았던 분석 분야를 살펴보려고 한다. 현대사회에 있어 전 세계적인 노동의 이동은 가사노동과 성매매를 위한 여성들의(종종 불법적인) 밀매를 포함한다. 우리는 제1장에서 이주 연구의 경직된 경계에 대해 이야기하면서, 디아스포라적 시각의 이점들을 자세히 설명했다. 이들은 정지 상태의 사건들보다는 과정에 대한 그리고 고향과 타향 간에 지속

---

10 위기, 음악적 정체성과 조직들, 그리고 음악적 정체성과 조직들을 경직시키는 것 간의 관계에 대해서는 카우르와 바네르제아(Kaur and Banerjea 2000)도 참조.

되는 관계를 인정하는 것에 초점을 맞춘다. 그러나 가사노동과 섹스 산업에 밀거래된 이들은 디아스포라적 시각의 범위를 넘어선다. 이러한 경우를 정당화하는 것은 이러한 이주에 처한 이들이 주로 여성과 아이들이기 때문일까? 혹은 이러한 주체들의 착취 상태가 디아스포라 문화 연구들이 종종 던지는 축하하는 듯한 어조를 넘어서기 때문인가? 우리가 이 책의 다른 부분에서도 여러 번 물었듯이, 우리에게 중요한 질문은 과연 디아스포라가 이런 착취당한 이들에게 보상과 유사한 것을 제공할 수 있는 유용한 도구인가 하는 점이다(Murray 1998: 58). 다른 나라 영토에 거주하는 기록에도 없거나 불법적인 노동자와 망명자들은 디아스포라는 이름표를 거의 얻지 못하는데, 성매매 종사자와 아동노동자들의 경우 더욱 그러하다. 이것이 우리의 의도는 아니다. 우리는 오히려 이 구성체들의 일시적이고 불안정한 본질을 바꿔놓길 바라며, 디아스포라가 이러한 집단들에게도 정착한 사람들만큼이나 소속의 장소이며 합법화 과정를 거칠 다른 길들이 막힐 때 합법성을 얻기 위한 경로라고 주장하려 한다. 가사노동과 성매매를 위한 여성들의 국제 이동의 틈 사이로 나타나는 '디아스포라 형성 중'이라 불릴 수 있는 것에 주의를 기울일 필요가 있다.

경제적 압박과 함께 여성-만의 이주는 모든 종류의 인종적, 성적 학대의 장이 되어왔다. 실제로 몇몇 경우에는 가사노동자 계약이 국제 성매매로 직결되는 더 사악한 행위를 위한 포장일 수 있다. 경제적 주변부에 있는 국가들과 정치적 혼란에 빠져 있는 국가들은 종종 해외의 성매매 시장에서 일할 젊은 여성들과 아동들을 강제로 '뽑기' 위한 온상이다. 여성-만의 이주는 서구의 망명지로 향하는 값을 지불하고 있다고 생각하도록 구슬려왔으나 '암흑가'의 삶을 살도록 운명 지워진 자신을 발견하게 될 뿐인 사람들의 수를 늘릴 따름이다. 크리스 라이언(Chris Ryan)과 마이클 홀(Michael Hall)은 말한다.

많은 여성들이 사창가에서 일하도록 인신매매를 당한다. 노동력 착취의 현장에서 절반가량이 담보로 잡혀 저임금 노동자나 가사 노예로 매매되고 있다. 일단 미국에 들어가면 사창가에서 일하는 여성들은 도시에서 도시로 옮겨지는데, 일반적으로 법 집행을 피하고, 이 여성들을 지속적으로 혼란에 빠뜨리고, 고객들에게는 새 얼굴들을 공급하기 위해서이다(Ryan and Hall 2001: 120).

국제인권감시기구인 휴먼 라이츠 워치(Human Rights Watch)의 여성인권 부서(Women's Rights Division)의 리건 랄프(Regan E. Ralph)가 더 자세히 설명한다.

전형적인 예는, 한 여성이 다른 나라나 지역에서 좋은 직장을 제공받는다는 약속과 함께 모집되는데, 고향에서는 더 나은 선택이 별로 없어 그녀는 옮기는 데 동의하게 된다. 또한 여성들이 가짜 결혼 제의 및 방학 초청에 현혹되거나, 어린이들이 부모에 의해 현금 선불과/혹은 미래의 수입에 대한 약속과 함께 교환되는 경우, 또는 희생자들이 노골적으로 납치되는 사례들도 있다. 이제 중개상은 필요한 여행 서류를 구비하고, 고용주들 혹은 취업 알선책과 접촉하며, 여성과 동행할 동반자를 고용하여 여행과 취업 알선을 주선한다. 여성은 직업의 성격이나 직장, 또는 고용 내용이나 조건에 대해 아무런 권리도 주장할 수 없다. 여성들 가운데 많은 이들은 자신들이 할 일의 성격과 관련하여 속았을 뿐 아니라, 금전적 합의와 고용 조건에 대한 약속이 모두 거짓임을 알게 되고, 모두가 도망가기 어렵고 위험한 상황에서 학대를 당하며 강제로 일해야 하는 자신의 처지를 깨닫게 된다(Ryan and Hall 2001: 120에 인용).

비합법적인 시민이 된다는 것은 이러한 여성들이 부당한 취급을 받더라도 소리 높여 대항하지 못하게 되는 것을 의미한다. 그들은 산업 관리자들 그리고/혹은 정부의 추방 문제 관계자들로부터 괴롭힘을 당하는 공포 때문에 인간의 존엄성을 요구하는 것조차 허락되지 않은 개인들로 이루어진, 침묵하는 또는 침묵을 강요당한 디아스포라로 묘사될 수 있을 것이다. 미국 이민법의 경우, 예를 들어

합법적이든 혹은 불법적이든, 체포되었든 체포되지 않았든, 이민 신청을 내기 이전 10년 동안 〔섹스 산업에서〕 일한 적이 있는 사람은 누구라도 입국이 금지되고 비자나 거주 허가가 거부되거나 추방될 수 있다. 다른 범죄의 경우, 만약 이주민들이 신청 이전 5년 중에 범죄를 저지르거나 반복해서 범죄를 저질렀다면 추방될 수 있다(Alexander 1997: 91).[11]

랄프는 인신매매당한 여성들이 심지어는 고용주들로부터 자유로워진 이후에도 당국에 의해 심한 학대를 당하는 상황을 목격한다. 관리들은,

---

11 심지어는 네덜란드와 같이 덜 억압적인 국가에서조차 새 유럽연맹(거대연합을 의미한다—옮긴이)과 동유럽 거주자들—즉 대부분 백인 여성들—이 법의 규제를 받는 매춘굴에서 합법적으로 일하도록 보장하는 법이 제안된다. 그러나 유럽연맹 밖—주로, 아프리카, 아시아와 라틴아메리카—에서 온 여성들은 이에 해당되지 않는다(Alexander 1997: 92).

인신매매 피해자들의 인권 침해보다는 오히려 그들의 이민 법규와 반매춘법 위반에 초점을 맞추려고 한다. 그리하여 여성들은 불법 이주민 그리고/혹은 매춘부로서 표적이 되고, 인신매매범들은 도주해버리거나 불법 이민 또는 매춘 사업의 연루자로 취급되어 가벼운 형을 받는다(Ryan and Hall 2001: 121-122에 인용-).

일부 페미니스트들은 이주와 매춘을 제한하는 법이 사실상 인신매매를 단속하기보다 오히려 조장하는 결과를 가져온다고 주장하며 논쟁을 벌이기 시작했다. 그들은 만약 매춘이 '공공연한 직업'이었다면 규제하기가 훨씬 쉬울 것이며 따라서 여성들의 직업 환경도 개선될 수 있다고 지적한다(Alexander 1997: 91). 밀매된 여성들은 일반적으로 가난하고 취약한 국가에서 더 부유하고 정치적으로 비교적 안정된 국가들로 보내진다. 휴먼 라이츠 워치에 의하면, 종종 일본의 조직 폭력배(야쿠자)가 연루되어 매년 몇 천 명의 태국과 필리핀 여성들이 강제노동을 위해 일본으로 밀매되고 있다. 1999년 보스니아와 헤르체고비나에서 전쟁이 끝난 후, 많은 여성들이 몸을 담보로 하는 강제 매춘을 위해 서구로 밀매되었다 (Ryan and Hall 2001: 122-126).

이러한 관점은 알리슨 머리(1998)에 의해 한층 더 발전되었다. 머리는 오스트레일리아의 상황을 보여주는 자신의 증거자료를 바탕으로 여성과 아동의 국제 인신매매에 대한 보고서에는 감상주의와 감정적인 미사여구들이 많이 들어 있다고 주장하였다. 인신매매 통계가 정확하지 않음에도 불구하고 여러 학문 연구의 기초를 형성하며, '미사여구를 반복하여 기정사실화하도록'(Murray 1998: 55) 돕고 있다. 머리는 반인신매매 캠페인이 실제로 종사자들에게는 해로운 결과를 가져온다고 주장한다. 이 여성들의 상황은 엄청나게 다양하며, 이들 가운데 많은 이들은 자신들에게 무엇이 요구되는지 알면서도 자진해서 계약을 맺는다는 것이다. 심지어 일부는 스스로 모집책이나 매음굴의 관리자가 되기도 한다. 머리는 앞부분에서 이미 설명한 아시아 여성들에 대한 고정관념의 유형화를 상기시키며, 관련 캠페인이 여성들을 희생자로 보는 결과를 가져오며, 사실상 아시아인 종사자들의 전형적인 모습을 소극적이고 병든 존재로 굳힘으로써 차별을 강화할 수도 있다고 주장한다.

> 고객들은 아시아인 종사자들을 저항할 수 없는 무력한 희생자로 생각하도록 부추김을 당하고, 그 결과 종사자들의 권리를 침해할 개연성이 더 커질 수도 있다. 또한 반인신매매 운동은 관련 산업(오스트레일리아인 종사자들이 아시아인 종사자들을 저임금으로 일하고 콘돔을 사용하지 않는다고 비난하는) 내에서 그리고 아시아인 노동자들이 동등한 권리를 보장받지 못하고 배척당하며 새로운 '최하층'을 형성하는 일반 사회에서 그들에 대한 인종주의를 조장하고 있다(Murray 1998: 58).

머리의 이론은 아시아 여성들을 '색정적이고-가련하다'는 이중 구속을 통해 인식하는 것에서부터 옮아가려는 것이다(Murray 1998: 58). 그녀는 다시 논쟁한다.

> 논리적으로 '채무-담보' 아시아인 종사자들과 오스트레일리아인 종사자들은 시드니에서보다 더 많은 돈을 벌려고 홍콩 비밀 조직을 위해 일하는 선택을 한다는 점에서는 아무런 차이가 없다. 전자는 희생자이고 후자는 고용인이라고 말하는 것이 인종주의이다. 심지어는 현재 전 세계에 걸쳐

상습적으로 착취당하고 있는 동유럽인 종사자들조차도 이런 식의 희생자로 취급되진 않는다(Murray 1998: 60).

머리는 성매매 종사자들의 문제를 살펴보면서, 계급뿐 아니라 젠더와 '인종'에 주목하는 강력한 주장을 명료하게 표현한다. 그럼에도 불구하고 아시아 여성들을 함께 묶을 수 있는 기반이 없다. 산 후안은 필리핀 여성들의 국내 이주 및 성매매를 위한 이주의 부정적인 측면에 단순하게 집중하는 연구에 대해 비교적 균형 잡힌 교정책을 제공한다. 산 후안은 필리핀 여성들이 서로 접촉하는 것이 가능할 때 하나의 디아스포라 집단으로 행동한다는 사실에 주목한다. 그들은 점점 세계인이 되고 있으며, '고향집'에 송금하기 위해 '회피, 합의, 견디는 영리한 전략'으로 스스로에게 힘을 부여한다.[12] 하지만 그들도 무자비한 고용주의 손에 의해 학대받고 죽음을 맞이하고 관에 운반되어 '고향'으로 귀환하는 위험에 처해 있다. 사실상 하루에 5~6개의 관이 귀향한다(San Juan 2001: 54). 인신매매를 통해 몸을 팔고 사는 행위는 자본주의의 가장 냉혹한 모습을 보여준다. 이러한 현상은 디아스포라 환경에서 문화적 연결이 조성되는 것을 막는 듯하나, 널리 일반화된 인종주의는 이 여성들이 어느 정도 공통성을 가지고 함께 행동하도록 이끄는 주요 요인이 된다. 이러한 이주 여성들 간에 출신지, 현재 거주지, 직업과 꿈의 유사성은 적대적인 상황에 직면했을 때 결합하기 위한 씨앗을 뿌린다. 디아스포라는 문화

---

12 해외에 있는 필리핀 성매매 종사자들이 매년 송금하는 수천만 달러가 필리핀 경제를 빚지지 않게 충족시켜준다. '1990년대 전반에 걸쳐 이주노동자들의 평균 인원은 매년 약 100만 명 정도였다. 그들은 필리핀 정부가 거두는 막대한 세금과 수수료인 수백만 페소를 제외하더라도, 그 나라 국민총생산의 5퍼센트 이상을 송금했다'(San Juan 2001: 55).

적인 자각의 방식에 의해서가 아니라 오히려 계급, 젠더, 인종 정치의 교차로에서 적어도 억압에 대항하여 일어나는 기반을 마련하는 도구가 된다.

젠더와 섹슈얼리티라는 관점에서 디아스포라를 정밀하게 분석하면 초국가적인 조직과 연결망에 대한 분석은 불필요한가? 근본주의에 반대하는 여성들과 관련 단체들의 활동은, 지역적 배경을 바탕으로 조직되고 정치적으로 명확하게 표현된 디아스포라의 다양한 문제들에 대한 관심 그리고 다른 곳에 유래를 두고 있는 문화적 전통에 대한 관심 사이에서 동요하는 경향이 있다. 우리는 나즈(NAZ) 같은 특정 게이 그룹들이 활동을 향상시키기 위해 디아스포라의 유대관계를 이용하면서 어떻게 국제 수준의 경험을 발전시켜왔는가도 보았다. 심지어 디아스포라는 오늘날 국내 노예매매의 경우, 그렇지 않아도 어려운 삶에 적어도 한순간의 위안을 제공하는 기반을 만들어왔다. 그러나 우리는 이러한 각각의 경우에 대해 제2장에서 묘사된 디아스포라의 문화 축하 행사와는 다르게 움직여왔다. 디아스포라에 적용될 수 있는 다양한 계층화에 대한 비판적인 참여가 필연적으로 이런 종류의 변화를 수반한다. 디아스포라의 문화적 활기는 사회구조와 형성에 관여하는 즉시 그 발랄함의 대부분을 잃게 된다. 다음 두 장에서는 문화적 효과를 구별하고, 그들을 사회정의의 요구에 비추어 검토하는 방식을 계속할 것이다. 그러나 우리의 관심은 디아스포라에서 종종 디아스포라의 상호작용의 결과로 설명되는 혼종성으로 옮겨간다.

혼종적 결합

혼종성과 디아스포라

제4장에 이르고 보니 디아스포라를 주제로 삼는 저술가들이 혼종성에 대해 혼란스런 생각을 자주 끌어들이고 있음을 알게 된다. 우리는 혼종성이라는 용어가 논쟁거리를 많이 제공하며, 이러한 논쟁은 다시 디아스포라의 문화와 정치를 부연설명하고, 한층 더 복잡하게 만들 수 있는 재료도 함께 제시한다는 점을 살펴볼 것이다. 이 장에서는 이처럼 평탄하지 않은 분야를 탐색하고 혼종성의 사용과 오용을 자세히 개관하고 동의어에 대해 조사할 것이다.

혼종성이라는 용어가 하나의 설명으로 그리고 실제로 사용되는 최근의 상황을 살펴보면, 혼종성은 디아스포라를 한 사람들이 이주 현장에서 호스트와 만나는 곳인 문화적 혼합을 설명하는, 디아스포라의 '가장자리' 혹은 접점을 나타내는 하나의 편리한 범주로 보인다. 니코스 파파스테르지아디스(Nikos Papastergiadis)는 '세계화와 이주라는 쌍둥이 과정들'을 언급한 《이민의 난기류: 세계화, 탈영토화 그리고 혼종성(The Turbulence of Migration: Globalization, Deterritorialization and Hybridity)》의 서두에서 이렇게 두 과정을 연결한다(2000: 3). 그는 이주민들이 민족-국가의 호스트 사회에 단순히 동화되고 융합되는 것에서부터, 오늘날 대도시 사회의 좀 더 복잡한 것을 향하여 움직이는 발전 과정에 이르기까지를 대략 그려낸다. 파파스테르지아디스는 유럽, 아메리카 대륙, 오스트레일리아에 중점을 두고, 이주 공동체의 일부 구성원들이 '지배 사회의 문화와 정계에서' 중요한 위치를 차지하게 됨으로써 '문화의 상호작용 과정을 보여주는 새로운 모델들에 적극 찬성하고, 문화 정체성이 발생하는 형태를 고집스레 거부함으로써 초래될 부정적인 결과들을 증명하기 시작했다'(Papasterigiadis 2000: 3)고 주장한다. 혼종성은 이러한 새로운 모델 만들기의 본질적인 부분이므로, 이주 정체성과 차이 그리고 같거나 같지 않거나 주인과 손님이라는 구성원들 가운데에 논리적으로 엮여 있는 것이다.

디아스포라의 맥락에서 새로운 문화정치인 '혼종성'의 용어 사용은 조심스럽게 검토되어야 한다. 여기서 문화적인 것은, 혼종성이 정체성의 중추 세력에 대항하여 명확하게 권리를 표현하고 자율을 주장하는 의무를 다하도록 뒤얽힌 과거로부터 구출되었다—혹은 구출되었나?—는 주장을 가리킨다. 혼종적인 것은 변화를 말하기 위해 목적을 가지고 다루어지고 배치된 유용하게 애매한 범주이다. 이 용어가 이토록 느슨한 경계를 가지고도 이렇게 생산적일 수 있는 비결이 궁금하다. 혼종은 생물학과 식물학에서 유래했으며, 융합으로 여겨지다가 디아스포라 분야에서 폴 길로이, 스튜어트 홀, 이안 체임버스, 호미 바바, 제임스 클리퍼드만큼이나 다른 다양한 저자들에 의해 재생되었다. 특히 혼종성은 문화 교환의 순간에 섞기와 조합과 관련된 모든 종류의 것을 의미하게 되었는데 이는 바로 이러한 작업들 사이의 대화를 통해 드러난다. 예를 들어, 길로이는 '힙합의 음악적 구성요소들이 1970년대 자메이카의 사운드 시스템 문화가 이식된 사우스 브롱스(South Bronx) 지역의 여러 사회관계에 의해 양육된 하나의 혼종 형태'(Gilroy 1993a: 33)라고 지적하는 한편, 혼종이 문화 생산의 영역에서 유용하다는 사실을 발견하였다. 머지않아 더 세부적으로 살펴보게 될 홀은, 체임버스가 '혼종성의 모습, 소리, 언어'의 '왕래'(Chambers 1994: 82)에 의해 쫓겨난 전통의 대화를 발견하는 데 비해, 자신은 혼종성이 영국인들의 삶을 변모시키고 있다고 주장했다(Hall 1995: 18). 앞서 지적했듯이, 바바는 혼종성이 '제3의 공간'으로 그리고 특히 식민-문화적 접점(이에 대해서는 다음 장에서 더 많이 다룰 것이다)으로 '거북스럽게' 지칭될 수도 있다는 맥락에서 혼종성을 애매모호함과 모조품으로 부르면서, 하나의 '사이'의 용어로 사용한다. 클리퍼드는 이 용어를 '세계화라는 새로운 상황 속을 여행하거나 거기에서 혼종하고 있는 담론'을 묘사하기 위해 사용하며, '여행 궤도들'과 '흐름'을 강조한다(Clifford 1994: 304-306 강조 덧붙여짐). 그는 정체성과 차이에 대한 주장이 '전통적인 생존자들'의 옛날을 그리워하는 방식 속에서 또는 '혼종적 형상들의 새 세계' 속에서 혼합되어 지나치게 빨리 저항으로 찬미되는 상황을 우려하며, 그 용어들에 대한 우리의 비평에 중심이 될 전통과 혼종이라는 대조적인 쌍을 만들어낸다.

혼종성은 사실 스스로가 의식하는 것보다 훨씬 더 많은 것을 담고 있다. '혼종성의 역사를 흘낏 보면 기괴하게 포진된 여러 인식들이 드러난다'(Papastergiadis 2000: 169). 앞에서 제기된 일반적인 입장들에 덧붙여 혼종성은 정체성의 형성을 연상시키는 용어이다. 그것은 혼성어(creole, 크레올어), 방언(patois), 의사소통을 위한 보조어(pidgin, 피진어), 여행자들의 은어(argot) 등 언어의 혁신을 설명하기 위해 사용된다. 또한 창조성과 해석을 위한 부호이기도 하다. 바바의 용어에 따르면 '혼종성은 위장 수단'(Bhabha 1994: 193)이다. 그는 도발적으로 혼종성을 파괴적이며 생산적인 하나의 범주로서 '이단'(Bhabha 1994: 226)으로 볼 것을 제안한다. 이는 '어떻게 새로움이 그 세계로 들어가느냐', 그것이 어떻게 '문화적인 차이들을 해석하고 재평가하는 과정'(Bhabha 1994: 252)과 밀접하게 연관돼 있느냐이다. 다른 이들에게 혼종성은 여자-남자/기계의 접점인 사이보그를 구성하는 주된 특징이다(Haraway 1997). 이는 혼합된 기술혁신들을 불러일으키고, 문화 산업의 생산에서 창조적 표현의 근원으로 갈채를 받아왔다. 디아스포라에 대한 가장 보수적인 설명은, 디아스포라인들이 도착하여 호스트 문화의 여러 측면들을 받아들이고, 새로운 혼종적 문화 혹은 '혼종적 정체성들'을 만들기 위해 호스트 문화를 재가공해서 새로 고치고 재구성하는 문화적 혼합의 과정이라는 것이다(Chambers 1996: 50). 정체성에 대한 이런 이야기가 이치에 닿든 그렇지 않든 혼종성은 하나의 묘사이기보다 과정으로 더 잘 이해된다. 코베나 머서(Kobena Mercer)는 '디아스포라 문화의 혼종화된 영역'(Mercer 1994: 254)을, 그리고 어떻게 융합과 혼합이라는 더 오래된 용어들조차 불변하는 정체성을 강조하기보다는 오히려 '혼종화'의 움직임을 재현하는지를 설명한다. 마침내 브라와 쿰스(Annie Coombes)는 두 번째 밀레니엄에 맞춰 출간된《혼종성의 불만(Hybridity and its Discontents)》에서 혼종성을 이렇게 평한다. "'섞는 것'에 관여하는 넓은 범위의 사회적, 문화적 현상을 설명하기 위한 용어로서, [그것은] 문화 비판과 탈식민 이론의 주된 개념이 되어왔다'(Brah and Coombs 2000: 표지).

혼종성과 혼종이 일어나기 전의 순수함

빌린다는 생각은 한때는 순수하게 여겨졌던 문화가 약해짐을 암시하기 위해 쓰일 때가 있다. 혼종, 디아스포라인, 이주민 등을 규탄하는 본질주의적인 민족주의와 극단적인 배타주의에 속하는 것이 바로 이런 순수성에 대한 신화이다. 너무나 많은 작가들이 혼종성을 지지하며 문화정치의 활동무대에서 유용하다고 주장하는데, 그들은 이러한 순수성의 이론적 근거와 싸우려는 것이다. 이러한 움직임들이 찬양받는 이유는 다양함으로 인해 환대받는 문화 빌려오기가 순수한 문화에 대한 주장을 훼손하기 때문이다. 이러한 주장이 해당 용어들의 철학적 비일관성보다 더 중요할 수도 있지만, 어쨌든 그 비일관성을 고려해야만 한다. 주된 질문은 다음과 같을 것이다. 혼종성에 대한 주장이 혼합에 선행되는 이전의 '순수함'이 놓여 있던 위치에 어느 정도로 의존하는가? '혼종적 정체성들'(Chamebers 1996: 50)에 대한 생각은 심지어는 번역중이거나 형성되는 과정일 때조차 비혼종성에 대한 명제 또는 표준적인 보호장치에 의존한다. 이러한 문제는 다시 다음 장에서 다루겠지만, 여기서 우리는 순수에 대한 생각들이 혼종성의 생물학적 선례들과 관련되는 독특한 방식에 관심을 기울인다. 혼종성 이론가들은 이런 문제와 싸워야만 했으며, 상당히 동요하면서 그렇게 해왔다. 예를 들어, 길로이는 혼종성에 대한 충성에서 한 걸음 물러났으며 이렇게 공언했다.

대체 누가 순수성을 원하는가? ······혼종성, 혼합에 대한 생각은 두 개의 선행하는 순수성을 전제로 한다. ……이것이 내가 혼종이라는 단어 사용을 원하지 않는 이유이다. ……문화 생산은 칵테일을 섞는 일과는 다르다 (Gilroy 1994: 54-55).

길로이가 고의로 위험에 처한 덜 평판이 높은 걱정거리들을 인용하는 것처럼 섹슈얼리티의 범위는 이러한 인용의 조악한 함축 속에서 곪는다. 그 폭발을 자극했던 것은 로버트 영(Robert Young)의 《콜로니얼 욕망: 문화와 인종, 이론에서의 혼종성(Colonial Desire: Hybridity in Theory, Culture and Race)》(1995) 같은 작업이었다. 여러 학자들이 혼종성의 식물학적 그리고 생물학적 매개변수들을 조사해왔지만, 19세기 진화론의 인종적인 담론 속에서 '혼종성'이라는 용어의 유래를 추적했던 영의 역사적 조사가 가장 예외적인 사례이다. 이 단어의 라틴어 어원은 길들인 암퇘지와 야생의 수퇘지 사이의 자손을 의미한다(Young 1995: 6). 과연 이러한 오래된 용법이 오늘날 주장되고 있는 문화적 혼종성의 다양성과 관련이 있는가? 농업과 원예 과학에서 혼종성은 거의 아무런 경고도 없이 사용된다. 가장 잘 알려진 혼종은—비록 이것이 의미심장하게도 불임 또는 그 자체로는 재생산할 수 없는 혼합이지만—말과 당나귀의 혼합인 노새이다. 식물의 세계에서 혼종적 결합은 어떤 식물이나 과일을 다른 것에 접붙임으로써 생산성을 높인다. 비록 사회학과 문화인류학 분야에서도 그런 접붙이기가 타당한 듯하나, 원예학과 생물학의 인식으로부터 인간이라는 '종(種)'에 대한 논의로 옮겨와 인간을 혼합을 통해 혼종들을 생산하는 독특한 종으로 설명하려면 다소 조심성 없는 비약이 요구된다.

길로이와 홀 모두 혼종성이란 용어를 사용할 때, 혼종성의 모호한 생물학적인 전례들로부터 이를 구별하기 위해 노력을 기울여왔다. 길로이가 '선행하는 "오염되지 않은" 순수한 존재를 제시하지 않고서는 내적 혼합, 융합, 통합을 이론화하기 어려울 뿐 아니라, 심지어 이들을 적당히 묘사할 수 있는 수단조차 부족하다'(Gilroy 2000: 250)고 한탄했는데, 그는 확실히 순수성의 문제를 깨닫고 있는 것이다. 설명을 위해 혼종성을 사용하는 것은 조건법적 서술로서 '그것이 어느 날 돌아갈 가능성이 있는'(Gilroy 2000: 250) 안정되고 혼합되지 않은 이전 상태를 불러일으킨다는 점에서는 길로이가 옳다. 우리가 제6장에서 더 논의할 누가 돌아가기를 원하는가는 좋은 질문이다. 그러나 설명적인 용어의 초점 맞추기와 팽팽하게 조이기, 심지어는 한층 더 나아가 '이론화하기'가 보상이라는 요구에 적합할 수 있을까? 이런 용어가 인종 혼합이 유발하는 여러 성적, 문화적, 경제적 걱정거리들을 해결하는가? 길로이는 이번에는 영의 주장들을 확고하게 시야에 담고 말을 이어나간다.

> 우리는 혼합 과정이 치명적으로 보이거나 구원으로 보이는 데에 상관없이, 순수성이 시민사회의 기초를 제공했다는 환상은 말할 것도 없고, 문화적이고 인종적인 순수성이 존재한 적이 있었다는 환상조차 포기할 준비가 되어 있어야 한다. 혼종성이라는 개념을 사용하려는 시도들은 19세기 인종 과학의 전문용어에 이 용어를 연결시킴으로써 만들어진 활동적인 잔여물 때문에 완전히 실패한다는 터무니없는 혐의에 의해, 개념적이고 비판적인 적합한 언어가 존재하지 않는 상황을 해치고 복잡하게 만든다(Gilroy 2000: 250-251).

학문 세계가 주목받고 있는 중요한 용어들의 선례를 검토해서는 안 된다는 견해에는 동조하기 어렵다. 다음 장에서는 다른 특정 용어들은 사용되고 있지 않다는 점을 살펴볼 것이다. 또한 홀은 로버트 영의 이름을 대면서, 특히 《포스트콜로니얼에 대한 질문(The Post-colonial Question)》이라는 저서의 끝에서 두 번째 단어를 가지고, 탈식민 이론에 대한 심지어는 더 포괄적인 비난에 반대하고 있음을 인정하며 의미심장하게 반응한다.

> 양단에 있는 작가들이 자신들의 담론에서 같은 용어—혼종성—를 배치하기 때문에 탈식민 비평가들은 빅토리아시대의 인종 이론과 '공범'이라고 하는 …… 로버트 영의 《콜로니얼 욕망(Colonial Desire)》에서 납득이 가지 않게 단순화된 혐의 (속에) …… 매우 비슷한 노선의 논쟁이 발견된다!(Hall 1996: 259)

혼종성은 설명을 위한 용어로서 정치적 진단 기구이자 전략으로서, 보잘 것 없는 휴게실에서의 말다툼에 의지하지 않고 반드시 이의 사용 및 유용성을 평가해야 한다. 한 용어의 사용이 이런저런 종류의 연상 때문에 비난받을 수 있다는 것은, 그런 연상의 결과가 받아들이기 어려운 결과들을 가져오는 것으로 논증되지 않는 한 문제로 남는다. 혼종성이 여러 모습으로 변장하고 나타나기 때문에 무엇을 성취하는지, 무엇을 고려하지 않는지, 그것을 사용할 경우 어떤 상황에서 모호해지는지를 알아보는 것은 중요하다.

접촉 지대들

혼종성은 긴 혈통을 가진 하나의 과정으로서 문화 교환에서 모든 방식의 창조적인 참여를 끌어낸다. 1940년대 융합에 대한 인류학 연구로부터 시작하여 몇몇 연구들은 다소 자의적인 '기원'이긴 하지만 이주로 생겨난 접촉의 발전적인 기질을 강조한다. 현재 잠비아의 '구리 지대(copper belt)'에 있는 이주 노동자 공동체들에 대한 연구와 같은 민족문화학 분야의 연구는 로더스 리빙스턴 협회(Rhodes Livingston Institute)의 식민주의적 후원과 함께 맨체스터 대학교의 인류학부에 의해 진행되어왔다(Schumaker 2001 참조). '융합'은 식민지의 구리 광산 근처에 세워진 도회풍의 노동 타운에서 발생한 새로운 문화적 관례의 형성을 서술하기 위해 빌려온 단어였다. 이전에 인류학자들은 단지 '접촉'과 '문화 변용'에 의한 문화 형태들의 '손실'에만, 일종의 구출하려는 방식으로 관심을 기울였다. 구출(salvage) 문화인류학은 '사라지고 있는 세계'와 잃어버린 관습, 유풍과 전통의 기록과 관련이 있는데, 뒤늦게 원주민 공동체들의 복원력을 깨달으면서 쇠퇴와 사라짐과는 다른 측면들을 생각하기 시작했다.

맨체스터 대학교가 주도한 광산 공동체 연구(Gluckman 편집 1995)는 제2차 세계대전 이후 '융합-대화'에 처음으로 활기를 불어넣는 계기가 되었지만, 그중에서도 광업(mining) 식민주의에 대해 창조적인 공동체 차원의 대응을 보여준 남아메리카 사례들에 대한 연구는 탁월하였다. 마이클 토시그(Michael Taussig)의 남아메리카 주석 광산 노동자들에 대한 연구는 물신숭배에 대한 경제학자들의 해석을 문화적 맥락화를 통해 보충하는 것이었다. 이것은 어떻게 지역의 (그 스스로가 문제 있게 편협하고 전세계적인) 기독교에 대한 생각, 특히 악마에 대한 관념이 돈의 악의적인 폭력에 대해 특정한 이해방식을 만들어냈는지를 보여준다(Taussig 1980). 여기서 결합은 '뒤섞인' 경제 상황에 대해 설득력은 있으나 아직 체계화되지 않은 해석을 제공한다(변화에 대해서는 뉴전트(Nugent 1994) 참조). 그럼에도 불구하고 발달 중인 융합의 다른 양식들이 명백하게 문화주의적이지는 않았다. 예를 들어, 제3세계를 먹여 살린다는 명목으로 새로운 종자 기술을 채택했지만, 사실은 엄청난 환경 파괴를 초래했던 녹색혁명을 생각해보라. 난해한 풍자 없이는 이를 문화적 혼종성으로 묘사하기 어려울 것이다. 이와 같은 것이 오늘날 유전자 특허 내기에 관여하여 농업 분야의 다양성을 손상시키는 특정 상업 분야에 종사하는 사람들에게 적용된다(Visvanathan 1997 참조).[1]

접촉으로 인한 문화 변용의 과정에 대한 조사와 서술이 인류학적 편견과 한결같은 자민족중심주의의 시대로 묘사될 수 있는 것에 의해 지배되어왔다는 서구화(Westernization)와 전파론(diffusionism)과 관련된 모든 담론들은, 정체성에 대해 강박적인 공포을 암시하고, 주류 문화의 문화적 헤게모니를 유지하며, 심지어는 확장하는 것을 시사한다. 이는 오스트레일리아와 남아프리카공화국 같은 정착민 사회에서 첫 몰살 프로그램을 통해 인종주의적 외관을, 이후에는 좀 더 교활한 '특정 민족 집단의 문화 말살'의 형태를 취했다. 20세기 전반에 터무니없이 잘못-명명된 오스트레일리아의 아보리진 보호사회(Aborigines Protection Society) 같은 조직들은 호의라고 주장하면서 '죽어가는 이들의 고통을 덜어주는' 데에 참여하였다. 폭력적인 파괴를 경험하던 아보리진들의 고통을 덜어준다는 이러한 생각은, 오스트레일리아의 백호주의 정책의 용서할 수 없는 캠페인이었다. 백인 가족과 백인 선교단체들이 아보리진 부모들의 보호 아래 있던 '혼혈' 어린이들과 '백인과 아보리진의 혼혈인 하프-

---

[1] 자원 정치에 관심 있는 이들에게는 쉬브 비스바나탄(Shiv Visvanathan)의 연구(1997)가 필독서이지만, 전 세계적인 반-지뢰 운동의 발전에 대해서는 마인워치(Minewatch)와 파르티잔들(Partizans)과 같은 조직에 대해서도 살펴볼 것(Moody 1990 참조).

카스트(half-caste)' 어린이들을 강제로 빼앗아 길렀던 (그리고 집안의 노예로 삼았던) 잔악 행위는 오래도록 우려를 자아냈다. 영화 〈라우지 리틀 식스 펜스(Lousy Little Sixpence)〉〔감독 알렉 모건(Alec Morgan)과 게리 보스톡(Gerry Bostock)의 1982년작. 6펜스는 아보리진 부모에게 주어진 보상이었다〕에서 기록되고, 〈토끼 울타리(Rabbit-Proof Fence)〉〔필립 노이스(Phillip Noyce)의 2002년작. 토끼 울타리는 번식하는 토끼들로부터 농장을 보호하기 위해 오스트레일리아 전역에 세워진 담이었다〕에서 각색되었듯이, '도둑맞은 세대들'은 오스트레일리아의 인종 관계에서 지속적인 아픔으로 남아 있다.[2] 오스트레일리아 원주민들의 강제 추방이 광물과 농업 자본주의와 많은 관련이 있다는 점을 기억하면, '문화 충돌'에 대한 생각 또한 자칫 '주인들' 쪽의 중요한 병상(病狀)들을 무심코 드러냈다는 사실은 굳이 강조할 필요도 없을 것이다.

인류학자들이 받아들였던 문화 충돌에 대한 분석은 흥미롭게도 식민주의에 비판적인 곳에서조차(Worsley 1964: 51) 정치적 보상보다는 식민 관계의 경영에 대한 관심으로 흐르면서 종종 문화주의적 성향을 드러냈다. 융합, 혼합, 백인과 흑인의 결혼, 크레올화 등을 통한 문화의 존속이라는 아이디어 자체가 식민 통치의 위대한 것과 훌륭한 것들 사이에서 중풍을 일으키게 했고, 그후 학문적 에너지의 상당 부분이 피해망상적인 '첫 접촉'의 폭력적 결과들을 해명하기 위해 소비되었다. 문화의 혼합에 대한 공포가 어느 정도까지 비열한 경제적 관심에 의해 지

---

[2] 이 시대의 역사는 여러 인종주의적 징후가 나타나며 그로부터 안전할 수 없는데, 어떤 이들에게는 옛날 뉴스처럼 들리겠지만, 현재까지 오스트레일리아 법원이 토지소유권과 화해운동(Land Rights and Reconciliation movements)을 배신하고, 수상 존 하워드(John Howard)는 글을 쓰고 있는 지금도 여전히 아보리진들의 고충을 인정하지 않으며 아보리진 사무국(Office of Aboriginal Affairs)의 일구이언은 계속되고 있다.

배되었는지 그리고 정신분석적-사회적 범주들이 얼마나 넓은 맥락에서 이해되어야 하는지에 대한 문제는 여전히 해결되지 않은 채로 남아 있다.

　언어학은 혼종성에 대한 생각이 보존에 초점을 맞추는 독특한 역사를 가진 또 다른 분야이다. 크레올화라는 개념과 언어학적 연속체에 대한 지식 모두, 카리브해 지역의 아프리카인과 유럽인들의 상호작용에 대한 연구에서 발전하였다. 노예제의 폭력으로부터 새로운 언어들이 많이 나왔는데, 이들은 의사소통을 위한 보조어(피진어)로서 좀 더 지역적으로는 방언(patois)으로 불리며 경멸적인 방식으로 분류되었다. 아이티에서 사용되는 프랑스어 방언이나 자메이카에서 쓰이는 영어 방언은, 한 언어의 어휘가 다른 언어의 문법과 합쳐져서 조잡하게 만들어졌던 혼종 언어들에 대한 인식의 발전을 이끌었다. 노예제의 과정은 다양한 아프리카 언어들의 융합도 이루어냈음을 기억하는 것이 중요하다. 태평양 지역에서의 식민주의가 다양한 관용적 '언어들'을 낳았고, 폭력, 문화 변용, 선교 행위, '섬 주민들의 납치'(black birding: 섬 주민들을 오스트레일리아 퀸즐랜드의 사탕수수 농장에서 부리려고 납치한 것을 말한다), 지속적인 저개발 등을 통해 서로 떨어진 지역들이 유사한 역사적 경험을 공유하는 사례들이 생겨났다. 그 결과 크레올화된 언어들은 언어학적 연구를 위한 유익한 자료를 제공했지만, 이런 연구들은 종종 사회-정치적 배경과는 동떨어져 있었고, 심지어는 이런 배경을 아무 의식 없이 등한시하는 가운데 진행되었다. 정치언어학에서도 몇 가지 사례를 발견할 수 있다(예를 들어, Newmeyer 1986). 그러나 언어학자들 가운데는 전문용어 '크레올'이 종종 문화주의적 담론에 효과적일 수 있도록 은유적으로 전횡되어온 방식에 상당히 분노하는 이들이 있다.[3] 학문적인 전문용어에 대한 지나친 우려가 종종 명쾌함과 분석을 방해한다. 비록 언어학의 범위를 벗어나긴 하지만 크레올화에 대한 문화 번역 모델은 인기가 있으며 흔히 관련 사례로 인용된다.

  번역은 많은 분야에서 방법에 관련된 은유로 막연하게 간주되며, 이로 인해 클리퍼드 거츠(Clifford Geertz)의 저술에서 자크 데리다(Jacques Derrida)와 이후의 글에 이르기까지 그들에게 영감을 받은 문화 연구와 사회 이론이 번성했다. 거츠는 인류학자들을 번역자로 보는 인식을 소개했으며, 그의 발리인(Balinese) 정보 제공자의 '어깨 너머로' 관찰하는 동안 '두터운 서술'〔'thick descriptions': 길버트 라일(Gilbert Ryle)이 소개하고 인류학자 거츠가 발전시킨 서술방식으로 하나의 주제를 관찰을 통해 세밀하게 집중 서술하는 것을 일컫는다ー옮긴이〕(Geertz 1973)을 제시하였다. 거츠는 《문화의 해석(The Interpretation of Cultures)》과 그후 저작인 《일과 삶(Works and Lives)》(1988)을 통해 번역의 적절함에 대한 그리고 공공기관의 지원을 받는 학자들에게 맡겨져 해석되거나/번역된 문화 문서들에 대한 엄청난 논쟁을 촉발시켰다. 번역자는 문화 형태나 기록의 중개인이기 때문에 항상 '그 사이에서' 공평하지만은 않은 강력한 위치에 있다. 누가 그리고 왜 번역하는가에 대한 질문이 여러 차례 제기되었는데, 예를 들어, 최근에는 비린더 칼라(2000)가 아시아계 영국인들의 창조성에서 나온 그럴듯하게 혼종적인 음악 문화 가운데에서 방그라 가사의 분석과 관련하여 이런 질문을 던진다. 그녀의 주장은, 혼종에 관심의 초점을 맞추면서 의도적이며 노골적인 정치적 맥락이 번역 과정에서 사라져버린다는 것이다. 이것은 번

---

3 우리는 스티브 뉴전트(Steve Nugent)가 이러한 관점과 프레더릭 J. 뉴메이어(Frederick J. Newmeyer)에 대해 알려준 것에 감사드린다.

역자 개개인의 독특한 그리고/혹은 획일적인 상황 때문이다(Spivak 1999; Kalra 2000 참조).

이러한 문제들에 대한 또 다른 흥미로울 뿐 아니라 문제성 있는 해설자는 데리다이다. 그는 '어떤 점에서 번역될 수 없는 것은 없다. 그러나 또 다른 점에서 모든 것이 번역될 수는 없다. 번역은 불가능의 또 다른 이름이다'라고 썼다(Derrida 1996/1998: 56-57). 그의 주장은 언어와 문화적 경험을 독특한 것으로 이해해야 한다는 것이다. 그러므로 완벽한 번역에 대한 생각은 잘못 인도된 것이지만, 얼마나 비현실적이든 간에 불가피하게 번역하려는 시도들이 나온다는 것이다. 만약 한 언어나 문화의 특질에 대해 외부로부터 '순수한' 접근이 없다면 번역과 같은 것이 전적으로 있을 수 없다는 인식은, 현재 모두로부터는 아니지만 많은 이들에 의해 인정된 방식으로 번역 현장의 신성함을 손상시킨다. 자칭 문화의 복화술사들은 여전히 유력하며, '타자성'의 민족지학 연구를 위한 암호 용어로서 번역의 은유는 아직 대체되지 않았다. 또한 데리다는 번역자를 '애국심에 대한 반항자'(Derrida 1996/1998: 57)로, 그리고 번역을 단일한 동질적인 이해 구조를 회피할 수 있게 하는 예술로 간주한다.

그러므로 많은 체계화에 있어 혼종을 만드는 그 순간이 관용구나 문법에 독자성이 있건 없건(흔히 독자성 없이 남겨진다) 현격한 차이가 나는 양극단을 넘어서는 어떤 왕래가 되는 것이다. 관념적 차원에서 이런 번역 규칙은, 비록 차이를 넘어서는 번역이 실제로 존재할 수 있다는 이상화된 가정에 의지하고 있지만, 어떤 차이의 계산법이 가능함을 의미한다. 번역은 종종 그들의 방식을 강요할 수 있는 이들, (인가된) 번역 일에 착수할 수 있는 권력과 자원을 가진 이들이 시작하며, 그렇게 번역된 텍스트는 (문화적) 소유권자의, 심지어는 상황에 전혀 관심을 기울이지 않는 창조성의 전유물이 된다. 이러한 접촉 지대 강박관념에서 용어의 애매모함은, 혼종성에 대한 토의가 누가 그리고 왜 번역하는가와 같은, 권력과 지배라는 매우 중대한 이슈들을 공개할 가능성이 있다는 사실을 심각하게 받아들여야만 한다는 것을 의미한다. 이는 혼종성이 문제가 많은 개념상의 어려움에도 불구하고, 심지어는 그 때문에 효과적일 수 있다는 말은 아니다. 그러나 우리는 잠재적으로 번역의 현장 또는 '접촉' 그 자체와 관련된 정치적 배경과 투자에 대한 질문을 허락했던 기술적 용어의 유용성을 부인하려는 것도 아니다. 그러나 과연 혼종성이 그렇게 하는가, 이것이 더 큰 문제이다. 이러한 상황에서는 불가능이, 혼종성의 과정에 대한 끊임없는 비판에 관여하는 것이 유일하게 그럴듯한 반응인 번역의 정치를 지배한다는 것이다. 다음 장의 끝부분에서 우리는 이를 이해하기 위해 좀 더 흥미로운 방법인 교환의 변증법을 제시하려 한다.

사이보그들(또는 야만적인 기계들의 성생활)

만약 인종, 문화 접촉 그리고 가야트리 스피박이 선택한 용어인 노동의 국제 분업에 대한 생각들이 위험스럽게도 불평등과 관련된 질문에는 무관심함을 보여주기 위해서라면, 혼합의 또 다른 가치를 고려하는 것이 타당하다. 과학과 기술 연구에서는 혼종성을 현대 자본주의 관계의 중심 조직자로, 때로는 하나의 완전한 혜택으로 소개하는 것이 가능했다. 만약 혼종성과 관련하여 인류학자들이 문화를 구제하고, 언어학자들이 언어의 특수성에 관심을 기울여왔다면, 과학 연구자들은 인간과 산업의 기계설비에 사로잡혀왔다. 비록 마이클 하트(Michael Hardt)와 안토니오 네그리(Antonio Negri)가 사이보그는 꾸며낸 이야기이고, 혼종성은 변동성과 차이처럼 본질적으로 평형을 이루는 것이 아니라는 데에 주목하지만(Hardt and Negri 2000: 154), 그들의 저술에서(Hardt and Negri 2000: 405) 사이보그는 '인간과 기계의 혼종'이다.

사이보그를 연출한 다른 장르는 전체적으로 더 희망적인데, 우주 시대를 배경으로 하는 텔레비전 드라마 〈스타 트랙(Star Trek)〉의 맹목적인 획일성과 유사한 선구적인 다문화적 미래 판타지를 가정한다. 〈스타 트랙〉의 '뉴 제너레이션(New Generation) 시리즈'에서 특수 안경을 쓴 흑인 기술자 조르디(Geordi: Levar Burton)와 '여행자(Voyager) 시리즈'의 기술적으로 향상된 보그(Borg: 〈스타 트랙〉에서 보그는 인공두뇌를 가진 우주 인종으로 행성연합연방을 정복하려는 위협적인 존재로 등장한다. 오늘날 대중문화에서 보그들은 저항해도 소용없는 불가항력적인 무언가를 상징한다—옮긴이)이자 드라마 포스터에 나오는 소녀 세븐 오브 나인(Seven of Nine〔제리 라이언(Jeri Ryan)〕)은 그러한 타입의 고전적인 예이다〔인조인간 데이타(Data)는 그저 하나의 로봇으로서 12세 이하 어린이들을 대상으로 하는 열등한 위치에 있는 인물로 무시될 수 있다〕. 〈스타 트랙〉은 1960년대 오리지널 시리즈에서 텔레비전 드라마로서는 처음으로 타 인종들 간의 키스신을 보여주면서 인종 정치에 진출하는 명성을 얻었는데, 마틴 루터 킹(Martin Luther King)조차 시리즈 감독이었던 진 로든베리(Gene Rodenberry)에게 축하를 보내고 촬영장을 방문하는 것이 가치 있는 일이라고 생각하게 되었다.[4] 그러나 은하계의 미국

---

[4] 선장 커크(Captain Kirk〔윌리엄 샤트너(William Shatner)〕)와 통신 장교 유라(Uhura〔니셸 니코스(Nichelle Nichos)〕)의 키스는 선장과 장교라는 계급 영역뿐 아니라 백인과 아프리카계 미국인이라는 인종적 경계를 무너뜨렸으나, 그들이 정체불명의 약의 영향을 받았기 때문에 은하계 우주에서의 마약/데이트 강간의 악의적인 형태를 이질적인 마약의 해악으로 간단하게 설명할 수 있었다.

제국인 스타 트랙연방의 가장 중요한 지령은 인종 혼합에 대해 우려를 보이는데, 주요 배역들은 혼합으로부터 비껴가도록 고안된 것 같다. 비록 주요 지령은 '프리-워프(pre-warp)' 문화들(의미: 저개발 행성들)과 상호 영향을 주고받지 않도록 저항하라고 충고하지만, 드라마 줄거리는 자주 이러한 명령을 불이행하도록 요구한다. 그 명백한 주제는 제재 없는 기술 발전(의미: 기술 이전에 반대하여)이 폭발하기 쉬운 위험을 초래한다는 것이지만, 거의 모든 경우에 규칙 위반은 방탕한 종들 사이의 성적 흥분에 의해 일어난다. 저 하늘 위 우주선에서 순수성이 지켜지고, 조르디와 세븐은 스타플리트(Starfleet)의 승무원으로 통합된다.[5] 공상과학소설에서 사이보그는 구조적 결함들(조르디의 눈멂, 기술로 특성이 규정된 보그들 중 하나로서 세븐이 가지는 집단적 책임의식)을 근절하거나 보완하면서 기계-인간의 접점이라는 능력을 통해 문화적 차이를 없애는 중요한 순간인 것이다.

캘리포니아의 '의식 프로그램의 역사(History of Consciousness Programme)' 이론가인 도나 해러웨이(Donna Haraway)는 사이보그의 형상에 더욱 심각한 반응을 보이는데, 전반적으로는 열광적인 태도를 드러낸다. 그녀에게 '사이보그 인류학은 특정 인간들, 다른 유기체들 그리고 기계 사이에 경계 관계를 변경시키려는 도발적인 것이다'(Haraway 1997: 52). 해러웨이의 관심사는 특수 장치(이들은 안경만큼이나 다를 수 있다)에서 전 세계적인 인공 기관인 인터넷에 이르기까지 다양하며, 그녀의 과학 연구는 혼종성 고찰에 상당히 넓은 시야를 제공한다. 이에 대한 논의를 그녀가 제시하는 특정 사례인 암 실험을 위해 특별히 만들어진 온코마우스(Oncomouse™:

---

[5] 순수성을 다르게 바라보는 우주 판타지는, 지구의 속박으로부터 벗어나기 위해 완벽한 인간을 가려내는 테스트를 피하려 노력하는, 어쩌면 완벽한 우마 서먼(Uma Thurman)이 출연하는 유전학 드라마〈가타카(Gattaca)〉[앤드류 니콜(Andrew Niccol) 1997] 참조.

4 혼종적 결합 | 155

'하버드 마우스'라 일컫기도 하는 실험실 쥐의 일종으로 암에 강한 온코유전자를 인위적으로 활성시킨 뒤 쥐에 심어 암 실험에 적합하도록 유전적으로 변형시킨 것이다—옮긴이)에 대한 논의로 국한하는 것은, 해러웨이의 자료 전체가 별도로 읽을 가치가 있는 상황에서 일종의 발췌에 불과할 수 있다. 사실상 이러한 주제는 과학과 기술의 사회 연구라는 신흥 학문 분야에서 이미 많이 연구되고 있다(Nader 1996; Bowker and Star 1999). 그러나 이런 연구의 특질은 '신세계 질서에서는 정보 과학이 생물학과 함께 잡종을 만든다'(Haraway 1997: 129)는 통찰력을 이용하는데, 특히 이 연구는 기술적 진보의 신호 아래 차이의 교합인 디아스포라와 혼종성을 적용하는 한 정교하게 될 수 있을 것이다. 다시 〈스타 트랙〉에서 조르디 역을 그의 안경과 함께 생각해보라(우주에서 과학적 범례가 되는 인공두뇌를 가진 인간-기계의 접점인 보그 자신들은 말할 것도 없이) 그리고 그 소설에서 어떻게 주변적인 것이 주마등같이 변하는 '근대성' 속에 단지 기술의 마약 주사를 맞으려는 이상하고 비정상적인 것에 속하게 되는지를 고찰하라.

사이보그는 유전자 지도처럼 마술 같은 간섭으로 차이를 없애려는 열정 속에 종종 인종의 사회-정치적 요소들을 보지 못한다. 사이보그에서 인종과 불평등 문제를 삭제하는 데 대한 비평은, 젠더에 대한 두서없는 비평이 가져오는 실패도 다룰 수 있다(제2장 참조). 만약 사이보그가 여성이라면, 해방이라는 측면에서 어떤 업적들을 내세울 수 있을 것인가—비록 암 치료에 헌신했지만, 그것의 실험용으로서의 활동이 실용적인 인공기관보다는 패션 산업과 화장품 생산과 훨씬 더 관련이 있는 설치류의 일종인 온코마우스에 대해서는 이 정도로 끝내자. 이러한 사례들의 특징은 집단 간의 유사성이다. 사이보그들은 많다. 또한 소설가이자 상습적으로 마약을 복용하는 작가 윌리엄 버로즈(William Burroughs)

의 과학 소설 그리고 원자폭탄 개발을 위한 부지가 되어버린 로스알라모스(Los Alamos) 학교에서 받았던 그의 교육을 연상할 수도 있다. 로스알라모스는 옛날 서부개척시대의 미국 서부를 떠올리게 한다. 그렇다면 인터넷 세대를 사이보그 인간으로 이해할 수 있다는 제안은 그리 놀랍지 않을 것이다. 버로즈는 언어 규범 자체를 외래의 것, '우주공간에서 온 바이러스'로 생각했다. 사이보그 혼종화로서 언어는 〈스타 트랙〉의 연출된 혼종성에서보다 버로즈에게서 더 효과적으로 작극한다.[6] 언어는 즐거움, 섹스와 여행 그리고 판타지 글쓰기의 선동가이자 선구자이긴 하지만 인간이라는 동물을 숱한 곤경에 빠트리기도 했다. 그리고 이러한 글쓰기에서 다산에 대한 백인종의 강박관념은 번번이 섹슈얼리티로 그리고 혼혈, 잡종(mongrel), 백인과 흑인의 혼혈(mulatto, 이하 물라토), 백인과 원주민의 혼혈인 하프-카스트가 타락한 불순물이라는 비난으로 이어지고, 이런 강박관념은 불확실한 상상이라는 안전장치를 통해 작동된다.

기술-인간 간의 접점 망상증의 아바타들은 자연에서 인간으로 그리고 기계로 흐르는 종말론의 최종 결과물이다. 그리고 중간 단계는 자연과 인간의 혼합이었다. 아브타르 브라와 애니 쿰스(Annie Coombes)는 '혼종

---

[6] 그러나 콘스턴스 펜리(Constance Penley)의 〈나사/트랙(Nasa/Trek)〉(1997)도 참조. 버로즈는 그 어느 때보다도 더 1980년대에 반(反)문화와 출판산업의 꽃이 되었다. 1986년 콘서트 영화인 〈용감한 자들의 집(Home of the Brave)〉에서 버로즈와 로리 앤더슨(Laurie Anderson) 간의, 그리고 1993년 〈스페어-애스-에니(Spare-Ass Annie)〉에서 디스포저블 히어로즈 오브 힙-팝프러시(Disposable Heroes of Hip-hoprisy)와의 음악-연주 융합 작업뿐 아니라, 〈약방의 카우보이(Drugstore Cowboy)〉[구스 반 산트(Gus Van Sant) 1989년 작]와 〈디코더(Decoder)〉[뮤챠/메익(Muscha/Maeck) 1984] 같은 영화에 나오는 카메오들을 보라. 나는 이 마지막 인용문과 관련하여 런던 대학의 골드스미스 칼리지(Goldsmiths, University of London) 비주얼 인류학과 석사 과정생 메건 르골트(Megan Legault)의 뛰어난 졸업 작품 영화 〈인코딩/디코딩(Encoding/Decoding)〉(2000)을 참고했다. 르골트에게 감사드린다.

성이라는 개념이 확대되어 인간들을 포함시키기에 이른 것'은 18세기였다고 보고한다(Brah and Coombs 2000: 3). 오늘날 인간 혼종으로 분류되는 것들이 매우 긴 잉태기간을 거쳤다는 사실은 의심의 여지가 없다. 우리는 서구 신화에서 반(半)염소 인간, 날개 달린 발, 천사와 인어들을 생각할 수 있다.[7] 인간이 오랫동안 섹스 상대를 가리지 않는 경계 위의 기수였다는 지적은 상당히 무례하지만 옳은 일이 틀림없다. 신화적 본질을 가진 인간 혼종은 그후에 진화론의 발전과 백인우월주의에서 나온 문명 학습 프로그램의 이론틀 속에서 덜 상상적인 것들에 양보하였다. 무수한 예들 중에서 음탕한 육체적 혼합이 좋아하는 주제가 되었다. 연구할 가치가 있는 것은 물라토, 메스티조, 타 인종 간의 혼합, 혼혈, 하프-카스트, 콰드룬(quadroon: 흑인의 피가 4분의 1인 사람—옮긴이), 옥타룬(octaroon: 백인과 콰드룬의 혼혈—옮긴이)이라는 다양하고 독창적인 용어이며, 이는 결혼과 잡다한 결합 그리고 여러 정도의 뒤섞임을 통해 나타난 모든 방식의 혼합이다. 이런 다양한 이종교배의 후보들은 분류에 대한 불균형적 열정과 열의를 드러낸다.

앤 피닉스(Ann Phoenix)와 찰리 오웬(Charlie Owen)은 인종 혼합의 문제를 염려스런 결과를 가져오는 용어의 혼동으로 개념화한다.

---

[7] 스핑크스의 수수께끼—스스로가 병적인 호기심을 지녔던 지그문트 프로이트(Sigmund Freud)는 스핑크스의 수수께끼가 '아기들은 어떻게 태어나는가와 같이 모든 어린이들이 직면하는 엄청난 수수께끼의 왜곡된 이야기'[바바라 크리드(Barbara Creed 1993: 18)에 의해 그럴싸하게 꾸며진 바와 같이]라고 제안했다. 사자의 몸과 여성의 얼굴을 지닌 스핑크스가 혼종적 창조물이며, 크리드가 이것을 대다수 공상과학물의 중요한 장면과 연결시킨 것이, 올바른 성적 교제라는 주제가 판타지물에서는 어떻게 연출되는지를 보여준다는 것을 놓치지 말아야 한다.

비록 부모의 한쪽은 블랙, 다른 한쪽은 백인인 사람들이 역사적으로는 블랙으로 분류되었지만, 동시에 그리고 모순되게도 블랙과 백인 모두로부터 구분되어 취급되었다. 일반적으로 부모가 다른 인종인 사람들과, 블랙과 백인 사이의 성적 결합을 묘사하기 위해 사용되었던 특수 용어들은, 블랙과 백인의 구분이라는 인종화되고 당연시되는 2원적 대조에 쉽게 들어맞을 수 없는 사람들을 비정상으로 여기는 경향이 있었다. 그러므로 '하프-카스트', '혼혈', '두 인종 간의 혼혈', 밤색을 뜻하는 '머룬(maroon)', '물라토'(노새로부터), '메티스'(metis: 캐나다에서 아메리카 인디언과 프랑스인 사이에서 태어난 사람―옮긴이) 모두 본질주의와 양극적인 사고를 보여준다(Phoenix and Owen 2000: 74).

초기에는 공개적으로 그리고 나중에는 은밀하게 혼합 행위들이 만연했던 영국 식민지에서 순수성은 왜 그토록 자주 주인과 손님의 교류를 제한하려 했나? 이 문제에 대해 인류학자 앤 로라 스톨러(Ann Laura Stoler)는 식민지의 교육 관행이라는 맥락에서 타 인종끼리의 혼합, 섹슈얼리티, 식민주의를 연결하여 자신의 저서(Stoler 1995)뿐 아니라 브라와 쿰스(2000)가 편집한 책에 실린 논문에서 광범위하게 서술하고 있다. 여기서 배경은 근본적으로 욕망과 섹스, 타 인종들 간의 결혼, 혈통의 헤게모니에 대한 우려와 모순이다. 공포는 날개 달린-반인반수에 대한 것이 아니라, '아버지'라는 그럴듯한 우연을 통해 백인의 특권을 주장하는 블랙 피플에 대한 반응이다. 이런 점에서 인종 혼합의 성적 욕구 부분에 주목하는 것은, '순수성'과의 예속 관계에 관심을 집중하는 현대 이론의 한 범주인 혼종성에 대해 로버트 영이 느끼는 어려움과 공명한다. 그러므로 노예제도, 남아프리카공화국의 인종차별 정책, '오스트레일리아 원주민들에 대한 보호정책(Aboriginal Protection)' 같은 역사적 유산은 식민 행정과 인종법이 오랫동안 분리해두기를 원했던 타 '인종들'에 대한 관념에 기초한다. 그리고 백인은 이미 상당히 진행되고 있던 '오염'이라는 공포로부터 스스로를 보호하기 위해 항상 이러한 분리를 원했다.

성의 경계-넘기에 대한 이슈들이 오늘날에도 여전히 우려를 자아내는 것은, 이민국 직원들을 비롯한 공무원들이 '다른 인종으로 구성된' 부부들에게 보이는 지나친 불필요한 관심에서부터 베네통의 도발적이고 계산된 이미지-변형시키기 선전 광고, 또는 1960년대의 팝송 후렴구인 '엄청나게 많은 커피 색깔의 사람들'에 이르기까지, 이러한 넘어서기가 모든 면에서 드러나기 때문이다.[8] 이종 부모와 이종 관계의 문제는 모두 인종은 피와 유전적 특질에 차이가 있다는 허구에 의존한다. 이러한 허구는 모든 사람이 거의 같다는 사실을 보여주는 유전자 지도와, 예를 들어 미국 흑인들 70~80퍼센트가 일부 백인 조상을 두었다는 사실을 보여주는 역사에 대한 폭넓은 통계적 암시에도 불구하고 여전히 존재한다(Zack 1993). 노예제도와 식민주의의 역사는 일반적으로 받아들여지는 정도보다 더 많은 혼혈을 만들어낸 명백한 원인이지만(Phoenix and Owen 2000: 75), 이러한 문제는 문화 교환의 영역과는 다르다. 우리는 오스트레일리아의 '백호주의'가 비록 문서화되지는 않았지만 명백하게 인종적 순수성을 목적으로 비백인들의 이주를 제한했고 1973년까지 널

---

[8] 인구조사 통계에 의거해 영국의 '혼종(mixed) 부부'를 연구한 피닉스와 오웬(Phoenix and Owen 2000) 참조. 예술세계에서의 반인종주의적 모핑(morphing: 컴퓨터 그래픽으로 화면을 차례로 변형시키는 특수 촬영 기술—옮긴이) 기획에 대해서는 www.mongrel.org 참조.

리 보급되었듯이, 미국에서도 1967년까지 타 인종끼리의 결혼에 대한 법적 제제가 철폐되지 않았음을 알 수 있다(Sykes 1989: 23).

철저한 순수성과 위험물로서의 인종은 인간-기계 혹은 사이보그, 즉 로봇의 영역 저편에 있는 억압된 어두운 면이다. 식민주의의 모방에 대한 바바의 전문용어에서 로봇은 머콜리(Macauley)의 아직 백인 계층이 아닌 식민지의 서구화된 인도인 권력자들과 동류라고 여겨졌을 수도 있다. 장 보드리야르(Jean Baudrillard)는 '로봇은 노예'라는 것과 '울타리를 벗어나고 스스로를 파괴하는 로봇에 대한 테마는 …… 로봇이 반란을 일으키는 테마와 아주 유사하다'(Baudrillard 1968/1996: 122)는 것을 인정하면서, 이를 예속-섹슈얼리티라는 명부에 밀어 넣었다. 로봇-노예는 악마의 기술이며 반드시 통제되어야 하고, 기술적인 조절을 통해 자신을 통제하는 항상 친절한 '온순한 몸'으로 만들어져야만 한다는 것이다(Foucault 1975/1982). 이는 아이작 아시모프(Isaac Asimov)의 로봇 공학의 제1법칙에 명시되어 있는데, 로봇-노예는 절대 주인을 해쳐서는 안 되고, 이를 확실히 하기 위해 자가-제어 메카니즘을 가져야 한다. 보드리야르는,

> 로봇은 …… 갇혀 있는 힘과 마찬가지이며, 자신을 감고 있는 쇠사슬을 부술 수 있는 세력가처럼 믿을 수 없다. ……그것은 사실상 …… 남자의 영원한 적이 된, 한때 해방되고, 풀려났던 그리고 반란을 일으키고 있는 …… [인간] 자신의 섹슈얼리티이다. 이는 빈번하고 예측할 수 없는 로봇의 반란으로부터, 로봇들에게 영향을 미치는 해로운 돌연변이들로부터, 심지어는 단순히 그런 잔혹한 변환에서 나타나는 심상치 않을 뿐 아니라 항상 존재하는 협박으로부터 배운 교훈이다(Baudrillad 1968/1996: 121).

성적으로 위협적인 하위자는 특권을 누리는 백인 중산층의 자기만족에 위험을 초래한다. 이에 대한 우려의 조짐이 나타나지만 로봇과 사이보그의 천진난만한 매혹에 의해 부인되고, 그 우려는 인종과 계급으로부터 우주와 기계학/기술, 또는 '외계인'의 영역으로 바뀐다.

또 다른 피해망상적-공포-세계-정복자 강박관념을 상기시키는 성적이며 이종 혼교적인 사이보그와 기술적인 우려로 넘치는 장면이 영화 〈에이리언(Alien)〉 시리즈에서 연출된다. 미국 전체의 앵글로-색슨계 백인 신교도들(White Anglo-Saxon Protestant, WASP)의 여자 영웅 리플리(Ripley)는 톱니 모양의 금속성 질의 공격 본능(Creed 1993)을 농락하면서, 예방 차원에서 자신의 숙주를 희생시키며 단지 살기만을 원하는 또 다른 생명체를 없애기 위해 싸운다. 이 영화가 이주와 이종적 혼교에 대한 공포를 표현한 레이건식 우파의 우화로 읽힐 수 있다는 것은, 파멜라 처치 깁슨(Pamela Church Gibson)의 영화 〈에이리언〉[제임스 캐머런(James Cameron)의 1986년작]에서 중남미계 승무원에 대한 부정적인 농담이 '불법 외계인들(ILLEGAL Aliens)'(Gibson 2001: 40)이라는 용어를 통해 드러난다고 지적함으로써 충분히 논증되었다. 그 외계인은 순진한 괴물이 아니라 블랙 미국인, 중남미 사람, 생활보조금을 받는 어머니 등으로 이들은 모두 상징적으로 퇴치된다. 리플리 자신은 〈에이리언 3〉[데이비드 핀처(David Fincher)의 1992년작]에서 성적으로 적극적인 존재가 되기 전까지는—군국주의적 애주주의자인—완벽한 레이건파 여성으로 나타난다. 리플리가 외계인에 의해 임신될 때, 종들 간의 특징이 흐려지면서 인종적인 고정관념이 중시되지만 곧 간과된다. 깁슨이 적기를,

이런 영화에서는 종족성과 관련된 주제에 좀 더 많은 노력을 기울여야 할

것이다. 그러나 외계인이 모든 인간에게 위협적인 차이의 상징으로 나타날 때 인간의 특성에서 인종과 종족적 차이는 축소될 수도 있다는 사실을 기억해야만 한다(Gibson 2001: 47).

〈에이리언 4(Alien Resurrection)〉〔장 피에르 쥐네(Jean-Pierre Jeunet)의 1997년작〕에서는 위노나 라이더(Winona Ryder)가 사태를 수습하는 인조인간으로 나오는데, 그녀와 섹스를 원했던 승무원은 상대의 진정한 '본모습'을 알게 되면서 망연자실한다. 그러나 가장 진보된 인간과 기계의 혼합 사례는 유전자 복제품인 리플리의 종교적 은유로서의 부활이다. 외계인 또한 돌연변이가 생기고, 리플리로부터 자궁을 얻게 되어 인간의 몸에 둥지를 틀기보다는 새로운 괴물 아기를 낳게 되나, 인간-외계인 혼합의 산물이 더할 나위 없이 큰 위험임을 충분히 인식하게 된 리플리가 괴물 아기를 죽임으로써 배제라는 인종 정치의 메시지를 다시 주입한다.

창조성

현대 '혼종성 이론가들'의 작업에서 교환과 혼합의 역동성이, 지배적인 대중문화에 상당히 널리 퍼진 동화와 통합의 부정적인 복합성에 대한 비판으로 작용하는 것이 아주 낯설지는 않다. 그러한 작업은 문화의 다원화가 창조성과 활기를 가져온다고 끈질기게 주장한다. 주요 이론가들의 일부는 이를 이론적-정치적 훼방으로 받아들이는데, 물론 그것이 절대 무비판적으로 등장하지는 않는다. 예를 들어, 홀은 영국의 문화생활에서 매우 고무적인 변화로 보이는 것들을 논하면서 '혼종화'라는 용어를 블랙 스타일과 시장의 융합을 묘사하기 위해 사용한다. 그는 다소 장난기 어린 어조로, '일부 기동력 있는(그리고 핸드폰을 소유한) 블랙 청년'이 대처리즘과 1990년대 영국의 기업문화를 이용하여 '영국의 문화와 사회생활의' 일반적인 추세의 일부로서 '인종적 그리고 민족적 다원화'로 나아가는 점을 언급한다. 이 과정은 '모든 곳에서 고르지 않게 진행 중'이며, '문화적 혼종화에 대한 달갑지 않은 메시지'가 텔레비전을 비롯한 여러 매체를 통해 '영국 가정의 성역인 거실' 속으로 들어오고 있다(Hall 1995: 16-18). 이것이 좋은 소식이긴 하지만, 명확하게 진보적이지는 않다. 같은 과정이 청년 문화에서도 진행됨으로써 '블랙 스트리트 스타일이 그 세대의 스타일 전쟁에서 최첨단'이 되고 있음을 볼 수 있다(Hall 1995: 22). 여기서 우리는 이러한 다양성에 대한 평가와 상관없이 혼종성의 출현이 디아스포라화된 사회 속에서 새로운 가능성으로, 또는 핸드폰을 가진 젊은이들을 점점 더 '주류' 사회, 문화 산업, 그리고 좀 더 일반적으로는 혼종화된 양식의 자본주의로 편입시키는 것과 관련된 질문을 던져야만 한다. 여기서 중요한 것은 블랙 스타일의 혼종적 창조성이 (시장과 궁극적으로는 현금화하려는 기업가들이 지지하듯) 지지받으며, 이러한 창조적인 변화에 열광하는 표현들이 명백하게 존재한다는 것이다.

산자이 샤르마(Sanjay Sharma)는 《비지향성 리듬》(Sharma et al. 1996)이라는 저서에서 홀과 매우 흡사한 의미로, 영국에서 남아시아 문화 생산의 혼종화와 융합에 주목하고, 1990년대 중반임을 감안하여 남아시아 댄스 장면을 훨씬 더 세부적으로 묘사하였다(S. Sharma 1996: 33).[9] 《비지향성 리듬》은 사우스홀에 거주하는 편잡인 십대들을 연구했던 마리 질스

---

9 포복절도하게 만드는 남아시아 댄스 장면과 탈식민시대의 제국 도시 런던의 이국적인 아시아화에 대한 논의는 제2장 참조.

피(Marie Gillespie)보다 더 남아시아의 대중문화를 헌신적으로 배려했지만, 질스피 또한 '다원주의적이며 혼종적인 문화 양식의 표현'이 트랜스 문화적 경험들을 통해 '만들어지고 있다'고 여겼다(Gillespie 1995: 6). 영국 내 남아시아인들의 혼종성에 대해 폴 길로이는 지나가듯 다시 말한다.

> 영국의 일부 아시아계 정착민들은 자신의 종족성을 재창조하면서 문화 생산의 새로운 양식과 이에 어울리는 정체성을 발명하기 위해 카리브인들의 사운드 시스템 문화와 블랙 아메리카의 소울과 힙합 스타일, 그뿐만 아니라 섞기, 긁기, 샘플링 같은 기술도 빌렸다. 펀잡 음악과 언어를 레게 음악과 라가머핀 스타일[raggamuffin: 라가(ragga)라고도 하며, 댄스홀 음악이나 레게의 하부 음악으로 주로 전자음악을 사용한다. 힙합과 비슷하며 디제이들은 음반을 긁는다든지 리듬에 맞춰 노래를 부르기보다 리듬 있는 이야기를 끌어간다—옮긴이]과 융합하려던 볼리 사구(Bally Sagoo)와 아파치 인디언[Apache Indian: 버밍엄의 한즈워스 출신 레게 디제이 스티븐 카푸르(Steven Kapur)의 무대명. 볼리 사구는 방그라 팝음악의 대부로 불리는데 인도 델리 출신으로 영국 버밍엄에서 자라나면서 디스코, 랩, 모타운 계열의 미국 음악의 영향을 받았다—옮긴이]의 인기는 혼종적 문화 양식의 진정성에 대해 전례를 찾아볼 수 없을 정도로 논쟁을 불러일으켰다(Gilroy 1993a: 82).

길로이는 명쾌하게 트랜스 문화의 역동적인 변화를 찬미하며, 블랙 정치 문화의 불안정하고 세속적인 범주들을 지속적으로 드러내는 '돌연변이, 혼종성, 혼합의 정당한 가치'를 지지한다(Gilroy 1993a: 223).[10] 그는

---

10 이것은 길로이가 논쟁을 생생하게 유지시킨 관점으로서, 일찍이 인용되었던 '도대체

블랙 활동가들에게 보내는 중요한 메시지에서 문화적 또는 종족적 절대주의에 우선하여 이를 강조하는데, 심지어는 그렇지 않으면 찬성할 수도 있는 음악 양식에서조차 문화적, 종족적 절대주의는 반드시 거부해야 한다고 말한다. 만약 이 용어가 순수를 암시한다면 피하고 싶어 하지만 말이다. 길로이는 '힙합에 정식으로 내재되어 있는 혼종성은, 그런 스타일이 인종을 나타내는 매우 강력한 표시이자 상징으로 사용되는 것을 막을 수는 없었다'고 말한다(Gilroy 1993a: 107).

길로이는 이후의 연구에서 일찍이 자신의 성장 발달에 중요한 영향을 미쳤던 1970년대 후반의 반인종주의 록운동(Rock against Racism)을 언급하면서, 다언어 집단이라는 공간이 때때로 만들어 내고 '반항적인 결속'을 확실히 투영할 수도 있는 카니발레스크〔carnivalesque: 러시아 비평가 미하일 바흐친(Mikhail Bakhtin)이 만든 용어. 지배적인 문학 양식을 유머와 혼란이라는 구성요소를 통해 파괴하여 자유롭게 하는 양식을 의미한다. 카니발은 구성원 모두에게 자유와 창의를 허락하는 일종의 무질서 상태로서 어떤 한 목소리가 다른 목소리들을 억누르기보다 모든 목소리들이 개개의 소리를 가짐으로써 상호 반응하고 대응한다 —옮긴이〕적인 뒤섞기를 지지한다. 나름의 목가적인 순간을 가지는 이러한 결속은 '인종과 종족성을 갑자기 무의미하게 만들기에 충분할 만큼 강력한 보편적인 인간성'을 규정한다(Gilroy 2000: 249). 문제는 영국에 강력하게 존재하는 자본주의의 일상적인 위계 가운데에서 이런 예외적이고 창조적인 순간들을 유지하기 위해서는, 반인종주의 록운동의 본질에 있는 것과 똑같이, 보편적인 인간성을 얻어낼 수 있도록 인종을

누가 순수성을 원하는가?'(Gilroy 1994: 54-55)라는 입장과는 어느 정도 다른 위치에 있다. 이 개념들은 애매하고, 어렵고, 논쟁적이며 내적으로도 반드시 통일성을 갖고 있지는 않다.

바탕으로 하는 불의에 대항해야 한다는 사실을 깨달아야 한다는 것이다. 이는 반인종주의 록 카니발이 혼합되어 있기 때문에 중요하다는 것이 아니라, 카니발레스크적인 구조에 대한 주장과 때로는 그것의 목가적인 향수가 차이를 넘어서 통합의 정치학을 확대하는 기회를 제공하기 때문이다. 그런 특이성, 즉 카니발은 축제의 순간을 초월하기 위해 그리고 혼종하고 돌연변이하는 과정을 좀 더 넉넉히 확대시키기 위해 훌륭한 의지보다 더 많은 것을 요구한다. 창조적인 생산은 모두 너무나 쉽게 상업화된다. 그래서 그 부름은 참여하는 행동가들과 관객들의 조직을 위한 것이라야 하고, 동원이 이루어져만하고, 캠페인은 지지와 연대에 불을 붙일 수 있기 전부터 효과적이어야 한다. 홀과 길로이의 모호함과 신중함은 혼종성이 과정으로 충분치 않다는 사실을 깨닫는 바로 그 순간 우유부단이라는 문제를 일으키게 된다.

음악이나 좀 더 일반적으로 문화 생산에서 혼종성을 논의하는 문제는, 혼종이 단지 상품이나 상품화된 정체성과 같은 수준으로 인식되면 하부구조로 영입될 여지가 있다는 것이다. 설명하는 데 있어 혼종성의 도움이 적었던 곳은 가장 흥미로운 정치적 혼합이 있었던 바로 그곳이었을 수 있다. 동원의 도구로 사용된 음악은 얕은 문화주의자들과 형식적인 계산법에 의해 즉시 받아들여질 수 있는 것보다 더 창조성을 가지고 긴박하게 정치에 합류한다. 물론 혼종성이 정치적인 쇼를 문화 시장 쪽으로 이끄는 도구로 이용된다는 사실도 잘 알려져 있지만, 이 단계에서 혼종성은 절대로 방해하거나 돕지 않는다.[11] 예를 들어, 아시안 더브

---

[11] 카를로 길리아니(Carlo Guiliani: 반글로벌주의자—옮긴이)가 제노바의 정상회담장 바깥에서 경찰의 총격에 의해 사망하는 동안, 밥 겔도프(Bob Geldolf)와 유투(U2)의 보노(Bono)는 블라디미르 푸틴(Vladimir Putin)과 토니 블레어(Tony Blair)를 만나 포즈를 취했

파운데이션의 작업에서 정치와 음악이 교차되는 가장 흥미 있는 측면 가운데 하나는, 이미 모든 음악이 그러는 것처럼 여러 음악적 영향을 혼합하는 데에 있다기보다 오히려 그들의 음악이 실행하는 교육적인 작업에 있다. 그들의 가사에서 그리고 현실 상황에서 〈삿팔 람(Satpal Ram)〉이나 〈테러와의 전쟁(War on Terror)〉 같은 경우처럼, 제대로 정보를 얻지 못할 수도 있는(주류 저널리즘과 텔레비전 뉴스로부터 잘못된 정보를 제공받을 수 있는) 젊은이들에게 인종주의와 제국주의에 관련된 문제들과 캠페인에 대해 알려준다.[12] 이 밴드가 의식 있는 정치와 조직하고 있는 공동체를 위해 헌신적으로 재정 지원을 하는 ADFED 프로젝트가 이에 해당되는 예이다.[13]

그리고 아직은……

혼종의 복잡하고 복합적인 역사를 감안할 때, 엘라 쇼핫(Ella Shohat)과 로버트 스탐(Robert Stam) 같은 작가들이 '혼종성의 다양한 양상들'을 면밀하게 검토하는 데 실패했다고 불평하는 것은 놀랍지 않다. 그들은 이런 불평을 통해 '식민 강요, 강제 동화, 정치적 도용, 문화적 흉내' 만큼이나 다양한 것들에 대해 주의를 환기하려 한다. 그들은 혼종성이 '권력

다는 사실은 하나의 유감스런 예이다(http://uktest.indymedia.de/en/2001/07/8214.html 인디미디어(Indymedia)에서 벌어지고 있는 토론 참조).
[12] 음악의 이용과, 특히 아시안 더브 파운데이션의 작업에 대한 좀 더 세부적인 논의를 위해 허트닉(Hutnyk 2000) 참조. 삿팔 람은 인종주의적 공격에 대항하여 자신을 방어한 죄로 14년 동안이나 부당하게 수감되었다. 그 이후 ADF와 다른 이들이 벌인 석방 운동은 람이 풀려나는 데 기여했다.
[13] ADFED 기획에 대해서는 http://www.asaindufoundation.com/adfed.php 참조.

축제적이며, 비대칭적'(Shohat and Stam 1994: 43)임을 잊지 말아야 한다고 경고한다. 맨체스터 학파의 인류학자들, 생물학-식물학적 전례들, 문화주의와 관련된 자원 산업, 오스트레일리아의 원주민 정책, 사이보그 미래, 언어학적 그리고 상업적 유용성의 복합성이라는 예들은 적어도 한 가지 사실을 명백하게 보여준다. '융합' '확산' '크레올' '혼종'이라는 용어들의 궤적과 발전에 대해 좀 더 엄밀하게 관심을 기울여야 정치적 비평과 조직적 노력이 인식을 넓히고 해방투쟁을 촉진해야 하는 곳을 가리킨다는 것이다. 아미타바 쿠마르(Amitava Kumar)는 혼종에 좀 더 미묘한 차이가 더해진 유형을 요구하는 저술가이다. 그는 '추상적인 개념인 "혼종성"이 탈식민적 정체성의 진언(mantra)으로 존재하고' 있다는 사실이 여전히 놀랍다고 주장하며, 이어서 '혼종성과 혼혈 형태 사이의 차이를 구별할' 필요가 있다고 지적한다(Kumar 2002: 56). 쿠마르는 자신을 예로 들어, 작가-행동가라는 묘사는 소파-침대 같은 단어들의 용어 혼합과 비슷하게 들린다면서, 자신에게 해당되는 명칭의 혼종적 연결을 거부하는 아룬다티 로이의 연구에 찬사를 보낸다. 로이는 인도에서 신자유주의와 근본주의가 공존하는 것을 비판하는 것과 같은 맥락에서, '모호한 혼종성과 똑같이 의심스런 문화적 민족주의'(Kumar 2002: 57; Roy 2001도 참조)를 동일 선상에 놓고 매우 중대한 비교를 시도한다.

혼종에 대한 보수적인 생각들은 반드시 제거되어야만 한다. 민족적 또는 문화적 '정체성'으로 이해되는 혼종성은 부분적으로는 문화의 변화와 문화 전파론의 초기 문제들에 대한 응답이다. 파파스테르지아디스는 '정체성을 혼종으로 보는 것은, 혼종들은 재생산이 불가능하고, 육체적으로 약하고, 정신적으로 열등하고, 도덕적으로 혼란스럽다고 주장하는 초기 사이비-과학에 대한 직접적인 도전이다'(2000: 15)라고 쓴다. '새로운 통합체'를 제공하는 '매개가 되는 사람'이 혼종의 형상이라는 확신은 식민화하려는 백인우월주의의 환상을 제거할 것이다. 어떻게? 파파스테르지아디스는 혼종성의 긍정적인 업적들을 강조하는 데에는 많은 한계가 있다고 지적한다. 이러한 한계들은 혼종성이 부각시켜야만 하는 바로 그 차이들이 그들 간에 나타나는 혼종적 조화 속에 희미하게 되는 것을, 그리고 혼종성을 '글로벌 정체성'의 새로운 형태와 같은 것으로 활성화하려는 빠른 움직임을, 또한 '현대의 정체성'을 구성하는 축적과 소비의 더 깊은 논리에 주의를 기울이는 데에 실패하는 것을 포함한다. 더욱이 혼종성이라는 관념을 축소시키는 것은, 이를 '새로운 형태의 문화 정체성 속에서 탐욕스러운 교역을 유지하기 위해 재포장할 수 있는 이국적인 상품에 대한 간헐적 경험'(Papastergiadis 2000: 15)이라는 진부한 개념으로 격하시킨다. 전반적으로 혼종성이라는 개념은 유용하나, 변동하는 지위와 전망에 이름을 붙이고 고정시키려고 서두르는 가운데 쉽게 삭제되고 정정된다는 평가를 받는다. 문제는 이주, 혼종성, 세계화가 논의되는 가운데 혼란과 복잡함 속에서 아무래도 혼종성의 특수성은 불투명하게 남겨진다는 것이다. 물론 설명에 도움이 되는 통찰력이 있다면 단순한 상징으로 축약되진 않을 것이다.

이미 타협된 범주가 항상 그렇듯이 혼종성은 자신의 모순들을 인접해 있는 용어로 확장한다는 사실이 상당히 중요하다. 이는 혼종성의 위치가 고찰되자마자, '순수한 것'의 불변성 그리고 정체성과 중심부의 불변성을 훼손시킨다. 이 세상에는 혼종이 아닌 것이 없다. 만약 모든 것이 혼종적이라면, 이를 인지한다 해도 얻어지는 것은 아무것도 없으며, 다른 동의된 용어들의 일관성은 사라지기 시작한다. 중심부 또한 주변부와 더불어 성립되며, 순수는 깨뜨려질 때 더욱 혼탁해진다. 진실은 어떤 단단한 토대도 없이 분류상의 합의에 의해 탄생한 허상이다. 다양한 면모를 가진 혼종성의 특징이 분류 시스템과 언어 자체에 바이러스성의 불안정화를 가져온다. 이러한 개념적인 반사 작용의 유지 작업은 우리의 바람과는 달리 그 자체로는 어떤 프로그램상의 해결 방안도 제공하지 않지만, 혼종화에 근거를 두는 해석의 정치학은 그럴듯할 수도 있다는 사실은 적어도 고려되어야 한다. 가르시아 칼클리니(Nestor Garcia Calclini)가 던졌던 질문들 가운데 몇 가지를 살펴보면, 이러한 두 번째 궤도가 조사될 것이다. 다양성과 이질성은 혼합과 다르며, 본질적으로도 혼합으로 간주되지 않는다는 점을 고려하면, 혼종성을 설명 명사로, '혼종화'를 과정으로 구분하려는 칼클리니의 노력은 유익하다. 그는 이 용어를 생물학으로부터 재생시키는 것을 아무렇지 않게 여긴다(2000: 42). 또한 그의 질문은 우리가 무엇을 물어야 하는가에 대해서 만이다. 그 질문이 더 낫게 설명하도록 도울까(2000: 43)? 만약 더 나은 설명이 요구된 전부라면 한층 더 깊이 있는 질문을 물을 수도 있다. 이런 맥락에서 거트 러빙크(Geert Lovink)가 《검은 섬유질(Dark Fiber)》(2002)에서 지적한 혼종성에 대한 관점들을 주목해야 할 것이다. 혼종성을 하나의 이데올로기로 받아들이는 이들은 '돌이킬 수 없다'고 지적한 것이 대체로 옳다. 그가 십중팔구 틀린 부분은, 배제라는 혼종성의 역할이 특히 책략에 능한 정치에서 좀 더 급진적이며 필수적인 질문들을 다루지 않고 남겨두는 것인데, 혼종성을 설명하기 위한 용어로 유지한 것이다(Lovink 2002: 272). '혼종성'이나 '혼종화'라는 용어들을 활용하여 사회적인 상호작용을 설명하기 위한 새로운 모델로 삼는다는 생각에는 많은 문제가 내포되어 있다. 이 문제들은 과정 자체가 만들어내는 언어에 연계되거나, 만약 이것이 불가능하다고 판단되면, 문서화가 수반하는 모든 차이와 관찰주의와 함께, 하나의 기록보다는 오히려 노골적인 정치적 기획이라는 면에서 연관되는 것이 더 나을 수도 있는 과정에 불안정한 용어들을 투영시키는 타당성과 관련이 있다. 가르시아 칼클리니의 질문을 바꿔 말해보자. 유익한 '설명'이 정치적으로 도움이 되는가? 우리는 주류의 질서 헤게모니에 대항하여 자신의 의견을 뚜렷이 밝히는 단언의 정치를 끌어들이는 혼종적 자리 잡기를 전술상 또는 전략적으로 사용하는 방안을 조심스럽게 검토해야만 한다. 우리는 비판을 향해 지나치게 성급하게 돌진함으로써 잠재적으로 유용한 선택들을 내버리지 않기 위해서 이렇게 할 필요가 있다. 그러나 그러고 나서 '그와 같이 오래된 것, 똑같이 오래된 것'이 영입의 변증법 속에서 스스로를 거듭 주장해내는 방식도 경계해야만 한다.

혼종성과 개방성(혹은, 당신은 어느 편입니까?)

민족

평소와 다를 바 없이, 또는 혼란? 우리가 살펴본 바와 같이 이른바 탈민족적 세계에서는 민족이나 고정된 정체성에 조직적이고 순종적인 충성을 바치기는 더 어려울지도 모른다. 많은 이들이 거대한 서사의 종말과 모든 확신의 소멸을 선언하는 데 동참하고 싶어 한다. 그러나 민족은 많은 면에서 여전히 강건하다. 무장한 국가의 군사적 능력을 달리 의심할 수 없으며, 통치 체제와 국가 영역을 유지하기 위해 여전히 상당히 보수적인 형태를 취한다. 디아스포라와 혼종화는 혼종적이거나 디아스포라화된 형태의 통치 혹은 국경 통제가 어떻게 보이는가를 묻는 총체적인 사고를 어느 정도 약화시켰는지의 여부를 시험하는 좋은 수단이 될 수 있다. 사례들이 모이고, 상상되고, 기획될 수 있으나, 정체성과 민족-국가라는 거대한 쌍둥이에 대한 저술에 다시 접근할 때 우리는 누가 왜 혼종성을 주장하는가를 물어야 한다.

오늘날 세계화가 영감을 준 불확실성 앞에서 모든 이들은 민족의 현안과 민족적 정체성에 대한 주장들이 위험에 놓인 것 같다는 점을 받아들이는 듯하다. 민족적인 것에 대한 생각은 디아스포라와 혼종성을 심각하게 고찰한 결과들에 의해 위협받는다. 혼종성(또는 디아스포라)이 주류사회의 조직 가운데에서 포스트모던이나 탈식민적 현상으로 규정될 때, '태어난 곳'과 민족주의, 즉 모국에 대한 충성은 위기에 처하게 된다. 어떤 근본적인 바탕이 자리 잡고 있다는 생각도, 다른 것들을 부인하고 배제하기 위한 척도가 되자마자 문제가 된다. 디아스포라에서 혼종적 정체성은 하나의 닻이라는 생각을 옹호하는 사람들이 있다. 한때 폴 길로이는 디아스포라를 '친척 관계의 엄격한 질서와 뿌리내린 소속감'(Gilroy 2000: 123)의 대안으로 제시했는데, 디아스포라가 장소와 정체성 사이의 연결을 끊고, 문화와 인종화된 육체의 속성에 대한 생각들을 혼란시킨다는 것이다. 여기서 혼종성은 기념과 공유된 기억의 우연성을 재고할 가능성 이상을 기대할 수 있다. 혼종성은 어떤 이들에게는 예측하지 못한 긍정적인 결말 그리고 다른 이들에게는 축조된 고정 장치(항해 은유법을 사용하였다)가 될 수 있다.

혼종성이 모든 경우에 대한 해답으로 제시되지는 않지만, 정치 집단들 내부에서는 공공연하게 그리고 신속하게 혼종성에 대한 안정책이 실행되고 있다. 코베나 머서는 '떠오르고 있는 혼종성의 문화들'이 중요한 무언가를 제공할 수도 있다고 제안하는 사람들 가운데 한 명이다. 비록 어느 정도의 경고를 포함하고 있지만, 머서는 제한적인 성향의 영국 국가 통치 조직에 도전할 블랙 정치가 시급하다며 안토니오 그람시를 인용하면서 적기를,

블랙 영국인 문화가 우리를 21세기로 이끌 당국이 맞이한 위기에 대해 하나의 '해결책'을 제공한다는 주장은 터무니없겠지만, 그럼에도 나는 부분적으로 겹치는 아프리카인, 아시아인, 카리브인 디아스포라들 간에 만들어지고, 우리의 일반 가정에서 하나의 구성요소로 떠오르고 있는 혼종성의 문화가 '새 문화를 창조할 가능성과 필요성'에 답하기 위한 중요하고 필수적인 노력으로 여겨져야만 하며, 그렇게 될 때 우리가 살수 있다고 주장한다(Mercer 1994: 3-4).

새로운 문화적 혼종성은 불확실한 시기에 만병통치약이 되고, 우리는 디아스포라적 혼종화라는 상황 속에서 민족-국가의 확실성이나 위안을 주는 계급-정체성 없이 매번 실용적으로 그리고 무질서하게 뒤섞임을 지지한다. 혼종성은 이러한 개념 작용 속에서 자신의 정치적 안내자로 '불확실성'을 주장할 사회적 가능성의 '새로운 모델'을 향한 도전자이다.

고향

혼종성이라는 용어에 내포된 양극화(여기와 거기의 그리고 문화들의 혼합)는 '고향'(또는 고향 문화. 여기서는 '고향이 있는 지방'이나 '모국이 제공하는 든든함'을 생각하라)의 신성함을 바탕으로 디아스포라 상황에서 일반화될 때 가장 모호해진다.[1] 앞으로 살펴보겠지만, 과정으로서 혼종성의 역동성은

---

[1] 이는 영국뿐 아니라 오스트레일리아에서도 이주와 망명 또는 난민 논쟁과 관련해서 중요하다. 데이비드 블랑킷(David Blunkett) 장관 아래 영국 '내무부'는 국가의 안전뿐 아니라 더 많은 것의 결정권자가 되었다. 내무부의 여권 관료주의는 일반적으로 정체성을 조정한다.

가장 혁신적인 상태일 때조차 여러 가지 문제들에 에워싸여 있다. 이전 장에서 상세하게 설명했던 것처럼 이러한 여러 문제 중에서 가장 우선되고 중요한 것은, 혼종성의 교환이 시작되고 심지어는 진행 과정에 있는 이미 고정된 이전의 '문화들'에 대한 인식을 재확인하려는 경향이다. 혼종적인 것은 좀 더 통일성 있는 두 개의 전체 사이에서 이미 타협되었거나 떠오르는 부유물들 속에서 얽힌 채 내버려져 있다. 이른바 탈근대성의 문제점이, 낡고 새로운 것 그리고 다른 양식들의 혼합과 옛날 것을 다시 지지하는 요소들의 모방 작품인 혼종화에 대한 혼란스런 사고에서 오는 불안으로 재고될 수 있는 것이 바로 이 부분이다. 탈식민적 정체성을 논의하는 가운데 진기함에 대한 질문은 종종 현대의 세계화된 제국 도시에서 자아의 특질로 나타나는데, 아직도 탈식민적인 것은 항상 '저 먼 곳'에서 도착한 새로운 것으로 남아 있다.

이곳과 그곳, 주인과 방문객을 생각해보자. 이들은 태어나면서 얻게 되는 모든 위치와 마찬가지로, 종종 굳어진 범주들 속에 고정된 여러 단계의 함축적인 획일성을 수반한다. '주인' 문화와 '도착한' 문화라는 바로 그 생각이 어느 정도 비혼종성을 가정하는데, 이곳과 그곳 사이에는 절대로 건널 수 없는 차이가 있다는 주장을 하지 않는 이상 받아들이기 어렵다. 범세계화된 제국주의 밑에서 다양한 지역 간의 공동 헌법은 사실상 부인되는데, 이는 의도적인 것이다. 주인에 대한 관념은 소유권, 모국, 권리, 권위에 대한 요구로서 재산에 대한 주장이다. 모국 거주자이자 '혼종이 아닌' 주인에 대한 개념은 백인우월주의와 민족주의적 배타주의 속에서 가장 그럴듯한 모습을 취한다. 이것은 음원 소유권이 주장되고, 인도 음악, 중국 음악, 아프리카계 카리브 음악 등과 같은 유형의 음악들이 민족과 문화 집단에 속하는 것으로 여겨지는, 의심할 여지

없이 덜 폭력적인 결과를 가져오는 음악 소유권에 대한 생각과 부합된다. 제6장에서 보는 것처럼, 여기서 결여된 명칭은, 결코 찬미된 적이 없는, 그래서 가정된 중심적 역할과 일관성을 부여받은 '백인성'이다.

본질주의를 비판하는 비평가들은 문화의 찬미에 대항하여 심지어는 혈통과 순수성에 있어 가장 '아리안'적이라는 주장이 갖고 있는 디아스포라적이며, 역사적으로 뒤섞이고, 문화적으로 다양한 기원을 조사하는 것이, 단순히 혼종성의 모든 사례를 드러낼 거라고 지적한다. 예를 들어, 앵글로-색슨은 힌두교도들이 인더스 강 저편에 있는 사람들(우리는 앞서 모든 이들이 이미 혼종이며 디아스포라인이라는 주장에는 문제가 있다는 점을 살펴본 바 있다)인 것만큼이나 하이픈으로 표현되는 이들이라는 것이다.[2] 라민더 카우르(Raminder Kaur)와 비린더 칼라는 《비지향성 리듬》에서 '모든 신원(identifications)에 고유한 혼종성'(Kaur and Kalra 1996: 230)을 지적하기 위해 하이픈이 붙여지고 독창적으로 역설적인 용어인 '브라-시안(Br-Asian)'을 사용했다. 파파스테르지아디스는 혼종성에서 '결합과 병렬에서 발생하는 에너지'(Papastergiadis 2000: 143)인 하이픈의 힘을 지지하길 원했다. 우리는 제2장에서 하이픈으로 연결된 특정 주체들이 어떻게 인도계-영국인의 예와 같이 민족적 신원을 강화할 수 있는지, 또한 디아스포라 공간들이 어떻게 아시아인-무슬림과 같이 새로이 하이픈화된 구성을 만들어낼 수 있는지에 주목했다. 이런 여러 사례에서 하이픈을 중심에 둔 양 옆의 용어들은 주성분들이 아니라, 오히려 하나의 공동-구성요소이자 종종 불안정하고, 번역이 모호하며, 상호작용하는 존

---

[2] 힌두를 종교적인 범주로 보는 것은 인도 사람들에 대해 잘못된 정의를 내리고 있음을 나타낸다. 페르시아인들은 지리적 위치를 이용하여 사람들을 분류하고 설명했는데, 예를 들어 인도인들을 인더스 강의 다른 쪽에 있는 사람들로 보았다.

재로 불릴 수 있다는 것이다. 바바는 '혼종의 하이픈 넣기—고집 덩어리들—같이 현저하게 차이가 나는 요소들을 문화적 동일시의 근거로 강조한다'고 말했다(Bhabha 1994: 219).

하이픈을 넣는 방식으로 혼종성을 재가공하는 것은, 구성된 전체의 확실성이나 영속성을 고집하지 않는 한, 성공적인 합성도 부분적이거나 미완의 부정적인 혼합도 일으키지 않을 것이다. 본질주의에 반대하는 학자들은 차이를 차이나는 것으로 남겨두고, 그것을 어쨌든 다른 데로 움직이기 위해 항상 분출하는 또다시 재개된 것으로 인정하려 노력하면서, 본질주의를 포괄적으로 비평하기 위해 계속 노력해왔다. 이러한 시도는 본질적인 것, 민족, 전체주의 집단의 수중에 있는 아리안족 등 침체되어 있는 안정 상태가 과연 활기찬 혼종성의 정반대인지, 또는 혼종적 정체성이 단순히 새로운 같은 것을 주장함으로써 자신의 비논리에 희생되는지를 결정하려는 것이다.

영국 도시의 인종화된 전경 속에서 혼종성의 유사어들은 깊숙이 자리 잡고 굳게 확립된 불평등을 감추는 지리학에 설명서를 공급하는 것으로 보인다. 다양성은 자본을 위해 지배적인 토대와 오래되고 확립된 관례들을 유지하는 한편, 방치되고 쇠퇴한 도심의 시장성 높은 측면을 전면에 내세우는 암호 문자이다. 이것은 영국의 주택 가격 상승에 대한 대단히 재미있는 보고서와 투자자들을 위해 브라운 필드(brown-field: 현재 가동이 중단된 산업 공업 지역—옮긴이)를 탐색하는 데서도 입증된다. 최고의 이웃에 대한 신문 증보판의 그럴듯한 특집 기사들, 정부의 개혁과 재개발 계획 모두에서 차이에 대한 산 경험을 부인하고 있다. 가난한 이들에게 세금을 부과하고(계층적 위계의 문제), 그 세금이 빈곤한 망명 신청자들에게 집중된다고〔인종 프로파일링(피부색, 인종, 종족적 특징 등을 중심으로 만들어지며, 주로 경찰의 불심 검문에 이용된다. 유색인종은 곧 잠재적으로 범죄자라는 인식을 갖게 할 수 있기 때문에 많은 비판과 항의의 대상이 되고 있다—옮긴이)의 문제들〕 보고하는 식의 정책을 취하는 정부 계획에 의해 그리고 전반적으로 다양성의 수사가 거의 아무런 의미를 갖지 않는 사람들(노숙자들, 선거권을 박탈당한 사람들, 실업자들)이 방치되고 배제되는 곳에서, 토박이 주민들의 필요는 부동산 가격 상승으로 인한 폭리 취득과는 모순된다. 문화적 다양성은 부동산 가치의 안정성과 도시 교외의 명성과 부침을 함께하며, '몇' 지역 특색이 선호되는 한편, 색깔이 가장 많이 '섞인' 지역들은 서비스나 관심의 척도에서 그리 높지 않게 나타난다. 이런 중요한 시점에 '모든 이들을 위한 기회'라는 정부 주택 정책의 구호는 이미 사회에 내재된 물질적 위계질서에 대한 진단을 거부하는 것에 기초한다. 이런 새로운 기회들은 '공평하게' 분배되고, 계약은 모든 지역에 걸쳐 전개된다. 혼종성과 다원주의는 복지국가로의 귀환과 함께 편견 없는 평등주의자로서 공정하고 평등한 대우라는 진부한 말을 하면서, 사실상은 단지 극소수에게만 특권을 주는 사악한 속임수를 쓴다. 만약 이것이 그렇게 잔혹하지 않았다면, 어쩌면 코믹했을 것이다. 우리는 모두 서로 다르다. 미혼모들, 망명 신청자들, 앵글로-색슨인들, 폴란드인들. 모든 사람은 평등하다는 주장은 아직 시기상조이며 일부의 특권이 영구히 보존되도록 한다.[3]

그러므로 이른바 혼종성의 문제는 '포스트모더니티' 시대에 사회적, 정치적, 경제적 상황에 대처하는 것은 뒤로하고 문화적 차이의 일상적

---

[3] 이런 상황은 사람들을 폭동으로 내몰 따름이라는 사실을 깨달음으로써 받게 되는 위안은 그들이 그렇지 않다는 놀라움에 의해서만 진정된다.

인 교환에 대해 토의할 수 있는 적절한 언어조차 제공하지 않는다는 것이다. 비록 실제로는 상황이 더 복잡하다는 생각에 주목할 이유들이 있지만, 여기서는 단순히 그 말을 하려는 것이 아니다. 니콜러스 토머스(Nicholas Thomas)는 태평양 섬의 사례를 제시하면서, '식민에 의한 접촉'이라는 상황에서 발견되는 문화적 산물들이 항상 '혼종적 물체나 혼종적 정체성의 표현들로서 생산적으로 여겨지는' 것은 아니라고 넌지시 말한다. 오늘날 태평양 섬의 예술 양식들을 염두에 둘 때, 문화적으로 혼합되었을 수도 있지만,

> 문화적으로 '혼합된' 이런 물체들의 본질은 어쨌든 혼합된 '정체성'을 반영하거나 표현하지는 못하는데, 그 자체가 전혀 정체성을 반영하지 않기 때문이다. 만약 우리가 이러한 공예품들을 혼종적 정체성의 운반자들로 묘사한다면, 아마도 그들을 식민주의의 종족적 유형화의 구조만큼이나 그릇된 방식으로 인도하고 부당한 구조 속에 가두는 셈이 될 것이다(Thomas 2000: 199).

롤라 영(Lola Young)은 블랙에서도 이와 유사하게 적절치 않은 점을 파악하는데, 그녀는 블랙이 멜라닌의 함유량에 대한 것이 아니라 '항상 그런 것처럼 이미 "혼종"으로 여겨질 수 있으며, 그것을 동종적이고 독립적인 범주로 사용하려는 모든 시도가 정치적인 해석 여하에 달려 있다'(Young 2000: 166)는 유용한 주장을 한다. 이익단체들의 문화 본질주의에 반대하여 반인종주의적 범주인 '블랙'이라는 용어 아래 결성된 정치 동맹은 어떤 사람들에게는 여전히 실용적이다.[4] 그러한 블랙 동맹은 롤라 영이 따르는 그 궤도에서 드러내놓고 중요한 역할을 하지는 않지만, 그

녀가 멜라닌 등급 매기기를 거부하는 것을 당연히 환영한다. 다른 사람들에게 있어 혼종성은 블랙 정치에 별 소용이 없다. 살만 사이드는 '문화적 혼종성이 지배 구조물을 약하게 만들 수는 있지만, 동시에 지배 구조의 제거를 불가능하게 만든다'는 관점을 제시한다(Sayyid 2000a: 267). 이는, 사이드가 주장하듯이, 서발턴의 문화적 구조들은 절대론이나 본질주의의 비평 앞에서 도덕적으로 나무랄 데가 없고, 전략적 본질주의는 반동적일 뿐 아니라 제한된 반응이기 때문에 그렇다. 정체성주의(identitarianism: 분리된 정체성 집단들의 관심과 관점을 강조하는 규범적인 정치적 기본 구조—옮긴이)적 동원을 허락하는 상황에서 본질주의의 차용은 어떤 상황에서는 듣는 듯하지만, 종종 검토되지 않은 방식으로 우리가 염두에 두어야 할 모호한 결과들을 도출하며 앞으로 나아간다.[5] 우리는 이 책 전반을 통해 (머서가 표현한 바와 같이) 진보적인 가능성들, '혼종성' '디아스포라' 같은 용어들의 한계 가운데에서 불안하게 동요해왔다. 영과 사이드의 입장은 다시 관점의 차이를 일깨운다. 그러나 우리는, 정치로서 혼종성이 자본주의가 유사한 것을 강요하는 가운데 어떻게 시장에 의해 모든 차이들이 비슷하게 만들어지고, 물론 다양하게 분해되어, 항상 판매의 대상이 되는지에 대해 거의 다루지 않는다는 사실도 제안하려 한다.

---

[4] Sharma and Housee(1999); Sharma et al.(1996); Alexander(2002). 미국에 있는 남아시아 청년들의 문화를 정치화하려는 시도에 대해서는 Amer-Asia Journal, Vol. 25, No. 3 2000 특별호가 유익하다(Prashad and Mathew 1999-2000: ix).
[5] 이것이 마치 '전략적 본질주의'라는 비판적인 용어가 뜻하는 모든 것이었던 것처럼, 본질주의적인 전략에 자동적으로 의존하는 것과 함께 정체성 정치와 확립된 위치에 대해 이유를 대며 모두 너무 빠르게 팸플릿을 흩뿌리는 것은, 스피박의 문맥에 맞추어 그 용어를 상황에 맞게 사용하는 과정에서 중요한 것을 놓치게 한다. 스피박의 '서발턴 강연'에서 그녀의 인터뷰 참조(1996).

인종적 절대주의

이야기되지 않은 것을 명백하게 드러내기 위해서라면 혼종성-대화의 종잡을 수 없는 응답이 비판적인 관심을 받은 것은 당연하다. 길로이는 '위험과 재앙이 미치지 않는 범위에서 혼합을 이해하기 위한 적합한 언어'(Gilroy 2000: 217)를 찾도록 요구한다. 여기에는 설명할 수 있는 능력 이상의 무엇이 요구된다. 자신의 의도를 분명히 밝힌 길로이가 옳지만 사실상 약간 왜곡된 이유들로 인해 그러하다. 길로이는 혼합을 이해하기 위한 적합한 언어를 발견할 것을 요청한다.

> 우리는 다원적 문화의 관념에 의해 제공된 반쯤 지어진 집에 만족해서는 안 된다. 관계형 문화들에 대한 이론과 관계로서의 문화에 대한 이론은 좀 더 가치 있는 휴식처를 대표한다. 그런 가능성은 최근에 모든 것이 동등하게 그리고 지속적으로 상호 섞이게 된 혼종성의 진부한 간청에 의해 막히게 된다(Gilroy 2000: 275).

문화 산업이 모든 차이를 없애버리는 데 있어 딜레마는, 어떤 '휴식처'가 혼합되었건 안정적이건 그 어떤 것이라도 상관없이 삶의 모든 측면과 다양성을 잠식해 들어오는 문제인 자본주의적 잠식에 내재해 있는 일종의 공범이라는 것이다. 설명적이고 이론적인 능력과 마찬가지로 '휴식'이 과거에 공모한 것을 그 자체의 소전제와 은폐 속에서 고찰하고 풀 수 없다면 아무런 의미가 없는 것이다. 문화의 다원성이나 모든 것이 혼종이라는 자명한 이치는, '만약 그렇더라도, 그래서 뭐'라는 이른바 피가 멎는 듯한 고통스런 추론으로 이끈다.

인종주의적 절대주의를 훼손시키는 것은 바로 잡종의, 충돌하는, 혼합이며, 순수성과 재산이라는 당연한 권리를 불안정하게 만드는 것은 왕래와 교환의 강제적인 마찰이다. 그러나 고정된 정체성을 단순히 다원주의와 복합성의 흥거운 모임 한가운데로 되돌리는 것도 혼종성의 메시지인가? 그렇다면 무엇이 타당성과 불가피한 투쟁을 위한 것인가? 인종을 '넘어' 자신의 방식을 논쟁하는 폴 길로이의 위험스런 모험은, 일종의 혼종성을 넘어 움직이는 궤도에서도 찾을 수 있다. 그는 어느 정도는 '위험과 재난'에 빠지지 않는 방식으로 혼합을 이해할 수 있는 트랜스 문화적인 것을 논의하기 위해 '새로운 관용구'를 원한다.

> 이런 가치 있는 새 관용구를 찾는 것은 단순히 혼종성 내부 회로의 양극성을 뒤집을 것을 요구하지는 않는데, 이전에는 상실, 희석, 약점으로 여겨졌던 것들이 이제는 가치 있는 것이 되고, 다른 사람들과의 초월적이고 창조적인 접촉에 의해 근대성에 부여된 역동적인 세계주의를 축하하는 기회를 제공한다. ……대개 …… 우리는 …… '트랜스 문화적인 혼합'과 그것이 장려하는 무언가에 대한 가정들을, 전혀 필요하지 않고 아무런 가치도 없는 현상으로 이해하기 시작했는지도 모른다(Gilroy 2000: 217).

목표는 '시민의 상호관계에 대해 실행 가능한 생각들'이, '인종화된 차이를 생산해내는 유전자와 환경의 영향에 의해 형성된 좁은 범위의 생물의 형질적 다양성에 의해 나타난 타자성의 형태들'을 등록하는 그 어떤 것도 진부하게 만드는 위치로 밀어 넣는 것이다(Gilroy 2000: 217). 물론 구성되고, 계획되고, 본질화된 인종적 차이를 중요하지 않은 것으로 희미하게 만들어버리는 이런 '겸손한 열망들'의 문제는, 인류학과 철학에서는 [시민의] '상호관계' 또는 선물 교환이 빚과 복종의 경제와 밀접하게 관련된 일종의 속임수나 도박이자, 절도와 강탈로 잘 알려져 있다는 것이다. 자크 데리다는 이것을 임마누엘 칸트(Immanuel Kant)와 환대(hospitality)를 법률로 제정할 수 없다는 점(누구도 '환영'을 강제할 수 없다) 그리고 번역이 그러하듯 완전한 순수는 존재하지 않는다고 보는 점(Derrida 2001)과 관련지어 논의했다. 오스트레일리아 전체 인구의 99퍼센트가 3세기 동안의 이주 역사에서 비롯되었음에도 불구하고 오스트레일리아 정부가 이주민들을 환영하지 않고 억류 캠프에 있는 이들을 초대받지 않은 새치기들(MacCulum 2002)로 여기는 사실을 설명하기 위한 열쇠이다. 환대는 정치적 문제이다. 그곳에는 이타적인 선물이 없으며, 정확한 호혜주의라는 이상적인 세계는 이미 확립된 불균형을 폭넓게 시정하지 않고서는 나타날 수 없다(Bataie 1988; Derrida 1992). 용어의 의미를 규정하고 고정시키려는 노력은 그야말로 사회과학의 범주들을 아무 소용 없게 만드는 것이다. 폐쇄적인 성향의 분석은 정지된 상태에 갇혀 자신이 살았던 자본주의와 사회적 삶 속에서 역동적이며 반항적인 진행 과정에 참여하지 못한 채 단지 스스로를 복제할 따름이다.

고정된 범주에 대한 충성이나 명백하지 않은 거부는, 해당 범주들이 도전받도록 분석과 해석의 길을 열어두기보다는 오히려 특정 개념들로 정해버리거나, 찬성 또는 반대하는 대상으로 맹신하려고 생각하는(혹은 생각지 않으려는) 혼란스러운 표현 형식이다. 그러나 '인종'(인종의 영향들)은 인종주의를 바탕으로 저질러진 범죄들을 시정하고 배상하는 정도를 평가하기 위한 기준이기 때문에, 이 아이디어가 얼마나 매력적이고 그 개념이 얼마나 약하든지 간에 아직은 인종을 경시할 때가 아니다. 이와 유사하게 혼종성은 토의와 사고, 견해들에 대한 설명과 행동을 유발한다. 그러므로 인종의 범주가 희미하게 사라지는 것 또한 자신을 감고 있는 사슬을 풀기 위해 힘을 합친 모든 억압받는 자들을 탄압하는 독재자의 본질적인 부분이며, 경제적인 면에서는 궁극적으로 무시될 수 있을 정도로 다른, 하나의 이상이다. 그러나 억압당한 경험을 공유한 이들이 인종주의적 공격에 대항해서 싸우도록 동원되는 한, 인종주의라는 용어는 적어도 아직은 완전히 포기될 수 없다. 모든 이들이 게토를 벗어날 수 있는 중산계층이라는 증명서를 얻지는 않았다. 심지어 인종주의에 저항하는 동맹들의 혼종성 주변에서 노골적으로 자신의 정치적 성향이 좌파라고 주장하는 '문화 행동가들'조차도 예외는 아니다. 로런 벌란트(Lauren Berlant)와 마이클 워너(Michael Warner)는 '동맹과 혼종성의 수사학이 다른 형태의 정체성 정치를 확산시키고 통합하기 위해 노력할 수 있지만, 혼종성의 형식주의가 반드시 정체성과 소비지상주의적 관계를 단절할 필요는 없다'(Berlant and Warner 1994: 112)고 단정하게 요약한다. 아쉬와니 샤르마(Ashwani Sharma)는 《비지향성 리듬》이라는 중요한 글에서 혼종성의 개념은, 지배적인 사회구조에 의해 '"포스트모던적" 문화의 폭력을 유지하고 영속시키면서, 주변화되고 본질화된 새로운 정체성을 생산하기 위해 재가공된 것'으로 보는 방식으로 '문화 정치'에 통합될 수 있다고 주장했다(A. Sharma 1996: 20).

혼종성의 토착민 되기

과연 어디에서 혼종성에 대한 관심을 실제로 작동되는 분석으로 변형시킬 수 있는 사고를 발견할 것인가? 우리는 혼종성 이론이 약속하는 듯한 문화적 풍부함을 즉각 무시해버리고 싶지는 않다. 그러나 우리는 축하하는 듯한-비판적인 평가에 대항하여 끝없이 이어지는 혼종성에 대한 논의가 대개는 다양성과 차이를 즐기며 지속되는 문화 산업을 그저 도울 뿐이라고 주장한다. 마이클 웨인(Michael Wayne)은 '포스트모더니즘'이 '문화의 교환과 상관없이 존재할 수 있는 물질적인 불평등을 제대로 인식하지 않고 자유주의적 다문화주의나 혼종성'을 옹호하기 때문에 비판한다(Wayne 2002: 212). 우리는 혼종성의 정치학보다는 오히려 자질구레한 것들과 상징들이 존재하는 움츠러든, 때로는 인종적 그리고 경제적 정의와 관련된 문제들을 피하기 위해 대서특필하는 혼종 시장에 주목한다. 중요한 투쟁들은 모든 사람들이 보도록 제공되는 서로 잡아먹는 자본의 능력으로 포괄된다. 표출, 창조적인 논쟁, 정치투쟁의 가능성 모두 잡동사니 문화의 휴게소에서 썩도록 남겨진다.

사례들은 무엇이 혼종으로 여겨지고 무엇이 그렇지 않은지 그리고 왜 그런지를 고려하면 늘어날 수 있다. 우리는 음식, 음악, 영화와 같은 명백하게 대중적인 문화 교환의 순간들을 살펴보고, 과연 혼종성이 문화 산업을 분석하는 우리를 돕는지를 물을 수 있다. 사실 음식과 관련된 사례들은 많다. 예를 들어, 혼종성은 '치킨 티카 마살라(Chicken Tikka Masala)'라는 영국의 국가적인 음식이 소비되는 '카레 음식점'에 대한 호기심으로 축소될 수 있다. 이는 코쉬크 바네르제아와 자틴더 반(Jatinder Barn)이 독특한 스타일로 묘사한 바 있다. '이상한 혼종적 행위'는 영국의 술 취한 백인 뱃사공들이—여기에 아이러니가 있는데—'타자의 도전적인 음식' 소비를 위해 '순수성의 권위(mantle)'를 일시적으로 포기하는 것이다(Banerjea and Barn 1996: 216; Kalra 2004). 물론 추아 벵-후아트(Chua Beng-Huat)가 식탁에 올리는('식탁에 올린다'는 말은 제시한다는 의미도 있다—옮긴이) 맛있는 고랭(goreng) 믹스도 있다. 싱가포르에서 소비되는 미-고랭(mee-goreng)은 인도가 아니라 중국의 주요 식품인 국수(mee)로 만들어지고,

고랭은 말레이어로 튀기는 것이지만, '인도 음식'으로 알려져 있다. 이 음식은 인도인 길거리 음식 장수들이 파는데 '인도계 싱가포르인들의 상상된 모국'에서는 발견할 수 없다(Chua 1998: 187). 또한 추아는 중국 음식 중에 할랄(Halal), 즉 이슬람 율법에서 허용한 음식들이 있으며, 탈식민시대의 메뉴판에는 다른 예들이 많다고 지적한다. 음식이 유일하게 혼종의 범주화에 해당되는 진부한 것은 아니다. 이와 반대로 표면적으로는 그저 똑같이 혼합된 것으로 보이지만, 혼종성으로 명시된 적이 없는 수없이 많은 예들이 있다. 예를 들어, 배낭여행객들, 텔레비전, 아시아의 마오주의자들, 지미 헨드릭스 말이다.[6] 그러나 단순히 '혼종'으로 묘사된 헨드릭스는 1969년 우드스톡에서 마이클 프란티(Michael Franti)가 그의 '별무늬 반짝이가 붙은 깃발 망가뜨리기'(Spearhead concert, Manchester 1997)로 불렀던 장난기를 잡아내지 못했을 것이다. 격조 높게 절정에 달한 그러나 여전히 잘못 상업화된 그 곡은 베트남전쟁에서 미국의 패배에 들어맞는 사운드트랙이 되었다. 이 사례는 우리가 즉시 어떤 것들은 혼종으로 중시되는 반면, 다른 것들은 그렇지 못한 이유를 묻게 만든다.

정말 중요한 것은 대중문화에 있어 혼합이나 혼종성을 찬미하는 배후에 숨겨져 있는 동기에 대해 질문을 던지는 것이다. 문화 생산물의 혼합적인 성격은 종종 선택적으로 적용되는 것 같다. 〈슈팅 라이크 베컴(Bend it Like Beckham)〉〔구린더 챠드하(Gurinda Chadha)의 2002년작〕이라는 영

---

[6] 사실상 이 모든 것들을 혼종으로 부를 수 있고, 곧 그렇게 될 것이며, 텔레비전은 명백하게 그래야만 하는데, 마셜 마클루언의 저서 《미디어는 메세지다(The Medium is the Message)》(1967)의 풍자 만화에서 빈정대는 것처럼, 라틴어와 그리스어에서 만들어진 단어 텔레-비전의 연결이 어떤 가치 있는 것을 생산하도록 기대할 수는 없다. 그는 농담으로 이 말을 말했는데—'순수한' 시각에 의해 오염된 어떤 '순수한' 궁극의 목적(telos)〔헤라클레이토스(Heraclitus)에도 불구하고〕이 있어서가 절대 아니라.

화에서 맨체스터 유나이티드의 축구선수를 이상화하는 아시아계 영국 여성들은 '문화-충돌' '전통 대 문화적 동질성', 심지어는 '혼종성과 놀기'와 같은 용어들을 자주 사용하는 영화 비평에 자주 언급된다.[7] 이 영화는 많은 상을 받았으며 상업적으로도 성공을 거두었다. 영화에서 이상화된 축구선수인 데이비드 베컴(David Beckham)의 왼팔에 새겨진 철자가 잘못된 힌두어 타투, 베컴 아내의 밴드 이름, 첫째와 둘째 아들의 이름이나 레알 마드리드로의 이적에 대한 타투는 부득이 혼종으로 보이도록 묘사한 것이라고는 생각되지 않는다.

영화 세계를 계속 살펴보자면,〈로스앤젤레스 동부에서 태어나다(Born in East L.A.)〉(리처드 마린의 1987년작)에 출연한 리처드 '치치' 마린(Richard 'Cheech' Marin)은 혼종으로 묘사되는데 이 영화의 통찰력 있는 정치 비평을 배제하는 역할을 한다. 미국-멕시코 국경에서의 이주 통제를 다룬 이 영화에서 멕시코계 미국인 노동자 '제3세대'인 마린 역은 스페인어를 단 한마디도 할 수 없음에도 불구하고 멕시코로 추방된다(Noriega 2001: 190 참조). 이런 맥락에서 영화에 나오는 헨드릭스의 〈자주빛 헤이즈(Purple Haze)〉의 마리아치(Mariachi) 식 편곡이 단순한 '융합(fusion)'만은 아니다. 영화에서 가발을 쓰고 화장을 한 중남미인들이 국경을 넘게 될 '인도인'과 '중국인'을 연기한다는 사실도 단순한 융합이 아니다. 마린 역은 이들에게 1882년부터 1943년까지 시행되고 있던 중국인 입국거부법을 일부러 들먹이면서 미국에 들어간 이후에는 추방을 피하기 위해

---

[7] 이 영화는 일본에서 상영하기에 좀 더 적합한 제목으로 개성 있게 개작되어 〈베컴과 사랑에 빠지기(ベッカムに戀して)〉(2003)가 되었는데, 유명인에 대한 도쿄 십대들의 꿈의 근저에 깔려 있는 인종적이며 낭만적이고 백인우월주의적인 아리아인에 대한 환상을 드러낸다.

어떻게 멕시코계 미국인 노동자가 되는지를 가르친다(Noriega 2001: 197).

혼종성이 다양성에 대한 개방을 의미할 수도 있으므로 우리가 '토착민처럼 되기'라는 오랜 인류학적인 침략을 새로운 시대를 위해 다시 찾아야만 하는 것은 '지역민으로 받아들여지기'에 대한 논의를 장난스럽게 생각하여 너무 멀리 가는 걸까? 번역가를 불가해한 시인으로 그리고 자질구레한 것을 수집하는 이를 세계의 기록 보관인으로 받아들이는 것은 어쨌든 이데올로기적 반전이 있고, 이런 상황을 즐겁게 하는 아이디어로 재구성하는 것인가? 문화의 학자위원들은 지배적인 백인 특권의 주성분으로서가 아닌 오히려 '주변부'에서 발견된다면 기꺼이 혼종으로 불릴 수도 있는 많은 형태들에 대해 계속해서 적대적이다. 헨드릭스, 마린, 데리다 모두 사이의 정치에서 공연할 수 있다. 그러나 문화적 다양성에 대한 기획은 엘리트계급에 의해 가장 먼저 요구되었는데, 상류층 자제들이 유럽의 예술과 문화를 관람하도록 보내졌던 것('그랜드 투어'를 의미한다—옮긴이)이, 이제는 자선을 바탕으로 하는 평화봉사단과 민간공익단체(NGO)에서 지원 활동을 통해 짓밟힌 이들에게 민주주의와 관대함을 가져다주는 것으로 변화되었다. '토착민 되기'는 특히 고등학교를 졸업하고 실제로 대학에서 공부를 시작하기 전 1년 동안을 여행으로 보낸 학생들이 세계의 관광 상품 시장에서 구매한 잡동사니들로 치장하고 돌아오는 가장 일상적인 방식 속에 지속된다. 왜 이것은 혼종성이라 불리지 않는가? 백인의 땅에서 국경을 넘어가는 또 다른 형태의 이주민들은 심지어는 잡동사니로 치장한 학생들보다도 더 자격이 없으며, 자기 민족을 배신하는 자가 된다. 테런스 말릭(Terrance Mallick)의 1998년 영화 〈씬 레드 라인(The Thin Red Line)〉에서 주인공인 장교는 탈영하여 솔로몬 제도 원주민들 가운데에서 살아간다. 국가에 대한 소속감이나 고

상함과는 정반대인 비트 세대(beatnik: 1950년대 후반에서 1960년대 초반까지 미국의 물질문명에 반기를 들고, 현실 탈피와 사회적, 성적 긴장에서의 해방을 주창한 젊은 세대를 일컫는 말—옮긴이)의 백인(wigga) 히피이자 잔혹한 범칙자이고 신비주의자이고 정신분열자이거나 혁명적 공산주의자인 그는 공인된 부르주아 정체성에서 그리고 민족적(민족주의적) 이상에서 출발한다. 이런 인물들은 혼종이 아니라 상실, 모반, 일탈의 사례로 불린다—통합을 향한 오랜 움직임들이 지배적이기 때문이다.[8] 혼종성에 대한 선택적인 찬미를 중심이 아니라 주변적인 것으로 여기고, 정체성의 결정적인 순간에 개방성을 차이로 평가하는 방식으로 혼종성을 고찰하는 데에는 타당한 이유가 있다. 혼종이 어느 정도로 지배적인 동일시를 막고, 주도권을 잡은 민족주의적 질서를 거부하고 방해하는 것으로 나타나는가? 플로야 안시아스는 간결한 공식을 제안한다.

> 혼종성에 대한 진정한 척도는 주변부나 하위 집단들의 문화 생산물들을 통합(또는 흡수)하는 것뿐 아니라, 자신의 중요한 문화 상징들 일부와 헤게모니의 관행을 기꺼이 변화시키고 포기해야 할 문화적 지배 집단의 반응에 달려 있다고 할 수 있다(Anthias 2001: 12).

이것이 우리에게 남기는 것은 물론 그 '척도'를 만족시키는 개방성, 토착민처럼 되기나 혼종이라는 단순한 사실이 아니라, 어떤 혼종성과 개방성인가일까? 자본주의 시장에 차이, 이주, 이국적인 것들을 들여보낸

---

[8] 말로우도 커츠도 원주민 되기의 모델을 제시하지 못한다. 또 다른 가능성을 지닌 개선된 인류학도 그러한데, 현장조사와 참가자의 관찰은 긴장 속에서 끊임없이 고찰되고 평가되며, 협동적이고 행동주의적인 측면들이 중시된다. 결속은 슬로건으로? 아마도?

유명한 혼종성은 '헤게모니의 관행'에 도전하기 위해 거의 아무것도 하지 않는다. 그저 하이픈 하나를 끼워 넣어 민족을 표현한 것이 인종적 정의라는 이슈를 피하려는 교묘한 속임수를 드러내듯이, '토착민처럼 되기'는 그저 차이를 상업화하는 또 다른 양식이며, 우리가 교환하는 모든 개별 상품과의 관계 확장일 수 있다.

국경에 대한 논쟁들

만약 혼종성이 선택적으로 자신의 주체들을 찾고 있다면, 또한 이런 주체들이 인종화된 차이, 착취된 것과 주변화된 것의 잘 알려진 범주들 주변에 여전히 형성되어 있다면, 과연 주의를 다른 곳으로 돌리기 위한 이런 과정이 일부 관련된 개념들 속에서 진행되고 있는지 그 여부를 보는 것이 중요하다. 특히 국경은 혼종성에 대한 논의에 곧잘 등장하지만, 인구와 국경에 의한 인구 통제와 관련된 생각들은 그렇지 않다. 데이비드 몰리(David Morley)는 행정장관의 통계처럼 넓은 범위를 다루는 문화 연구 저서에서 '내적 혼종성은 차이의 외적 형태에 대해 훨씬 더 큰 개방성을 가지기 위해 필요한 상관물이며, 그러므로 고향 공동체로 정의된 것이 무엇이든 주변의 더 흡수성 있고 덜 철저하게 단속된 영역의 상태'(Morley 2000: 6)라고 주장한다. 그의 책《고향의 영역: 미디어, 이동성 그리고 정체성(Home Territories: Media, Mobility and Identity)》은 '타자들에게 좀 더 개방돼 있는 정체성, 안전과 안정성에 대한 인식을 세우기 위해 자신의 좁은 한계들을 극복하고 전통적인 민족주의를 특징지었던 시각의 단일성을 넘어 움직일'(Morley 2000: 260) 필요라는 짐을 지고 있다. 공동체나 비전통적인 민족, 심지어는 디아스포라나 혼종이 개방성의 문제일 수 있을까? 그런 집단들이 다른 집단들에게 더 개방적일 수 있을까, 그 다른 집단이 자신이 되지 않는 이상? 여기서 국경들은 그저 열려 있지 않고 완전히 파괴되며, 공동체는 세계적인 것이 된다. 우리 모두 토착민이 되어가고 있는 것인가? 섞이고, 다양화되면서? 자신의 좁은 지역 외에서는 혼종성에 전혀 관심을 두지 않는 세계주의 지식인들에게 다양성이란 다른 이들을 위한 것이며 하나의 패션이다. 가야트리 스피박에게 혼종성에 대한 중심부의 개방성은 아직은 도시 유토피아에 접근할 수 없었던 사람들의 곤경을 받아들이는 것을 의미하지는 않았다. 이와 대조적으로 우리는 적어도 제국주의적 분리에 있어 잘못된 편에 있는 이들에 대한 관심, 지식, 결속이 줄어드는 현상을 확인할 수 있다. 스피박은 탈식민주의의 자기만족에 대한 압도적인 비평을 통해 선택적 개방성이 정치 전략으로 소개되기 위해 혼종성에 대한 논의에서 어떻게 작용하는지를 봐야 한다고 주장한다. 이는 다시 타자성에 대한 급진적인 개방성이 무엇처럼 보이는지에 대해 의문을 제기한다. 어쨌든 이는 시종일관 변치 않는 가능성인가, 아니면 차이가 모든 조건인 지구에서는 일관성과 외양은 그다지 상관없는 것인가? 혼종성에 대해 범세계적인 정치적 기획이 존재하는가, 아니면 재분배를 위해 다른 암호가 요구되는가? 만약 우리가 일찍이 혼종성이라는 개념의 '경제적, 정치적, 사회적 불평등에 합당한 관심을 기울이지 않고, 어떤 공생 관계를 가정하는 문화융합주의에 무비판적인 찬양(celebration)'(Brah and Coombes 2000: 1)을 해왔다는 브라와 쿰스의 인식에서 출발한다면, 이런 질문들을 평가하고 급진적인 개방성의 정치를 찾아내기 시작할 수 있다.

'위반' '교차' '융합' 같은 용어에서 발견되는 번역에 대한 토론과 '경계 이론'의 은유적인 고발이 국경의 실질적이고 잔혹한 실용 정치를 가리지 않아야 한다. 교차의 매력적인 공식들이 얼마나 강조되든지 간에 이민법, 세관원들, 임시 수용소, 추방과 같은, 이동을 철저히 방해하는 것들의 물리적이며 정치적인 영향은 어쨌든 관련 이론이 충분하지 못함을 의미한다. 산 후안은 '융합주의와 틈새성(interstituality)에 대한 관념들은 혼종성을 위한 완곡 어구로서 "대중 민주주의적"이고 총체적인 저항 기록을 삭제하기 위한 암호문으로 읽히는 편이 더 나을 수 있다'(San Juan 2002: 14)고 제안한다. 특히 '디아스포라, 이주, 트랜스 문화적 또는 경계-가로지르기 현상에 대한 연구'의 '치밀함'이 어떻게 '우리로 하여금 확실하게 종속에 저항하게 하는(할지도 모르는)지'를 묻는다. 그는 '트랜스 문화' 또는 '트랜스 이주' 연구가 해방은 말할 것도 없으며, '대립적인 프로젝트에 유용한 지식'을 생산할 수 있는지'(San Juan 2002: 153)에 대해 의구심을 품는다.

특히 경계 건너기의 정치와 국경을 유지하는 임시 수용소에 반대하는 캠페인은 혼종과 관련된 이론의 정교한 표현들에 의해 부당한 대우를 받는 것 같다. 무위로 이끄는 이론은 아무런 소용이 없다. 그리고 혼합과 일부 노골적으로 정치적인 경계-가로지르기 행사들의 상호-대조적인 열광이 어떻게 모두 혼종으로 유용하게 묘사되는지 파악하기 어렵다. 2002년 부활절 기간 동안 오스트레일리아의 우메라 임시 수용소에 억류되어 있던 이들이 도망가면서 일어났던 일들을 검토해야 할 것이다. 평소 웨이컨헛(Wakenhut) 경비회사가 잘 경비하던 외딴 사막 '아웃백(outback)'에 있던 수용소의 담과 주변 지역에 행동가들이 불법 침입하면서, 아프가니스탄과 이란으로 강제 '송환'되기를 기다리고 있던 쉰 명의 억류자들은 날카로운 금속이 붙어 있는 철사로 만들어진 담을 뚫고 도망칠 수 있었다. 이들 중 많은 이들이 경찰에게 다시 붙잡혔으나,

일부는 시드니와 멜버른 중심가까지 도망가서 피자와 카페 라떼를 즐겼다. 여기에는 '혼종성 이론이 행동의 다양성과 독창성, 그리고 호전성을 통해 실행에 옮겼던 것보다도 더 많고 확실한 의미가 있었다.[9] 그러나 지금까지 저명한 경계 이론가나 혼종성 이론가들 중 어느 누구도 견해를 밝히고 싶어 하지 않았다는 것은 중요하다. 실제로 2003년 맨체스터에서 열린 이주 관련 학술대회에서 이 사건에 대한 비디오를 보는 중, 유명한 도시 이론가이자 스스로를 이주민이라 밝힌 사스키아 세이선(Saskia Sassen)은 이런 침입의 합법성에 대해 문제를 제기했다. 오스트레일리아 정부는 사막에 '타자들'을 버려두고, '외국인' 난민들의 위협으로부터 국가를 보호하기 위해 자신의 국경, 국내(임시 수용소), 국외(해안, 공항) 지역을 순찰한다. 사막에 있는 임시 수용소들은 혼종적 제국 도시의 또 다른 면이다. 디아스포라가 국가에 의해 강제된 추방의 순간을 의미한다면, 디아스포라가 한쪽에서는 일부 흡수되고, 다른 쪽에서는 못 들어오게 막히고 추방되고 감옥에 갇히게 된 새로이 도착한 이들을 배제하는 안락한 문화(주의)적 재산이 될 때, 그 고통과 트라우마를 무엇으로 간주해야 하는가? 이러한 평행이동의 길이 막힌 이들은 '불법적'인 지원만을 기다릴 수 있을 뿐이다.[10]

이론적인 것들을 보충할 수 있는 유사한 방식들은 쉽사리 발견된다. 우리는 혼종성과 디아스포라에 대한 논의가 지나침에도 상관없이 일해 나가는, 그러나 국제주의와 이주 정치학을 모두 강조하는 행동주의 양식을 지지할 것이다. 이는 자신의 상태의 이론적 중요성에만 초점을 맞추

---

9 우리는 전혀 반(反)이론적이 아니라, 이론에 대한 것만은 아님을 강조해야 한다.
10 www.noborder.org/camps/02/aus/ 참조.

지 않는 디아스포라인들이 어떻게 대도시에 기반을 둔 결속 운동을 조직하는가를 보여주는 사례들을 살펴본다면 확인할 수 있을 것이다. 팔레스타인인, 쿠바인, 이라크인들의 자결을 위해 싸우는 서섹스의 '체-레일라(Che-Leila)'가 한 예이다. 영국의 아시아 청년 운동(Asain Youth Movements)의 역사를 기록하기 위해 수집된 전단지와 포스터들도 또 하나의 예이다.[11] 이런 움직임들이 스스로를 혼종은 말할 것도 없고, 탈식민주의적으로 묘사하는 것도 발견하기 어렵지만, 그들이 추구하는 관심거리가 혼종성 이론가들이 다루려는 것과 같은 분야의 투쟁에서 나온 것임에는 의문의 여지가 없다. 이론화하는 데서 오는 문제는 그것이 때로는 쟁점을 덮어버리고, 개념적인 정교함에서 비롯된 기회주의가 정치적 절박함을 과장할 수 있다는 것이다.

도시화가 - 혼종성을 - 초래한다?

경계 이론의 과도함은 융합주의와 혼종성이 학문의 개념적 도구로서 정치에 대한 관심 부족에 알리바이를 제공하는 방식을 보여주는 적절한 사례를 제시한다. 길로이는 융합주의가 …… '인류학적 단어를 말려 버린다'(Gilroy 1994: 54)고 했는데 여기에 이전의 학문적 관심이 혼합의 움직임에 초점을 맞추었던 방식을 의심할 이유가 있다. 인구 증가와 이에 따른 도시화를 현대사회의 모든 병폐의 근원으로 보는 판에 박힌 옛날

---

11 체-레일라는 영국의 비정당-연대 조직으로, 억압받는 국민국가의 가난과 기아, 극빈과 굴욕의 원인인 제국주의에 맞서 싸우는 국제운동을 지원할 것이다(www.worldalternative.org/palestine/che_leila.htm 참조). 아난디 라무무르티(Anandi Ramumurthy)가 조직한 기록화 프로젝트는 www.tandana.org에서 아시아 청년 운동이 벌인 다양한 반인종주의적, 반제국주의적 캠페인 자료들을 수집한다.

식 설명은 인류학의 융합주의 저술에서 많이 논의되었다. 이런 주제들은 혼종성에 대한 비판적인 논의에서 주로 다루어야 한다. 파파스테르지아디스가 '탈식민 도시의 넘쳐나는 혼종성'(Papastergiadis 1998: 175)으로 동조하듯이 적고 있는 곳에서, 그 도시로부터 배제되고 그곳으로 들어가려고 하는 모든 이들을 기억하는 기회가 있을 수 있다. 가르시아 칼클리니 또한 전형적인 예를 보여준다.

> 의심의 여지 없이 도시의 팽창은 문화적 혼종화를 한층 배가시킨 원인들 중 하나이다. 20세기 초반에 전체 인구의 약 10퍼센트가 도시에 있었던 라틴아메리카 문화권의 국가들에서 현재는 약 60~70퍼센트의 인구가 도시에 밀집해 있다는 것은 무엇을 의미하는가?(Garcia Calclini 1995: 207)

확실히 농촌 인구는 모든 인구통계에서 일부를 형성하며 이동이 막힌 곳(카우르와 허트닉의 1999년 편저에서 여행 이론의 한계를 다루고 있는 글들 참조)에서는 특히 그러한데, 이는 다시 누가 혼종이고 혼종이 아닌지, 또는 누가 혼종성에 수용적인지 아닌지에 대해 의문을 던진다. 산아 제한과 이주 제한을 강화하기 위해 차후에 일어나는 캠페인들, 고치기 힘든 망명법과 난민 프로그램의 감소와 함께 제3세계의 인구 과밀화에 대한 무서운 이야기들은 모두 계급 조직의 편견과 배제와 관련지어 문제 삼아야 한다. 프랑크 퓨레디(Frank Furedi)는 《인구와 발전(Population and Development)》에서 인구 '과대망상증'과 '인구 안정화의 목표' 그리고 인구 제한이 '발전보다 우위를 차지'(Furedi 1997: 73, 80-84)하는 방식에 대해 설득력 있는 비평을 제시한다. 이와 동일하게 중요한 비평에서 가르지 바타차랴(Gargi Bhattacharyya), 존 가브리엘(John Gabriel), 스티븐 스몰(Stephen Small 2002)은

'인구 겁주기'를 인종적 특권의 붕괴에 대한 다양한 우려를 표현하는 환유어로 전방에 배치한다. 토론이 종결된다.

훌륭한 판단력과 비교적 많은 재산, 또는 우연한 행운 덕분에 부유한 대도시에 이주하여 봉건 영주들이나 산업화된 농업에 종사하는 노예 신세를 피할 수 있었던 사람들 중 많은 이들은, 다양한 지역에 걸쳐 재배치된 노동의 국제 분업에 의해 괴롭힘을 당하고 있는 자신을 발견하게 된다. 서구 도시들의 경우 주변부 국가의 수도나 새로이 산업화된 지역들 그리고 다시 빈곤해진 도시 지역에서만큼이나 포괄적인 경계 구분이 계속된다. 그들은 농민으로서 겪어야 했던 곤경에서는 도망쳤지만, 이제는 지주 대신에 인종주의자들과 제도적인 차별에 시달리고, 물질적으로도 국제통화기금과 세계은행의 농업정책이 가장 모질게 작용하는 곳에 여전히 붙들려 있는 그들의 형제들보다 아주 조금 나을 뿐이라는 사실이 밝혀져야만 할 것이다. 고향에 남아 있는 이들은 이주라는 선택이 저임금 착취 노동현장에서 지극히 작은 생산 부분을 담당하거나 서비스업에 종속되거나 도로변에서 구걸하기로 대체되는 현실을 발견한다. 단지 몇 명만이 새롭고 낭만적인 종족성에 호소하여 처음 온 사람들에 대한 자유주의적인 세미나에 참석하는 기회를 잡겠지만, 고작 배낭여행객들에게 자질구레한 물건을 팔러 다니는 사람들로 보일 가능성이 더 크다. 이는 그들이 문제라는 것을 의미하지 않으며, 이런 현실을 낭만적으로 미화하지 말아야 한다는 것이다. 우리는 노예제도를 거부하는 노동자들, 철망 아래에서 허우적거리는 이들, 또는 트럭 밑바닥에 납작 엎드려 영국해협을 건너다 질식사하거나 플로리다 키스(Florida Keys)에서 임시변통으로 만든 뗏목을 타고 익사할 위험을 무릅쓰는 이들의 노력에 경의를 표해야 하지만, 이런 행위가 혁명인 척할 수는 없다. 점점 더 비참해지는 자신의 상황으로부터 탈출하기 원하는 사람들의 미래는 결국 불안하다. 문제는 인구과잉이 아니다. 인구과잉을 재분배를 제한하기 위한 기준으로 이용하는 것은 도시화가-혼종성을-초래한다는 이론으로 핑계를 대는 이데올로기적인 프로그램인 것이다. 디아스포라와 정착으로 그럴듯하게 꾸며졌으며, 투쟁과 삶의 필요를 재정리한 이주의 혼란스런 영향들은 설명을 위한 조건 이상으로 더 치밀하게 분석되어야 한다. 혼종성에 의해 촉진된 개방성은 착취와 불평등을 원상태로 돌리기 위해 거의 아무것도 하지 않는데, 오스트레일리아, 아프리카 남부, 아메리카 대륙 등지에 정착한 식민주의자들, 말레이시아와 인도네시아의 중국인들, 걸프 지역의 타밀인과 방글라데시인들, 혹은 영국의 편잡인들을 비롯한 그 외에 수많은 사례에서도 마찬가지이다.

또한 혼종성에 대해 일반화된 공포는 미래의 도시들을 인종이 혼합된 반(反)유토피아로 상상하는 공상과학 도시화 시나리오에서 사용되는데, 2019년 로스앤젤레스를 배경으로 하는 〈블레이드 러너(Blade Runner)〉(리들리 스콧(Ridley Scott)의 1982년작)에서는 아시아화된 혼종적 미래로, 그리고 〈제5원소(The Fifth Element)〉(뤽 베송(Luc Besson)의 1997년작)에서는 이슬람 세계로 변화된 25세기의 거대도시로 나타난다. 성적인 혼합과 마찬가지로 도시 밀집화는 법 집행자들이 해결해야 할 문제로 간주된다. 많은 (서구의 백인) 공상과학 영웅들과 마찬가지로 〈블레이드 러너〉의 릭 데커드(Rick Deckard)와 〈제5원소〉의 코번 댈러스(Korben Dallas)는 지구의 순수성을 보존하기 위해 인간이 아닌 침략자들에 대항하여 싸운다. 〈스타 트랙〉의 연방정부는 끊임없이 증식되는 타자들을 위협하고 관리하기 위해 정찰대를 보내 우주를 순찰한다. 독일의 나치주의는 이른바 생활

공간인 레벤스라움(Lebensraum)을 원했으며, 독일의 국경을 확장하기 위해 노력했다. 1930년대 일본 제국주의 정부는 정착민 식민주의라기보다는 경제적 제국주의에 좀 더 가까운 이른바 대동아 공영 공간을 만들기 위해 침략했다. 좀 더 최근에는 미국 제국주의가 기업들의 건설 계약과 자원 채굴을 위해 아프가니스탄과 이라크와의 전쟁을 감행한다. 이런 모든 형태의 확장은 〈블레이드 러너〉, 〈제5원소〉 그리고 그 외 다른 많은 영화에서 행성 확장이 새 환경에 순응하기보다 '지구 지키기'와 정복 또는 진압을 포함하는 지구를 넘나드는 모험 속에 그려지고 있다. 화성을 인간 거주에 적합하게 만들려는 임무[〈미션 투 마스(Mission to Mars)〉(브라이언 드 팔마[Brian de Palma]의 2000년작), 〈레드 플래닛(Red Planet)〉(앤터니 호프먼[Anthony Hoffman]의 2000년작)]는 레벤스라움적인 야망의 성공적 변형이며, 여기(here)와 지금(now)을 엄밀하게 다루면서 겪었던 같은 실패에 자극받은 것이다. '여기' 오늘의 삶의 문제들에 대한 생각을 미래의 '거기'라는 환상으로 바꾸어놓음으로써 우리는 무엇을 피하는가?

이 지구라는 행성에서 국가행정만큼이나 사회학적인 분류상의 문제를 만들어내는 사람들은 바로 지역의 '이방인'들이다. 도시화 과정에 대한 토의는 정착을 인정하지 않으려는 개념적 거부 속에 설명들이 생기를 잃는 점을 보여주며, 대신에 도착한 사람들, 2세대, 이주민들, 혼종의 본보기들을 마치 이런 범주들이 항상 안정되어 있고 실제로 존재하는 사람들의 집단에 적용될 수 있는 것으로 간주하고 있다. 다른 곳에서 온 사람들이 항상 살고 있는 중심부의 구조는 마치 정당한 권리를 가진 거주민들이 원래 있었던 것처럼, 가정되고 도전받지 않는 원형을 추종하도록 만들어진다. 이 사례에서 런던 사람들은 런던에 사는 사람들이 아니라, 오히려 형제들 대부분이 '백인이 이동' 하는 가운데 대체로 에

섹스 교외로 떠났던 백인 '이스트-엔드 지역민들' 중 '남아 있는 사람들'이다. 명백하게 인종주의적인 도시화 지도 제작은 이후 혼종성-논의 옹호자들의 계급 신분에도 나타날 수 있다. 물론 그런 뒤에 런던을 다문화의 수도로 개조하기 위해 혼종성이 고용되면서 이스트-엔드 청년들의 이미지는 혼합된 음식(비싼 곳, 불법체류 중인 저임금을 받는 서비스 직원들)과 다인종적인 분위기(위험의 암시, 방탕한 광경) 속에 식사를 하는 낡은 것이 되어버린다. 이는 훌륭한 서비스와 많은 쇼핑몰을 갖춘 도시 교외의 예의바른 사회에 통합된 '종족적' 파편들과 선의를 가진 백인을 함께 존중하기 위해 특정 형태의 다문화주의에 투자한 사람들의 이익을 위한 것이다. 이국적인-도심-게토에서 경제적 특권을 가진 세계주의에 대한 환상은 음울한 도심의 평등화를 위험에 빠뜨릴 수 있다. 물론 지역적으로나 전 세계적으로 좀 더 공정한 방식으로 잉여분을 나눌 수도 있는 어떤 정치적인 의견도 고려되지 않는다.

  이전 장에서 문화적 생존, 융합주의, 혼종성과 혼합에 대한 토의의 배후에 혼합된-인종의 섹슈얼리티에 대한 우려를 발견했듯이 오늘날 유사한 주제가 도시화에 대한 염려를 불러일으킨다. 문화적 동질성에 있어 이런 '두통거리들'은 배제를 위한 공격에 대해 방어할 수도 없으며, 방어하지도 않으려는 혼종성-논의와 나란히 활동하는 것으로 보인다. 혼종성의 챔피언들은 코스모폴리턴적인 삶이 제공하는 중산층의 안락함에는 동조하면서, '제3세계'와 농촌 지대에서 시들어가도록 남겨진 다른 이들에게는 같은 것을 불허하는 것으로 보인다. 이는 문화적 혼종화, 디아스포라, 혼합에 대한 고요한 논의들이 중산계층의 안전 보장을 확인하고, 다른 이들을 조작되고 상업화된 다양성의 헤게모니 속으로 끌어들일 뿐 그 외에는 별다른 일을 하지 않는다는 '편안하지 않은' 결론이다. 실제로 '혼종화 진정시키기'(Garcia Calclini 2000: 48)는 문화 산업이 사회-경제적 불균형을 견디는 만병통치약으로 발전시킨 것이다. 혼종성은 우리가 잠들도록 달래준다.

혼종성의 교훈들?

우리를 깨우기 위해 사회과학에서 '혼종성'과 같은 용어의 사용이 지금까지는 없었던 깨달음을 주는가를 다시 묻기 위한 바로 그 장소인지, 그렇다면 이런 깨달음들이 정치 의식과 해방 기획을 위해 어떤 기초와 같은 것을 형성하는지? 아니면 단순히 혼종성은 표준화된 세상에서 '허위로 개인의 미묘한 차이'(Adorno 1991: 35)를 판매하며, 각각의 생산품이 '대체될 수 없는 유일'(Adorno 1991: 68)한 것이라고 주장해야만 하는 시장에 대한 아도르노의 최악의 공포를 증명할, 동일화된 문화에서 일어나는 차이의 축제에 지나지 않는 것을 제공하는 경우인지? 가르시아 칼클리니는 아래의 글에서 이 점을 경고하고 있다.

> 혼종화는 전 세계적인 생산품의 잠재적인 소비자로 간주되는 사람들이 있는 다양한 사회의 요소들을 혼합하는 것인 반면, 음악에서는 동일화로 불리는 과정이 문화들 간의 차이에 적용되는 경향이 있다(Garcia Calclini 2000: 47).

차이와 새로운 혼합의 창조적인 생산성을 경축하는 바로 그 순간에 차이를 없애는 것이 확고해진다는 고발이다. 이렇게 차이를 없애는 것은 학문 용어들을 중심부까지 오염시켰다. 레이 초우(Rey Chow)는 도발적인 저서 《이상주의 이후의 도덕(Ethics After Idealism)》(1998)에서 혼종성, 다양성,

다원주의의 대중화된 개념들이 다른 개념들, 예를 들어, 다중적 언어성(heteroglossia: 언어학상 하나의 언어학적 규칙 속에 다른 종류의 규칙들도 함께 존재하는, 언어의 원심력에 의한 언어적 다양성을 의미한다―옮긴이), 대화식 토론법, 이종, 복합성뿐 아니라 탈식민적이며 세계주의적인 생각들과 함께 분류될 수 있다고 주장한다. 그녀는 이런 모든 개념들이 정치적 의문과 불평등의 역사를 '없애고', '식민화된 이들의 관점에서 파악되는 식민주의의 유산'을 숨기고, '민족적 독립을 성취했음에도 불구하고 계속되는 빈민, 종속성, 하위성(subalterneity)의 경험들을 무시'(Chow 1998: 155)하는 역할을 할 수 있다고 본다. 초우는 혼종의 대도시 참석자들을 비난하는 방식으로 이야기를 계속한다. '포스트모던적 혼성에 대한 담론의 엄청난 유혹은' 잔존하는 권력 관계를 받아들이는 방식 속에서 그리고 '과거에 일어났던 불의를 낭송하는 것이 지겹고 불필요한 듯한' 곳에서 '과거의 불의를 완전히 압도함으로써 글로벌 자본주의 권력에 합류하자는 초대에 …… 있다'(Chow 1998: 156).

도나 해러웨이와 공상과학소설에서 사이보그의 모습에 열광하는 것을 통해 이와 똑같은 방해를 인식할 수 있다. 같은 방식으로 과거의 불의를 지운다고 말하려는 것이 아니라, 로봇의 일종인 사이보그가 차이, 인종주의, 노예제에 대한 기록들을 상기시키기보다는 오히려 그다지 인간이 아닌(백인이 아닌) 것을 미래의 시나리오 속에 옮겨놓음으로써 인종 정치를 무시한다고 말하려는 것이다. 이전 장에서 검토했던 바와 같이, 보드리야르는 노예제라는 주제를 반란이라는 주제와 연결시켰는데, 이런 주제들이 반드시 금지되어야 하는 것이 순수하게 우연은 아니다. 위험하며 성적 매력이 부여된 혼종성의 약점은, 로봇들과 지배적인 인간종의 하인-노예들이 항상 복종해야만 하듯이 억제되고 제어되어야만 한다는 것이다. 여기서 동지와 협력 세력은 엘리트 트랜스내셔널들이 초국가적인 관계의 양편에서 일하면서 확립된 이해관계를 가지는 곳인 디아스포라와 혼종성에서 확고하다. 라마스와미 하린드라나트(Ramaswami Harindranath)는 복원된 문화제국주의 아래 글로벌 자본과 함께 협력하는 '경제적, 정치적, 문화적 엘리트인 "혼종" 계층'에 대해 설명하고 있다(Harindranath 2003: 160). 그 결과는 식민주의의 폭력, 백인우월주의, 제도적 착취, 억압을 잊게 된다는 것이다. 혼종화하는 자본을 가진 고분고분한 엘리트 집단에게 예약된 '소속'에 합류할 수 있는 이들을 위해 혼종성은 남겨둔다.

이미 지적한 바와 같이, 이 분야에서 가장 중요한 사상가인 스피박은 이주와 혼종성에 대한 관심이 대도시 공간을 중요하게 여기고, 국제 노동기구들이 비판했듯이 착취의 지대들은 암흑 속에 남겨진다고 지적한다. 그녀는 여러 저서를 통해 비판했지만《포스트콜로니얼 사고 비판》에서 가장 기탄없이, 코스모폴리턴적인 배경에서 혼종화되고 디아스포라한 구성원들이 지금은 집이라 부르는 사치스런 안락함으로부터, 그들의 기원이라 칭하는 문화의 대변자로 자신들을 판다는 사실을 거듭 비판하고 있다(Spivak 1999: 191, 361).[12] 이것은 다소 다른 방식으로 '토착

---

12 스피박은 문화 보호주의와 신세계 질서에 대한 토론에서 여기에 도움이 되는 그람시의 해석을 가르치는데, 그녀의 각주들 중 하나는 통째로 인용할 가치가 있다. 다음과 같다.

> 만약 그람시를 자유롭게 읽는다면 정말 여기에 유용하다. 그가 아프리카계 미국인들의 풍부한 투쟁의 역사에 대한 세부 지식 없이도, 입증을 위해 다음의 '가정'을 보여주었을 때, 어쨌든 오점에서 벗어나게 되었다. '1. 미국의 팽창주의는 아프리카 시장을 정복하고 미국 문명을 확장시키기 위해 미국 니그로들을 대리인으로 사용해야만 했다'(Gramsci 1971: 21). ······그러나 만약 이런 이야기를 새로운 이주 지식인들과 그들의 모국에 적용한다면, 이 이야기는 오늘날에 특히 시의적절한 듯하다. 물론 그 동료들은

민 되기'이다. 세계은행, 국제통화기금, 유엔 회담장에서 일하는 갈색 피부의 고용인들은 혼종으로 예를 갖춰 부를 수 있다. 이런 개념 작용에서 혼종성은 공모와 이점에 유혹된 디아스포라 이주민들의 기회주의에 대한 것이다. 스피박의 비평은 '이주민 혼종주의'라는 방식이 '남반구'에 대한 흥미와 관심을 제거하여 남반구가 '또다시 그늘 속에 있게 되며, 디아스포라인들은 원주민 정보 제공자의 대역이 되기' 위해 남반구의 완전히 계층별로 분류된 더 큰 무대를 장소'로 취하는, '탈식민주의'적 양식을 중심으로 이루어진다(Spivak 1999: 168-169). 하위성은 혼종성 논의에 대한 유명한 접근 방법에 의해 (서발턴 논의와 관련된 문제가 있을 수 있음에도 불구하고) 폐쇄되거나 압도된다. 이는 위에서 논의된 바와 같이, 혼종성에 대한 학문적인 열정의 도움으로 이루어진다. '검토되지 않은 문화 연구는 …… 이데올로기적인 국가 조직으로 불릴 수 있는 것들의 바퀴에 기름칠을 하기 위해, 검토되지 않은 종족 연구와 …… 득의만면한 혼종주의뿐 아니라 고향을 그리는 토착문화 부흥주의와 국제적으로 제휴한다. 평소와 다를 바 없이'(Spivak 1999: 319n).

여기에서 살펴볼 '평소와 다를 바 없이'는 문화 산업이 문화적 차이를 받아들이는 것을 의미한다. 문화의 세련되고 예술적인 또는 단순화된 종족적 공연은 세계화된 인간의 정착지에서 위로 올라가려는 중산층의 열망과 함께 편안하게 정착한다. 잉여의 수혜자들은 자신의 계급 아래에 있는 사람들이 쓰러져 있는 동안, 혼종성의 문화적 활기가 더 이상 단일문화와 겨루는 것이 아니라 오히려 결합한 다문화를 수용하는

'문화 연구', 자유주의적 다문화주의, 탈-포드주의적인 초국가적 자본주의일 것이다 (Spivak 1993: xx).

한 관대하다.

아마도 마지막 교훈은, 이 마지막 두 장에서 대략 윤곽이 그려진 혼종성에 대해 많은 관심을 불러일으켰던 학자의 작업에서 가져와야만 할 것이다. 바바가 적기를,

> 나는 내 작업에서 정치적 반목이나 불공평한 상태 안에 문화적 권위가 건설된다는 것을 설명하기 위해 혼종성의 개념을 발전시켰다. 혼종화의 전략은 문화적 징후의 '권위적인 것', 심지어는 권위주의적인 내용에 찬물을 끼얹은 움직임을 드러낸다. ……혼종 전략이나 담론은 힘이 같지는 않지만 그에 대한 분명한 표현이 애매할 수 있는 곳에 협상을 위한 공간을 열어 둔다. 그런 협상은 동화도 협력도 아니다(Bhabha 1996: 58).

혼종성이란 단어가 많은 것을 은폐하고 정치의 상당 부분을 회피하며, 변증법을 말하지 않기 위한 방법이라는 주장이 터무니없는가? 바바의 토론 가운데에는 변증법에 대한 생각이 현저하다.[13] 그는 프란츠 파농(Franz Fanon)에게 '혁명적인 변화의 생산적인 불안정을 주도하는' 사람들은 '그들 자신이 혼종적 정체성의 소유자'이고, 이런 사람들은 '그들의 문화를 민족적 텍스트로부터 현대 서구적 형태의 정보공학, 언어, 의복으로 번역된 것으로 건설하면서 변증법적인 재조직의 실제 원동력'이 된다고 적는다(Bhabha 1994: 38). 그러나 이런 과정과 '이론에 대한 헌신'은 변증법을 국제주의자의 혁명적 기획으로 생각할 수 있는 이론

---

[13] 변증법에 대한 마르크스의 인식은 정통 헤겔주의와 정·반·합의 삼자 관념이 의미하는 것보다 유동적인 움직임과 흐름에 훨씬 더 의존하는 경우임이 명백하다.

의 몸체에서 조심스럽게 해체시키는 것 같다. 바바에게 '정치적 판단의 문제점'은 '변증법의 문제'로 설명할 수 없다(Bhabha 1994: 24). 그는 '문화 이동에 변화하는 주변들'이라는 입장을 취하기 원하며, 만약 출발점이 '탈식민 세계의 문화적이고 역사적인 혼종성'이라면 '헌신적인 이론적 시각의 기능은 무엇이냐'고 묻는다(Bhabha 1994: 21). 그는 계속해서 말하기를, '혼종의 매개자들은 자신의 목소리를 문화적 우월성이나 종주권을 추구하지 않는 변증법적인 것에서 발견한다'(Bhabha 1996: 58). '정치'에 직면해 바바는 수사적으로 묻는다. '무엇에 헌신했다는 것인가? 이 논쟁 단계에서 나는 절대로 정치적 충성의 특정 "목적"을 확인하는 것을 원하지 않는다'(Bhabha 1994: 21). 대신에 그는 '다양한 문화의 이국정서나 다문화주의가 아니라, 문화의 혼종성에 대한 헌사와 명확한 표현에' 기반을 둔 '민족들-상호 간의 문화'를 제시한다(Bhabha 1994: 38). 이는 이 책 전반에 걸쳐 되풀이되는 문제였다. '부분적인 문화' '움직이는 모래들' '역사적 기억의 여러 형태들'에 대한 생각은 또 다른 아마 좀 더 급진적인 정치를 방해할 것이다. 혼종에서 분석된 모호함은 '이데올로기적으로 간섭하기'(Bhabha 1994: 22)의 정치를 불가능하게 한다고 협박한다. 트린 T. 민하(Trinh T. Minh-ha)는 '얼마 지나지 않아, 사람들은 사이에 있음, 경계, 혼종성 같은 개념이 지겨워질 것이다. ……그러나 우리는 마오(마오쩌둥을 말한다-옮긴이)가 "언어 투쟁"이라고 불렀던 것을 계속하기 위해'(Trinh and Morelli 1996: 10) 지속적으로 이들을 사용할 것이며, 혼종성을 단순히 해석으로 보는 생각에 대해 매우 적대적으로 느낄 이유가 있다. 이 투쟁은 단순한 단어 게임을 넘어선다. 이 노력은 스스로 구체화하며 차례로 반격되어야만 하는 반본질주의를 위해 일하도록 인종주의적 생물학으로부터 얻어온 용어를 보도록 요구한다. 그리고 나면 혼종성은 차후에 혼종화하기라는 하나의 동사로 인식되지만, 한층 더 배제하고 다시 질문되어야만 하는 본질화의 새로운 양식이 된다. 그리고 만약 이것이 토착민 되기에 비판적이고, 여기와 거기에 공동–설립된, 우리가 여전히 해석과 인식으로는 불충분하다고 생각하는 곳인 조직적인 정치 속에 받아들여지지 않는다면 이 중에 그 어느 것도 의미가 없다. 재분배에 대한 개방성은 어떤 것들이 지나치게 자주 그저 '그대로인' 방식이 변하도록 원하는 구조를 요구한다. 그러므로 우리는 변증법적으로 이런 종결부를 가질 것이다. '반드시 얻어야 할 세계'가 있다.

백인성의 여정

수시로 런던 지하철을 타고 졸면서 시간을 보내는 동안, 우리는 사람들의 머리 위편에 붙어 있는 국제전화 광고에 강한 인상을 받게 되었다. 그것은 회사명-아프리카(나이지리아, 가나, 케냐), 회사명-남아시아(인도, 파키스탄, 방글라데시, 스리랑카)같이 회사명을 접두사로 해당 지역명 앞에 붙여 저렴한 전화요금을 밝히고, '회사명-최대'같이 단순히 그 회사명에 붙여진 접미사를 가지고 종류를 설명하였다. 후자는 오스트레일리아, 뉴질랜드, 캐나다와 미국처럼 멀리 떨어진 지역들을 포함하고 있었다. 이런 종류의 광고에는 두 가지 뜻이 내포되어 있다. 첫째, '최대'에 속하는 국가들은 아프리카와 아시아의 성립 기준에 반대되기 때문에 결코 이름을 명확히 밝히지 않는다. 둘째, 그런 국가들을 '최대'로 이름 붙이는 데서 우리는 어떤 위계질서를 본다. 우리는 광고라는 단순한 공간에서 백인성에 대한 연구를 특징짓는 주요 주제들 중 두 가지를 알게 된다. 바로 비가시성과 우월성이다. 그 '최대' 국가들은 다인종 사회를 포함하고 있으나, 광고가 주로 겨냥하는 집단의 사람들 그리고 이런 다른 집단들을 결합시키는 공통의 주제는 그들이 본질적으로 자신의 '집'에서 떠나 있는 백인들이거나, 총체적으로 백인 디아스포라들로 묘사될 수 있다는 사실이다.

그러나 '백인 디아스포라'라는 구절의 두 단어는 거의 완벽하게 대조를 이룬다. 이는 디아스포라가 대개 인종적으로 표기되며, 자신들이 정착한 국가에서 소수자로 여겨지는 사람들을 설명하기 위해 자주 사용된다는 사실에 기인한다. 반대로 '백인'은 거의 다루어진 적이 없는데, 이는 인종적 위계질서에서 인종 형성을 넘어서는 '명시되지 않은' '보편적인', 그리고 이러한 모든 표현에 함축된 제도상 어디라도 갈 수 있는 자유를 가진 권력자들로 일반화되기 때문이다. 여기서 우리는 디아스포라가 문화 생산에 대한 설명도, 백인 디아스포라들의 고립된 도심 지역〔여행하는 오스트레일리아 사람들에게는 하나의 집이 되어버린 런던의 얼스 코트(Earls Court) 같은(1960년대 후반 얼스 코트는 주변 지역보다 비교적 저렴한 숙박 시설을 갖추고 있었고, 런던 중심부로 쉽게 이동할 수 있었다. 이런 이점 때문에 오스트레일리아와 뉴질랜드 여행객들이 점차 이 지역으로 모여들면서 '캥거루 계곡(Kangaroo Valley)'이라는 별명을 얻게 되었다―옮긴이)〕에 대한 설명도 아님을 깨닫는다. 백인성은 그들의 새로운 주인의 영토 내에 있는 대도시에서 큰 문제를 일으키지 않고 부드럽게 융화되는 것으로 가정되며, 그렇기 때문에 명예로운 원주민의 지위가 주어진다. 토론토에서 시드니에 이르기까지 백인성의 특권은 유지된다. 오스트레일리아의 이주시민권부 장관(Minister for Immigration)인 필립 러독(Philip Ruddock)은 매년 오스트레일리아에 도착하는 약 4000척의 배와 최근 별다른 목적 없이 불법으로 거주하는 6000명가량의 영국인들에 대한 사회 전체의 우려를 비교하면 서, 합법적인 체류 기간을 넘긴 영국인들이 '새 도착자들'보다 국가의 안전을 덜 위태롭게 한다고 주장했다. 백인이라는 지위는 위법 같은 문제조차 무시할 수 있는 것이다. 이것은 통행권을 부여하는 보이지 않는 표식이다. 반면에 아프가니스탄, 이란, 이라크 등지에서 온 사람들에게 붙은 인종적 표식에 대해서는 만약 퇴치되지 않으면 적어도 통제되어야 하는 사회의 해충이나 다름없는 시선으로 보았다.[1]

최근의 인종/종족성 연구에서는 백인성을 인종적으로 강력하고 뚜렷한 지배 조직(아래 참조)으로 구분하려는 변화가 있었는데, 이것이 디아스포라와 혼종성 연구에는 적용되지 않았다.[2] 이 장에서는 이런 상황을 개선해보려 한다. 디아스포라에 대한 압도적인 가정은, 그것이 본질적으로 서구에 거주하는 비백인 이주 공동체들에 적용된다는 것이다. 우리가 앞의 여러 장에서 상세히 증명했던 바와 같이, 혼종성은 대개 이러한 아시아와 아프리카계 카리브인 디아스포라 집단들의 문화 생산물에 대한 토의에 한정된다. 백인성이 모습을 드러내는 곳에서는 종종 포용과 정상상태(normality: 사회학에서는 '문화적 또는 민족적 동화(assimilation)'를 의미한다—옮긴이)라는 앵글로-색슨의 이상에 제대로 맞지 않는 집단들에 대해 토의를 벌인다. 그러므로 예를 들어, 《디아스포라》라는 학술지는 인터넷 광고를 통해 이하의 내용에 전념할 것을 알린다.

---

1 Patrick Barkham, 'No Waltzing in Woomera', *The Guardian Weekend*, 25 May 2002: 24-31. Alison Dellit(2001) 'Philip Ruddock: Minister for Racism', *Green Left Weekly*, No. 433, www.greenleftweekly.org.au/ack/2001/433/433p10.html 앨리슨 델릿(Alison Dellit)과 제5장에 있는 우-메라에 대한 토론도 참조.
2 한 예외가 카렌 오라일리(2000)의 연구로서 뒤에 다시 언급하게 될 스페인의 코스타 델 솔(Costa del Sol)에 사는 영국인들에 대한 이야기이다.

아르메니아인, 그리스인, 유대인들 같은 전통적인 디아스포라들 그리고 과거 30여 년 동안 자신을 '디아스포라'와 동일시해왔던 초국가적인 이산(離散)의 역사, 문화, 사회구조, 정치와 경제에 대한 다양한 학제 간 연구. 아프리카계 미국인에서부터 우크라이나계 캐나다인에 이르기까지 그리고 카리브계 영국인에서 새로운 동아시아와 남아시아 디아스포라까지 다양한 범위의 집단들을 포함한다(1991).

여기에 아르헨티나의 독일인이나 캐나다에 이주한 폴란드인이 빠져 있다는 것은 주목할 만하다. 유대인과 지중해 사람들과 같이 명백하게 비백인으로 보기 어려운 예들은 오히려 '이류 백인'으로 설명될 수 있다. 그런 디아스포라들은 앵글로-색슨적인 구조적 우월성 속에서 공공연하게 환영받지는 못했다. 즉 대도시의 주류사회에서 이류 백인들의 종족성에 대한 인식이 그들에게 비가시성을 부여하지 않았던 것이다. 역사적으로 그들은 특정한 방식으로 '경쟁'해왔기 때문에 그들 또한 끊임없이 다양한 인종주의를 경험해왔다. 리처드 다이어(Richard Dyer)는 이러한 백인성의 단계적 변화에 대해 매우 자세히 설명하였다.

> 예를 들어, 라틴계 언어를 쓰는 지중해인들, 아일랜드인, 유대인들은 잉글랜드인, 독일계, 북유럽인보다는 확실히 덜 희다. 정말로 완전히 흰 유대인들은 홀로코스트 이후 몇 군데에만 남아 있는 독일, 폴란드, 러시아계 유대인들(Ashkenazi Jews)뿐이다(Dyer 1997: 12).

이주에 대한 이야기들이 반드시 인종적 위계질서와 관련 있는 권력관계를 드러내지는 않는다. 예를 들어, 미국은 종종 '이주민들의 국가'로 인용되지만, 미국 인구의 일부를 구성하는 유럽인 이주민들의 융합은 절대로 비백인 이주민들과 같은 방식으로 디아스포라적 혹은 혼종적으로 일컬어지지 않는다. 또한 디아스포라의 이름이 전혀 붙여지지 않은 이유를 여러 집단들의 거주 기간을 가지고 설명하기에도 불충분하다. 중국인들은 아메리카 대륙의 초기 정착 인구 가운데 하나였지만, 여전히 일상적으로 디아스포라로 묘사된다.[3] 이 장에서는 콜럼버스와 동료 선원들 같은 사람들을 '발견자들'이 아니라 오히려 이주민들로, 그리고 다비 크로켓(Davy Crocket)이 주장하는 여행자들의 공동체를 개척자보다는 오히려 디아스포라인으로 보려 한다.

만약 그런 실체들이 존재한다면, 우리의 시야를 주위로 넓혀 디아스포라를 백인 공동체들의 움직임과의 관계 속에서 고찰하는 것은 무엇을 의미하는가? 보이지 않게 패권을 잡은 백인성의 구조를 외과용 메스 아래에 놓고, 백인들의 권력을 유지하는 인종화된 위계질서를 드러내려는 형식적인 몸짓으로 볼 것인가? 또는 이런 디아스포라적 시각은 이미 주변화된 집단들의 디아스포라와 혼종성에 대한 구체적인 통찰력을 무효화하기 때문에 신제국주의적 운동으로 바르게 표현될 수 있는 것을 비정치화하는 행위와 다름없을까? 백인성의 여정은 (신)식민주의, 인종주의, 초국가적 자본주의, 심지어는 이주나 여행(Kaur and Hutnyk 1999)이든 간에 바로잡을 수 없이 백인우월주의적인 담론들과 밀접하게 연결된 경우이다. 신식민주의나 네오파시즘의 극단적인 사례들은 의외 혹은 예외로 간주되어 무시된다. 레스 백(Les Back)은 극우파 백인우월주의

---

[3] '청교도들'을 태운 메이플라워 호는 아메리카 대륙에 인간을 두고 온 첫 번째 배가 아니었다. 아메리카의 토착 원주민들에 대한 탄압은 미국의 주류 담론이 소속에 대해 논의할 때 숨겨버리는 또 다른 불편함이다.

자들 간의 '트랜스 민족'의 형성을 지적한다. 그는 흩어져 있는 극우 지지자들 사이에서 자신이 '신세계의 백인 디아스포라들'(Black 2002a: 128)로 묘사하는 인터넷의 이용에 대해 살펴보는데, 미국, 캐나다, 남아프리카공화국, 오스트레일리아, 뉴질랜드와 남미의 일부 지역에 장기 거주하는 유럽 이주민들이 대상이다.[4] 디아스포라들은 인터넷을 통해 강화되는데, 물리적인 이동을 일으킬 수는 없더라도 적어도 트랜스 민족이 거주하는 다양한 지역성에 확실히 영향을 미치는 생각과 의견들이 빠른 속도로 교환되는 것을 가능하게 한다. 이런 경우 백인 디아스포라들은, 비록 자의식은 주인공들이 인종적으로 위협받고 있다고 믿도록 스스로를 속일 수 있을지라도, 사실상 국제적인 우월성에 대한 것이다. 그

---

4 백은 말하기를,

인터넷 같은 기술의 발달은 유럽 내 현대 파시스트들과 신세계의 백인 디아스포라들이 사이버 공간과 그야말로 전 세계적인 시장에서 디지털적으로 향상된 트랜스로컬 문화를 축적하는 수단을 제공해왔다. 인터넷은 인터넷이 연결된 컴퓨터를 사용하는 사람들에게 즉각적이고 직접적인 형태의 통로이며, 실제로 얼굴을 맞대는 접촉 없이도 인종주의적 움직임에 참여하도록 상호작용할 수 있는 수단을 제공하기 때문에, 단지 주장과 주의를 알리기 위한 또 다른 도구가 아니라 그보다 훨씬 더 많은 것을 제공한다(Back 2002a: 94-95).

여기서 기술은 유럽의 역사와 유산이 문학적 그리고/혹은 신화적인 모국처럼 작용하는 디아스포라적 트랜스 민족에 대한 상상을 가능하게 한다. 세 가지 중요한 관점들이 만들어 질 수 있다.

(i) 백인성에 대한 관념은 사이버 공간에 의해 줄거리가 만들어지고 유지되는 인종적 계보를 조장한다
(ii) 백인성은 상황에 따라 '타자'/'타자들'을 가지며, 이러한 타자에 대한 이미지는 모든 곳에서 보이지 않는 힘으로 작용하며 독일의 터키인들, 영국의 블랙과 남아시아인들, 유대인들과 같이 다양하다
(iii) '백인종'이 전 세계의 새로운 소수자로 여겨지는 곳에서는 백인성의 소수화하기가 진행된다(Back 2002a: 130-132).

러나 극우 백인우월주의의 사례들은 그다지-매우--극도로 희지 않은 디아스포라들에 의해 종종 예외로 무시되는데, 사실상 후자는 백인과 공통된 인종적 외양 덕분에 특권이 부여되었다는 사실을 참작하지 못하고 있다.

여러 백인 무리를 하나로 합치면 전 세계에 걸친 인간의 다양한 역사에 큰 피해를 줄 것이 분명하다. 더 중요한 점은, 그러한 통합이 어떤 면에서는 통합된 백인우월주의적 자본주의 형성의 이데올로기를 재연하고 강화하는, 그럴듯한 특성에 근거한 본질주의자들의 무리들을 구분해야 하는 문제를 일으킨다는 것이다. 우리는 이를 극복하기 위해 백인성의 특권을 지탱하는 구조적이며 이데올로기적인 상황들을 폭로하는 다양한 사례 연구들을 가지고 논쟁을 추진하고자 한다. 우리는 디아스포라 연구에 백인성의 움직임을 연결하여 주목하면 어떤 이익을 얻는지를 묻는다. 그리고 그런 질문에는 어떤 잠재력이 있다는 것을 증명하려 한다. 만약 이런 주제가 다루어지지 않으면, 세계의 많은 지역에 걸쳐 백인성의 비가시성과 표준화 그리고 우월성을 촉진시킬 뿐인 권력관계, 위계질서, 암묵적인 가정들을 강조하게 만들기 때문이다. 우리는 우리의 주요 용어들인 '디아스포라'와 '혼종성'의 응용 가능성을 시험할 것이며, 동시에 백인성을 포함해 이 세 가지 범주를 모두 비평할 것이다. 그러나 우리는 백인성 하나에만 초점을 맞추는 무비판적 끌어안기를 분석하면서, 이를 중심에 두는 과정에서 백인성의 지배권을 되새기지 않도록 신중을 기할 것이다.

각광받는 백인성

지난 약 2년 동안 백인성에 대한 연구는 인종과 종족성에 대한 학자들의 오랜 관심을 보충할 목적으로 발전해왔다. 관련 저술의 상당 부분은 페미니즘, 노동사, 레즈비언과 게이 연구에서 비롯된다(예를 들어, Frankenberg 1993; Dyer 1997; Rutherford 1997). 이론가들은 백인성의 '눈에 보이지 않는' 우세함도 인종화된 범주로 볼 필요가 있다는 사실을 인정하기 시작했다. 백인성의 권력은 그것이 하나의 표준적인 것으로 여겨지는 인종화된 정체성이라는 사실에 있다. 백인성은 단지 문자 그대로 백인에 대한 간편한 주석이 아니라, 식민주의의 역사적 유산이며 사실상 백인이 모든 영역을 지배하는 서구의 구조적 권력이라는 오늘날의 현실에 대한 묘사이다. 학자들은 백인성이 서구에서 당연하게 받아들여지는 비가시성과 우세함으로 다른 인종 집단들에 대해 헤게모니를 행사한다는 데 변함없이 동의한다. 바바는 이 현상을 '유색인지 또는 유색이 아닌지를 즉시 알 수 있는 백인성의 명확성'(Bhabha 1994: 76)으로 표현한다. 벨 훅스는 '백인의 우월성'으로 묘사하면서, '단지 몇 명만이 자신들이 생각하기에 감히 독자들을 불편하게 하거나 화나게 할 백인성에 대한 인식들을 명백하게 밝혔다'(hooks 1997: 166)고 말한다. 이러한 망설임은 보편적 주관성이라는 견해의 또 다른 예로서, 모든 이들이 공통적인 인간의 속성을 공유하며 본질적으로 같다는 자유주의적인 신념의 일부이다. 백인성에 대한 '다른 쪽'의 불쾌한 생각에 귀를 기울이지 않고, '무의식적으로 백인성을 불가사의하게 보는 데에 소비한다'(hooks 1997: 168).

백인성은 다른 형태의 동일시와 마찬가지로 역동적인 지지자들과 분파들을 가지고 있다. 서부 런던의 다인종 지역인 사우스홀(Southall) 내에서 연출되는 많은 상황 가운데[5], 예를 들어, 사우스홀은 잉글랜드와 아일랜드 종족성이라는 잠정적인 범주들로 뚜렷하게 구분된다.[6] 거드 바우만(Gerd Baumann)이 《경쟁하는 문화(Contesting Culture)》에서 전하기를,

> 백인 공동체를 말하는 것이 남아시아와 아프리카계 카리브 출신의 사우스홀 거주민들에게는 평범한 일이다. 그러나 그들의 백인 이웃들은 자신들을 그렇게 부르는 일이 드물다. 그들은 단지 하나의 구분만을 인정하는데 이하와 같이 뚜렷하다. 아일랜드인과 잉글랜드인 사우스홀 거주자로 구분하는 것이다(Baumann 1996: 92, 원본에서 강조).

바우만은 이러한 차별적 동일시의 영향에 대해 인류학적 현장조사 보고서 이상의 분석을 하고 있지는 않다. 백인성에 대해 이야기할 수 없는 백인 이웃들의 불능은 명백하게도 헤게모니적 비가시성의 일부이기 때문이다. 오히려 백인성이 자세하게 설명될 때는, 예를 들어 지역이나 민족에 따른 종족성의 경향에 의하는데, 위의 경우에는 잉글랜드인과 아일랜드인의 종족성인 것이다. 결정적으로, 그리고 훅스(1997)가 '다른 편'에서 이야기하는 '백인성'에 대해 들음으로써 비롯되는 불편함을 간략하게 설명한 것에 따르면, 블랙 사우스홀 사람들에게 백인성은 보이지 않는 범주가 아니다. 아프리카계 미국인 소설가인 랄프 엘리슨(Ralph

---

5 사우스홀은 전 세계로부터 이주민들이 들어왔다. 이 지역은 1970년대까지는 현저하게 아시아인 지역이었으나 많은 아시아인 가족들이 옮겨 나가면서 최근에는 소말리아, 동유럽, 아프가니스탄 등지에서 이주한 이들로 대체되었다.
6 잉글랜드인과 아일랜드인에 대한 인식 간의 관계는 그 자체가 복잡한 부분인데, 특히 혼합된 가족들이나 제2세대 또는 3세대 아일랜드인들에게 더욱 그러하다. 이런 인식들이 어떻게 인종이나 문화적 종족성에 영향을 주는가는 한층 더 복잡한 것이다(McGarry 1990 참조).

Ellison)은 1940년대 아메리카에서 살아가던 블랙들의 삶을 그린 소설 《보이지 않는 남자(Invisible Man)》(1947)에서 무엇이 뚜렷하게 보이고 무엇이 그렇지 않은가에 대해 더 깊이 있게 비판하였다.

> 나는 보이지 않는 남자이다. 아니, 나는 애드거 앨런 포(Edgar Allan Poe)를 괴롭혔던 유령과 같은 이는 아니다. 할리우드 영화에 나오는 심령체 중의 하나도 아니다. 나는 실체와 살과 뼈, 섬유질과 액체를 가진 한 남자이며 심지어는 마음도 소유하고 있다고 이야기할 수 있다. 내가 보이지 않는 것은, 단순히 사람들이 나를 보기를 거부하기 때문이라고 여겨진다. 때때로 서커스의 여흥에서 볼 수 있는 육체가 없는 머리들처럼, 마치 내가 단단하고 사물을 왜곡시키는 유리로 만든 거울에 둘러싸인 것처럼 말이다. 나에게 접근하는 사람들은 단지 나를 둘러싸고 있는 것들, 자기 자신들, 또는 그들의 상상을 통해 만들어진 허구들, 정말로 나를 제외한 모든 것만을 본다(Ellison 1947: 7).

엘리슨의 시각에 의하면, 블랙이야말로 비인간화라는 의미에서 맹목적인 비가시성을 내포하는 것이다.[7] 백인성은 가시성과 연관되는데, 그것이 표면적인 권리, 특권, 그리고 지위를 부여하기 때문이다. 그러므로 백인이 아닌 사람들이 보기에 백인성은 비가시적이지 않다. 백인성은 다른 시각들에 의해 인종적으로 명시되지 않아서가 아니라 어떤 이들에게는 보이지 않는 듯하다는 점에서 표준적이다. 이런 의미에서 백인성

---

[7] 엘리슨의 소설에서 블랙의 비가시성도 일종의 괴기스런 힘을 얻을 수 있는 잠재력을 제공한다.

은 비백인의 시각에서 현저한 영향력을 가지는 하나의 부재로 만들어진다. 동시에 자아-성찰성의 활동의 결과로서 그리고 백인성에 대한 연구에서, 백인성이라는 개념이 조사받지 않고 남겨져서는 절대 안 되는 것이다(Kaur 2003).[8]

어떻게 디아스포라들이 사라지는가

만약 백인성을 사라지게 하는 크림을 바를 수 있다면, 그래서 백인들의 이동이 디아스포라의 형성과 차후 혼종이라는 꼬리표가 붙지 않은 문화적 형태들이라는 결과를 가져오지 않는다면, 일련의 과정들은 특정 집단을 구분하고 다른 것들은 보이지 않게 하는 데 영향을 미친다. 이러한 과정에서 주요 인자는 정치적 환경으로서 좀 더 구체적으로 말하자면, 이주 정책이다. 미국에서 백인성의 정치사는 특정 디아스포라들이 사라지는 방식에 대한 중요한 예를 제공해왔다. 브론 웨어(Vron Ware)는 미국 이주 정책의 역사에서 세 가지 주요 단계를 요약하고 있다.

---

[8] 그러나 백인성의 비가시성에 대한 일반적인 명제를 비판적으로 공격한다. 찰스 A. 갤러거(Charles A. Gallagher)는 미국의 한 도시에 있는 대학교에서 백인 학생들이 매우 확실한 태도로 자신의 인종을 의식하고 있다고 주장한다. '〔그들은〕 자신의 백인성을 매일 하루 일과의 대부분에 끼어드는 어떤 "실제적인" 사회적 범주로 경험한다. 이런 학생들에게 인종은 중요한데, 백인성을 사회적 불이익으로 전환시키고, 동시에 하나의 인종적인 범주로 보도록 만든 인종정치학과 대중매체에 노출된 채 성장해왔기 때문이다'(Gallagher 1995). 이러한 상황이 서구에 살고 있는 대부분의 백인들의 특징이 아닐 수도 있지만, 백인들은 지명된 '타자들' 가운데 있을 때는, 백인성 담론에서 공통되는 부분을 지나치게 의식하게 된다. 서구에서 소수자 집단들을 편애하는 적극적이거나 긍정적인 차별 정책들은 백인들의 권리가 비백인 소수자 집단들에 대한 지나친 편애로 말미암아 감퇴되고 있다는 믿음, 즉 '포위당한 백인성'에 대한 괴기스런 공포라는 결과를 가져왔다.

첫째, '백인인 사람들, 즉 유럽인들을 자유롭게 하기'위해 1790년 귀화법을 시작으로 귀화를 통해 획득하는 시민권을 제한했던 시기. 둘째, 1840년대부터 제한적인 입법이 효력을 발휘했던 1924년까지 유럽에서 온 이주민들의 대량 정착 시기. 이 시기에 하나의 백인성이 앵글로-색슨의 순수성에 지배받는 백인 '하위 인종들'을 포함하는 계층으로 나뉘었다. 그리고 이러한 다수의 차별화된 백인 '인종들', 즉 유대인, 그리스인, 아일랜드인, 이탈리아인, 슬라브인, 폴란드인, 포르투갈인 들을 좀 더 통합된 코카서스 백인이라는 존재로 연금술적인 융합을 이루어낸 세 번째 시기는 아프리카계 미국인들이 북쪽과 서쪽의 여러 도시로 이주하고 시민권 투쟁을 계속하는 평탄치 않은 과정을 거쳐 만들어졌다(Ware 2002a: 23).

이런 다른 백인들 간의 연금술적인 융합과 협력은 심지어는 다른 백인들보다도 더 다르게 보이는 집단들에 직면하면서 좀 더 현저하게 나타났다. 미국 원주민, 블랙, 다른 유색 이주민들에 대한 태도는 미국 통합이라는 상상에 놀랄 만한 역할을 했던 것이다. 알리 배흐다드(Ali Behdad)는 이렇게 지적한다.

> 이주는 미국에서 '민족-국가'라는 명확하지 않은 개념을 가능한 것으로 만든다. '이방인'이라는 존재가 민족이 자신을 자주적인 공동체로 정의할 수 있도록 차별적인 표식을 제공하는 동안, 이주에 대한 법적, 행정적 법규들이 해당 현대 국가의 집단적 주권을 해석하고 있는 것이다(Behdad 1997: 156).

물론 미국 민족은 특정 이주민들에 대한 포용과 배제 사이에서 갈팡질

광한다. 바로 이러한 모호함이 사실상 미국 민족이라는 개념을 만들어 냈다.

다른 학자들은 미국과, 그보다 더 민족지향적인 유럽 국가들의 정책을 비교해볼 때, 미국이 훨씬 더 결연한 다문화주의적 전략을 가지고 있다고 주장한다. 예를 들어, 마우드 만델(Maud S. Mandel)은 서유럽의 '민족적 기획'의 필요성과 불가피함에 대한 가정들을 비판하고, 그것을 이주, 문화 변용, 통합, 동화에 대한 '다문화주의적'인 미국인들의 접근 방식과 비교한다. 이는 도움이 되는 비교이긴 하지만, 실제보다는 이상의 무대임을 반드시 기억해야 할 것이다. 미국 국가의 탄생이 원주민들을 대량 학살하고 수입을 통해 노예 인구를 창조한 사실을 생각하면, 미국을 모든 이주민들을 환영하는 땅으로 연출하는 것은 엄청난 기억상실 행위이다. 오늘날에조차 미국 정부가 비백인 이주민들에게 접근하는 방식은 모범적인 다문화주의적 민주주의와는 거리가 멀다. 우리가 제7장에서 증명하듯이 실제로 미국은 무슬림 이주민들을 배척하고 악마화하는 정책을 펼치고 있다. 서구의 다른 나라들처럼 백인성은 '미국인다움'을 나타내고 계속해서 강화되고 '특정 국민들은 "이방인들"로 간주되어 불법화된다'(Socialist Collective Review 1995: 11).

단지 일부 디아스포라만이 민족-공간에 문제가 되지 않는 일부가 되도록 '사라지는 것'이 허락된다. 이것은 정지된 과정이 아니다. 어떤 디아스포라는 어느 시점에서 비가시성을 구매하기 위해 자신의 경제적 위치를 이용하는 능력을 통해 보이지 않게 만들어지는데, 갑자기 상황이라는 힘에 의해 주목받는 대상이 될 수도 있다. 미국의 남아시아인과 아랍인 디아스포라가 적절한 예이다. 카말라 비스웨스와란(Kamala Visweswaran)은 남아시아 이주민들이 미국에 자리 잡게 되기까지 사용한 대조적인 방식들에 주목한다. 한때 많은 이들은 인종주의를 피하기 위해 '백인'으로 간주되기 원했다.[9] 그러한 염원들은 미국에서 성공적인 중산층 아시아인들을 만들어냈고, 이들은 '모델 소수자'라는 위치를 갖게 되었다(Prashad 2000). 다른 이들은 인종화된 재분류를 주장했는데, 소수자들이 연방 프로그램으로부터 혜택을 받을 수 있었기 때문이다. 또 다른 이들은 최근에 차별 철폐 조치(Affirmative Action)에 반대하여 스스로 단결했다.[10] 그들의 태도와 접근 방식이 무엇이든 간에 미국의 남아시아인들은 아랍인과 무슬림들뿐 아니라 갈색 피부를 가진 모든 사람을 목표로 삼았던 9·11 이후에 나타난 폭력에 의해 효과적으로 재분류되었다(Puar and Rai 2002; Kalra 2004 참조). 이것은 피부색이나 멜라닌 함유량이 비가시성을 만들어내는 데는 중요한 역할을 하지 않지만, 차이를 나타내는 데는 항상 유용함을 보여주는 사례이다. 미국의 남아시아인들은 동화를 염원함에도 불구하고, '어두운 피부색의 디아스포라'조(組)의 일부를 형성하도록 강제되었던 것이다.

---

9 수전 코시(Susan Koshy 1998)는 남아시아계 미국인들과 주류사회의 인식 사이에서 담론이 때로는 어떻게 거북스럽게 수렴되는지를 보여줌으로써 한층 더 깊이 있는 시각을 제공한다. 코시는 일부 남아시아계 미국인들과 학자들이 인종적 특징을 간과하는 동안, 다른 이들은 남아시아인들이 피부 색깔에 대한 자신의 인식을 전시하는 방식을 백인들의 인종주의와 대등하게 취급했다는 사실에 주목한다. 그녀는 양 집단이 결국에는 인종적 신분을 건설하는 것을 택하게 되고, 비록 그 증거가 남아시아계 미국인들이 부득이하게 인종화되어왔음을 보여줄지라도, 그 과정에서 무심코 자수성가에 대한 미국인들의 이데올로기를 재생산하게 된다는 것을 시사한다. 그들의 중산층이자 '모델 소수자'로서의 위치가 인종정치학과 심각하게 연관되는 것을 완화시키며, 이 경우에 있어서는 영국에 있는 남아시아인들 대부분의 사례와 다르다. 이러한 차이는 단지 개개 디아스포라의 구성에서의 차이일 뿐 아니라, 호스트 국가의 차별적인 필요와 경영 전략에서 비롯되는 것이기도 하다.

10 로즈메리 마랑골리 조지(Rosemary Marangoly George 1997)는 남부 캘리포니아에 사는 중산층 인도계 미국인들에 대한 연구에서 이주민들을 피부 색깔, 채도 또는 인종이라는 범주를 통해 정의내리는 주류사회의 압도적인 담론을 피하기 위해 본질주의적이며 종교적인 표현에 바탕을 둔 종족적 문화 범주들을 앞세울 수 있다고 여러 차례 지적했다.

일반적으로 인정되듯이 피부색은 종종 인종적 위계를 결정하는 데 모호한 역할을 한다. 이보다 더 중요한 것은 디아스포라가 형성되는 더 넓은 구조적이고 이데올로기적 배경이다. 안시아스는 영국의 그리스계 사이프러스인들에 대한 연구에서 비록 그들이 식민에 의한 이주민이며 문화적으로 주택, 고용, 교육 분야에서 매우 다른 식으로 불이익을 당한다고 느낄지라도, '일반적으로 인종화된 부류로 여겨지지 않으며, 대개는 인종적 편견이나 제도적 인종주의에 초점을 맞추는 논의에서 제외된다'(Anthias 1992: 1)고 지적한다. 아프리카계 카리브인 및 남아시아인들과 마찬가지로 그리스계 사이프러스인들은 1950년대와 1960년대 '장기 호황기(long boom)'에 이주해온 신영연방 이주민들의 일부였다. 안시아스의 논쟁은 사이프러스인들이 인종적으로 불이익을 당할 뿐 아니라 구조적으로 그리고 관념적으로도 영향을 받아왔다는 것이다. 그녀는 피부색이 사회적 지위의 지표가 되기에는 지나치게 애매모호하다고 주장한다.

> 색깔 자체는 사회적 구조에 있어 선험적으로 주어진 특질이 아니다. 터키인들은 런던에서는 '백인'인 반면, 독일에서는 '블랙'이다. 일부 사이프러스인들은 일부 아시아인들보다 피부색이 어둡지만 백인 혹은 유럽인 집단으로 여겨지며 자신들도 그렇게 여길지 모른다(Anthias 1992: 14).

또다시 우리는 색깔로서의 백인성보다는 오히려 역사적이고 제도적인 세력으로서 의문의 여지없이 널리 퍼져 있는 백인성의 구조라는 권력자에게로 돌아온다. 우리가 반드시 관심을 기울여야 하는 것은 피부색 자체가 아니라, 일부 사람들을 다른 이들과 비교해서 그들이 모든 이들을 대표한다고 생각하기 때문에 더 큰 특권과 권리가 있다고 여기며 제도상의 구조 및 광범위한 조직에 배치하는 방식이다.[11] 앵글로-색슨적인 이상과 제도화된 백인성에 더 가까운 디아스포라일수록 훨씬 더 손쉽게 서구의 새로운 환경에 정착하고 '스며들'게 되는 것이다.

디아스포라인들이 아니고? 국외 거주자들, 제3문화 아이들, 여행자들

백인성은 보통 눈에 보이지는 않으나 반드시 극복해야 하는 지배권을 지닌 존재로서 대개는 디아스포라들이 저항하며 맞서는 대상으로 보기 때문에, '백인 디아스포라'를 마음속에 그리기는 확실히 어렵다. 대부분의 상황에서 디아스포라들의 인종적 질서가 이동 가능성을 확정하고 불가항력적인 힘들이 추방당한 이들에게 영향을 미친다는 것은 사실이다. 그러나 이와 반대로 백인들의 영구 이주의 경우, 이런 디아스포라를 만든 것은 바로 그들 자신의 주관이자 선택이다. 이는 단순히 인종화된

---

11 백인성을 인종화된 구성물로 구분하려는 또 다른 시각이 있다. 레스 백은 어떻게 이런 담론이 가시성의 제도에 의해 지배되었는지를 지적한다. 만약 청각 영역을 고찰한다면, 약간 다른 결론들에 도달하게 될지도 모른다. 백은 미국 남부의 여러 주에 있는 백인 블루스 음악가들에 대한 연구에서, 문화제국주의와 블랙 음악가들의 음악에 대한 착취를 주제로 벌이는 논쟁들이 즉흥적으로 연주하고 힘차게 노래 부르며 늘 스튜디오에 살고 있는 사람들의 실상을 어떻게 왜곡했는지에 주목한다. 그는 '이러한 백인 음악가들이 소울 음악에 기여한 바가 그들의 백인성으로 축소될 수는 없지만, 역설적으로 이 이야기를 이해하기 위해서는 이런 음악가들이 백인이라는 것을 알 필요가 있다'(Back 2002b: 232). 청각 문화가 인종화의 제한된 연주 레파토리와 단정하게 일치하지 않는 곳에서 인종화는 지나치게 가시성에 의해 결정된다. 백은 미국 남부의 여러 주에 사는 '가난한 백인노동자들(redneck)'의 적대감에 대한 견해들을 무시하면서, 이런 음악가들 간에 피부 색깔은 문제가 되지 않았음을 지적했다. 정말 중요한 것은 어떤 이가 흡입력 있게 그리고 영감을 주는 방식으로 악기를 연주할 수 있느냐의 문제였다. 그러나 이러한 역동성이 일그러지게 된 시기는, 블랙 음악가보다 백인 음악가들이 더 사랑받는 변함없이 보수적인 미국에서 대형 레코드 회사가 참여하고 음악에 대한 대대적인 마케팅이 막 시작되면서부터였다.

사람들의 디아스포라적 이동이 주관이라는 요소를 가지고 있지 않다고 말하려는 것은 아니다. 이 문제와 관련해서 우리는 백인들이 그저 유목 생활이라는 선택에 의해 움직이게 된 것이며 구조적 지형의 영향을 전혀 받지 않았다고 말할 수는 없다. 오히려 구조적인 제약들은 백인들을 고무시키고 이롭게 하는 반면 인종화된 사람들의 이동은 방해하고 있다. 사실상 백인성은 특권을 향한 여권으로 작용해왔다.

이는 백인 디아스포라들이 표현되는 방식에서 입증되는데, '국외 거주자(expatriate)' 그리고 근래에는 '제3문화 아이(Third Culture Kid)' 같은 용어들이 '디아스포라'보다 더 자주 사용되고 있다. 라틴어로 바깥을 의미하는 엑스(ex)와 모국이란 뜻의 파트리아(patria)의 결합인 '모국' 바깥에 살고 있는, 외국에 거주하는 자라는 개념은 디아스포라 이론에 버금가는 어떤 긴장 상태를 보여준다. 이와 대비하여 제국주의가 절정을 이루는 가운데 정치적, 경제적, 문화적으로 억압받았던 나라에서 이동해온 디아스포라 인구들 외에, 국외 거주자들의 움직임을 부추긴 식민주의의 확장, 또는 코헨의 유형학에 나오는 '제국의 디아스포라들'이라는 함축적인 의미도 있다(제1장 참조). 이러한 점들을 자세히 그리기 위해 제3문화 아이의 경우나 트랜스 문화 아이(Transcultural Kid, TCK), 그것의 '어른' 아바타인 트랜스 문화 어른(ATCK)을 사용할 수 있다. TCK는 1960년대 루스 힐 유심(Ruth Hill Useem)이 인도에서 살며 일하는 미국인들을 연구하는 동안, 국외 거주자 자녀들을 지칭하기 위해 만들어낸 표현이다. 국외 거주자들은 그들만의 작은 '마을'을 세운 주로 외무부 산하 공무원들, 선교사들, 국제 전문 구호원들, 사업가들, 교육자들과 미디어 관련 종사자들이었다. 부모를 따라 해외로 가게 된 미성년 자녀들이나 트랜스 문화 아이들(TCKs)의 교육을 위해 국립, 사립, 임시 학교도 세워졌다.

일단 국외 거주자들과 트랜스 문화 어른들(ATCKs)이 역사적으로 식민화의 앞잡이였던 사실을 잊자(Stoler 1991).

제3문화 아이는 다음과 같이 정의된다.

> 성장기의 중요한 일부를 부모의 문화가 아닌 다른 문화 속에서 보냈던, 그래서 양쪽과 연관이 있는 개인. 해외에서 살았던 사업가, 군인과 선원, 외교관과 선교사의 자녀들은 종종 사회 전반에 걸쳐 독특하고 창조적인 방식으로 공헌하는 '혼합 문화'를 영위하는 사람이 된다. 트랜스 문화 아이의 뿌리는 한 장소가 아니라 유사한 경험을 해온 다른 이들과의 관계를 통해 자라난 소속감과 함께 사람들 속에 깊이 새겨진다(Alma Daugherty Gordon, www.tckworld.com 1993).

위의 예를, 양식화된 디아스포라에 대한 서술과 비교해보면 몇 가지 흥미로운 특징들이 보인다. 난민과 망명자들에 대한 지배적인 수사가 뿌리째 뽑힘(uprootedness)인 반면, 국외 거주자들은 이식(transplantation)인 듯하다.[12] 선택과 매개자를 암시하는 용어인 '이식'은 다른 곳에 모국을 증설한다는 의미를 내포한다. TCK들은 국외로 옮긴 이후 비록 자신들의 귀환 경험이 상상했던 바와 다르다 하더라도, 여전히 고국과 강한 일체감을 갖고 있다. 국외 거주자들은 다른 곳으로 흩어질지라도, 예를 들어, 어느 정도의 정착기가 지나거나 은퇴 이후와 같이 '적합한 때가 되

---

[12] 흥미롭게도 '난민(refugee)'이라는 단어는 1685년 프랑스로부터 숙련된 기술자인 종교 소수자 위그노들(Fletcher 1992)이 추방된 이후 영어에서 사용되었는데, 오늘날 위그노 후손들의 종족적-인종적 주변화를 나타내는 유일한 표시는 프랑스인들처럼 들리는 성(姓)을 가지고 사는 것이다.

면' 고향으로 돌아갈 수 있다. 국외 거주자는 일반적으로 송환을 통해서나 본인의 결정에 의해 '고향'으로 돌아가지만, 이는 흔히 그의 인생에서 가장 어려운 시기 중 하나가 된다. 다른 연구에서 드러나는 바와 같이 TCK에게 있어 영국이라는 원(原) 국적은 해외에 있는 동안 오히려 더 강렬하게 경험된다. 모국에 돌아온 이후에는 그들도 영국인다움을 상상하는 것과 영국인답게 행동하는 것이 매우 별개라는 사실을 필히 알게 되기 때문이다.

> TCK는 절대로 단일문화적인 사람으로 다시 변화하지는 않을 것이다. TCK의 부모들은 살던 곳에서 '고향'으로 돌아갈 수 있지만, 성장기에 다른 사람들과 삶을 나눔으로써 넓어진 그들의 아이들은 자신의 존재 자체에서 양쪽 문화의 특성을 발견할 것이다. 오로지 이 사실을 받아들여야만 TCK들은 자유롭게 자기 자신이 될 수 있다. 사실 TCK들은 미래에 문화 중개인이 되기 위한 연장들을 가지고 있는 것이다(Alma Daugherty Gordon, www.tckworld.com 1993).

이러한 경우에는 디아스포라의 어린이들에 대한 좀 더 전통적인 초기 저술과는 달리, '문화들 사이에' 있는 것을 사회병리학적 중세의 전조로 보지 않는다는 점이 주목할 만하다(Watson 1977; Anwar 1998; 이에 대한 비평은 Kalra 2000). TCK들은 스스로 백인성의 구조와 뒤얽혀 있기 때문에 오히려 문화 중개인으로서 미래를 위한 투자 대상이 되었던 것 같다. 이들은 혼란에 빠진 혼종들이 아니다. 오히려 그들이 지닌 백인성의 특권이 그들을 '다양한 기술을 가진 넓고 재능 있는' 사람으로 볼 수 있게 한다. 그러나 '문화'의 허울만 좋은 실체 가운데에 놓인 비백인 청소년들이 그 대상일 때는, 곧 병리적인 존재가 된다. 그들은 문화적으로 자주 혼란스럽고, 방향을 잃은, 심지어는 위험한 존재로 비친다(Alexander 2000, 2002 참조). 여기에는 물론 계급의 문제가 가장 중요하다. TCK들은 백인이라는 점보다는, 오히려 전 세계화된 노동시장 내에서의 계급적 지위와 관련해서 주목받는다. 국외 거주자에 대한 개념화는 비즈니스의 세계나 국제 개발의 세계에서 그렇듯이 암묵적으로는 착취에 대한 것이다.

국외 거주자와 TCK들의 개념화에는 귀환 의식이 내재해 있다. 유럽인들이 맨 처음 해외에 영구 정착하게 된 것은, 유럽에서 건너간 사람들이 북미와 오스트레일리아 같은 세계의 '멀리 떨어진 귀퉁이'에 거주하게 된 '정착민 식민주의'(Wolfe 1999) 시대의 일이다. 이런 영구 정착의 경우, 대다수는 많은 '원주'민들이 죽게 되거나 억압을 받아 효과적으로 '제거된' 후 '백인 디아스포라들'이 뒤이어 '토착민'으로 '원주민화'되었고 비록 논란의 대상이긴 하지만 그 땅의 합법적인 소유주가 되었다. 이것이 코쉬크 바네르제아가 '재산을 얻은 백인성'의 결과라고 부르는, 눈에 보이는 생물적 형질이 이들에게 불균형적인 법적 권리와 땅 그리고 실질적인 상품들을 수여하며 '개인적 특질이 존재론적인 사실'이 되는 현상이다(Banerjea 1999: 19). 지금은 백인 이주민들이 민족-국가의 전형적인 모델을 구성하며 효과적으로 디아스포라 흔적들을 제거한 사례를 보여준다. 캐나다와 뉴질랜드 같은 정착민 식민주의에서는 다른 사례들과 비교해 볼 때 토착 원주민들의 권리와 재산을 보상하기 위해 더 많은 노력을 기울였다. 그러나 이러한 견해는 여전히 논쟁의 대상이다(Neu and Therrien 2003).

'디아스포라'라는 용어가 상대적으로 특권을 가진 사람들이 세계 전역으로 이동하는 것을 포함시키기 위한 수단이 되어서는 안 된다는 주장을 제기할 수 있다. 정착한 식민주의자들, 사업상 이주민들, 여행객들, 정치 망명자들, 현대 외교관들의 여행을 디아스포라적인 것으로 받아들이지 말아야 한다. 그렇다면 우리의 디아스포라 이해하기에서는, 예를 들어, 나이지리아와 파키스탄에서 온 부유한 생산업자들을 포함하면 안 되는가? 각 디아스포라의 지형에는 내부에 엘리트들뿐 아니라 계급, 교육 자본, 젠더 같은 요인들에 의해 종족적-경제적 권력의 체제 속에 다르게 배치된 사람들도 있다. 노동계급 가게 주인의 아내는, 예를 들어, 부유한 실업가의 첩과는 명백히 다르게 배치된다. 백인 정착민 디아스포라의 필요조건 또한 다르게 구성된다. 우리는 인종, 종족, 계급, 젠더 문제들의 특정 지형이 각 디아스포라 조직을 어떤 보편적인 유사성(제2장 참조)을 지닌 특별한 사례로 만든다고 주장할 수 있다. 동시에 아메바와 같이 복잡한 디아스포라라는 용어를 이해하는 것도 모두 각각의 경우에 적합하게 할 필요가 있다.

여행과 관광은(일반적으로 북구와 남구에서 온) 백인 여행객들이나 관광객들이 이전에 자신의 관광지였던 곳에 결국 거주하게 되는 독특한 상황에서 구조적인 요인들과 매개 수단을 탐구할 수 있는 또 다른 환경을 제공한다. 그들은 종종 호스트 사회와는 완전히 일치되지 않는, 그러나 자신들을 외국 방문객들과는 다른 부류로 보는 그들만의 (종종 일시적인) 공동체를 형성한다. 현대 인도에 있는 유럽인들이 좋은 예이다. 호스트 사회의 삶의 방식과 미덕을 받아들이는 대신 잠시 방문하는 다른 외국인들과 자신들을 구분하며 지역민들에 의해 종종 '히피'로 표현되는 그들 자신만의 '공동체'를 형성하고 있다(Kaur 1999). 방콕의 백인 거주민들은 사업 분야에서 특권을 누릴 뿐 아니라, 그들 중 일부는 주변의 섹스 레저 산업에서 한껏 즐기기 위해 현지에서의 자기 위치를 이용한다

(Seabrook 2001). 다른 사례들은 존 허트닉의 《캘커타의 루머: 여행, 자선 그리고 표현의 빈곤(The Rumour of Calcutta: Tourism, Charity and the Poverty of Representation)》(1996)이 제시한다. 허트닉은 캘커타의 배낭 여행객들과 자원봉사자들 사이에 떠돌던 소문과 여행객들의 이야기에 초점을 맞추어, 테레사 수녀 같은 사고방식을 가지고 일하던 사람들이 어떻게 이 도시를 부패 담론에 짜 맞추는지를 논증하고 있다. 이런 종류의 수사 또한 식민주의의 전조가 되었다. 1600년 이후 동인도회사의 식민지에 거주하던 유럽인 무역업자들과 선교사들은 '썩어가는 문명들'(Dube 1999)이라는 관점에서 정기적으로 자신들의 주변 상황을 보고했다.[13] 이런 각각의 경우에 백인성이라는 특권이 부여한 경제적 위치는 관광객의 목적지를 집에서 멀리 떨어진 또 하나의 집으로 만드는데, 이것은 디아스포라적이거나 혼종적으로 불리지 않는다.

위에서 예를 든 다양한 사례 연구들은 디아스포라의 개념에 대한 우리의 입장을 바꾸도록 요구하는데, 특별히 카렌 오라일리(Karen O'Reily)는 스페인의 코스타 델 솔 지역에 거주하는 영국인들에 대한 연구에서 과연 이러한 이동을 디아스포라의 일부로 보아야 하는지를 묻고 있다(O'Reily 2000: 158). 디아스포라의 특징에 대한 윌리엄 사프란의 목록에 따라(제1장 참조), 오라일리는 '디아스포라의 정의는 고국에 대한 기억과 헌신에 매우 강하게 의지하기 때문에 스페인에 거주하는 영국인들이 하나의 디

---

13 이것은 '보는 이들의 부러움'을 샀던 장엄함인 '동쪽의 화려함'에 대한 담론과 함께였다. 메리 프랫(Mary Pratt)은 그녀의 저서 《제국의 눈(Imperial Eyes)》(1992)에서 유럽인들 스스로는 유럽 밖의 세계를 순수하게 기록하고 있다고 느낄지 몰라도 사실상 그들의 이야기가 어떻게 '유럽확장주의의 궤적이라는 특별한 관점에서 유럽인 독자들을 위해 나머지 세계'를 생산하는 결과를 가져오는 반복적인 이미지들로 가득 차 있는지를 고찰한다. 이런 이야기들은 경제 확장과 제국에 대한 영감을 암호화하고 합법화하는 것이다.

아스포라라는 꼬리표를 달 충분한 근거가 없다'(O'Reilly 2000: 159)는 결론을 내린다. 이후 '디아스포라'라는 용어가 수정되고 하칙 톨뢸얀(Khachig Tölölyan 1996)이 '디아스포라 의식'에 대한 생각을 발전(제2장 참조)시키면서, 코스타 델 솔에 있는 영국인들은 전 세계에 흩어진 더 큰 초국가적 공동체의 일부로도 보일 수 없게 된다. 궁극적으로 백인 디아스포라는 이 용어를 성립시키기 위해 제시된 일종의 정의들을 충족시켜야만 상상할 수 있다. 오라일리는 우리가 만약 코헨(1997)의 디아스포라에 대한 정의를 받아들일 수 있다면, 이 용어를 코스타 델 솔의 영국인들에게 적용하는 것이 가능할 수도 있다는 점을 시인한다. 제2장에서 대략 설명했듯이, 코헨은 디아스포라가 '귀환의 신화들'에 대한 것뿐만이 아니라 무역, 노동, 제국 시대의 디아스포라와 이에 덧붙여 깊이 상처받은 일들에 대한 기억과 모국의 창조도 참작해야만 한다고 주장한다. 코헨의 견해를 받아들인다면, 우리는 영국제국을 일종의 디아스포라로 볼 수 있을 것이다. 영국제국의 여러 식민지 주변에는 귀환에 대한 열망을 품었으며, 흩어져 있던 다른 영국인들을 인식하고 있던 영국인들이 분산되어 있었다. 그렇다면 오라일리가 주장하듯이, 이런 의미에서의 '디아스포라'가 실제로 존재할 가능성이 있는 것이다.

오늘날 스페인에 사는 영국 이주민들은 이러한 식민시대 전통의 일부는 아니지만, 그럼에도 불구하고 영국인들이며 어떤 점에서 자신들의 영국다움을 아주 많이 의식하고 있다. 그들이 뒤에 두고 떠났던 영국을 자신과 그다지 동일시하지 않지만, 이 역사적인 국가는 그들의 정체성의 일부로 남는다. 그들은 스페인 사회에 융합될 것을 기대하지 않으며, 모든 것이 실패할 경우에는 모국에 돌아갈 수(그리고 실제로 가기도 한다) 있다고 굳게 믿으며 모국에 때로는 재정적으로 때로는 감정적으로 강하게 의존한다. 스페인에 사는 영국인들의 경우 이런 방식으로 디아스포라 의식이 (아직까지는) 없는 일종의 디아스포라로 개념화될 수 있다(O'Reilly 2000: 159).

스페인에 사는 영국인들은 조직적인 제국의 구조를 완성하지는 못했으나, 그들의 위치가 양국의 경제적 불균형을 반영하는 백인 디아스포라의 한 예가 된다. 그러므로 백인들의 전 세계적인 영구 이주는 백인성의 정치적 구조를 완전한 특권으로 조직할 필요가 없다. 대신에 그들의 상황은 전 세계적 차원에서 백인들이 상징적으로 더 많이 획득하는(물론 국부적인 결과를 가져올 수도 있는) 데 비해, 백인 이주민들이라는 실제 존재는 국제적으로는 강국, 그리고 국내적으로는 주변부라는 위치 사이에서 깊은 모순을 수반할 수 있는 그런 것이었다. 예를 들어, 특히 북유럽 국가로부터 남쪽의 일부 지역과 여타 지역으로 넓게 퍼진 '은퇴 이주' 현상에서 뚜렷하다(King et al. 2000). 이전에 모국이 식민지화했던 국가에서 은퇴하는 관례가 있듯이, 백인들이 이주하는 국가들은 역사적으로 어떤 관련이 있는 경우가 많다. 덧붙여 하와이 섬에 사는 미국 본토인들, 파타고니아의 웨일즈 사람들, 프랑스에서 농장을 사는 영국인들과 마찬가지로 이주 결정은 심미안과 기후의 영향을 받을 수 있다. 그러나 거의 모든 경우에 이동은 비교적 비싼 지역과, 일부 사람들에게 인종화된 이주민들이 너무 지나치게 밀집돼 있다고 여겨지는 곳에서 더 싸고 백인적인 것으로 여겨지는 장소로 이루어진다. 이래서는 이런 종류의 여행과 정착을 추구하는 백인성의 논리에서 벗어나지 못한다. 우리는 국외 거주자들, TCK, 관광객들이 강력하게 백인적인 조직을 구성하기 때문에 어떻게 전통적으로 디아스포라의 항목에서 제외되었는지를 보아왔다. 그러나 아일랜드인과 유대인들같이 '백인이기는 하지만 완전히 그런 것은 아닌' 다른 이들이 공통적으로 디아스포라에 대한 연구 대상이 되어왔다.

'집에서 키운 블랙'인 아일랜드인들의 행운

제도적이고 이데올로기적인 세력의 지형을 바꾸는 것은 특정 집단을 인종화된 하급자로 그리고 다른 집단들을 상급자로 만든다. 이것은 백인성의 기준들이 멜라닌 색소보다는 오히려 헤게모니의 기준과 관련하여 변하기 쉽다는 점과 더 연관이 있다. 예를 들어 아일랜드인들은 전 세계적인 기독교 문명 내에서 역사적으로 억압받아온 집단이었지만, 지금은 대부분 백인성의 한 갈래에 속해 있다. 그들은 (신)식민주의의 희생자이자 가해자였다. 아일랜드와 브리튼 그리고 이전 식민지들의 관계에 있어, 아일랜드인들은 식민주의 조직의 일부로서 잔혹한 탄압에 참여한 바 있다. 가장 극단적인 예 중 하나가 1919년 인도 잘리안왈라 바쥐(Jallianwala Bagh) 사건으로 레지놀드 다이어(Reginald Dyer) 장군과 부총독(Lieutenant Governor) 마이클 오드와이어(Michael O'Dwyer)의 책임하에 수백 명이 학살당했다. 그러나 다른 한편, 1920년대 아일랜드 공화국이 영국의 식민주의로부터 벗어나기 위해 자유 투쟁을 벌이게 되자 아일랜드인 운동가들과 인도의 거물 정치가들이 동맹을 맺게 되었다(Homes and Holmes 1997; Kaur 1997). 마가렛 커즌즈(Margret Cousins)와 애니 베선트(Annie Besant)같이 제국주의에 대항하여 인도에서 일하던 일부 영국 여성들이 아일랜드인이었다는 것은 우연이 아니다(Visweswaran, Grewal 1996: 9에 인용). 식민주의에 대항하는 두 나라의 민족주의 투쟁은 종종 상호 협조적이었다. 1930년대 전(前) 편잡 부총독 오드와이어를 암살하려고 여러 차례 식민지 인도에서 런던으로 건너간 우담 싱(Udham Singh)의 여행은 아일랜드인들의 술집과 동지들 그리고 여자 친구들과의 친목으로 잘 알려져 있다. 그의 여행은 잘리안왈라 바쥐 학살의 책임자인 오드와이어에 대한 복수전이었다(우담 싱은 1940년 당시 75세이던 오드와이어를 저격한 뒤 유죄를 인정받아 교수형에 처해졌다―옮긴이).

정치와 함께 나란히 표현들이 만들어졌다. 파키스탄인과 힌두들을 경멸적으로 칭하는 '파키(Paki)'나 '힌두우(Hindoo)'가 아일랜드인들에 대한 경멸적 표현인 '파디(Paddy)'로 쉽게 대체되면서 모두 식민지풍의 인종주의적 동물원에서 지나치게 유행하게 되었다〔'Paki'와 'Hindoo'라는 단어 자체는 별다른 경멸의 의미를 가지고 있지 않다. 그러나 한 집단의 사람들에게 특정 꼬리표를 붙이는 행위 그리고 이런 말들이 백인 갱 단원들을 중심으로 사용되면서 경멸의 의미가 부여된 것이다. 또한 'Hindoo'의 경우 고의로 두개의 'O'를 붙임으로써 일부러 늘어지는 발음을 유도하여 인도인들의 영어 발음을 흉내 내는 경멸의 요소를 덧붙였다. 파디는 원래 파트릭(Patrick)의 별칭이었으나, 역사적으로 아일랜드인을 의미하며 범죄자들 중에 아일랜드인들이 많다는 경멸의 뜻을 내포하고 있다―옮긴이〕. 이런 태도는 1950년대와 1960년대 인도 독립 이후에도 지속되었다. 상처받은 (포스트)제국의 수도 런던에서 '블랙, 아일랜드인, 개들은 출입금지(No Blacks, No Irish, No Dogs)'라는, 잉글랜드인의 가장 친한 친구는 그의 개라는 믿음이 일반화되어온 것을 생각하면 상당히 역설적인 경고문들이 여러 호텔 주변에 붙여져 있었다. 새로이 독립한 이전 식민지에서 온 사람들에게 세를 놓을 수 있는 집을 가졌던 사람들은 당연히 아일랜드인 같은 초기 이주민들이었다.

이런 역사들은 오늘날의 인종적 대립 관계 속에서 쉽게 잊혀져간다.

두드러진 예가, 북아일랜드에서 신교도들과 가톨릭교도들의 관계가 비교적 나아지고 있다는 징후가 나타나는 가운데, 아일랜드(북아일랜드와 아일랜드 공화국 모두)에 거주하는 소수자들에 대한 인종주의적 공격이 점점 더 늘고 있다는 것이다.[14] 이것은 특히 1976년 영국의 인종관계법이 1997년에 아일랜드로 뒤늦게 확산되면서 인종 문제에 대한 관심이 높아진 결과일 수 있다. 가톨릭과 신교도들 사이의 분리를 극복하고, 제국의 이익에 기여하는 다른 '악마들'을 발견하려는 이원적인 과정들은 서로 전혀 관련이 없진 않다(Fortnight, May 1998). 아일랜드의 분열된 기독교와 백인 이미지 가운데에서 여전히 지배력을 갖는 것은 바로 오렌지와 초록색 문장들이다(아일랜드 깃발은 초록색, 흰색, 오렌지색으로 이루어져 있는데, 초록색은 아일랜드의 민족적 전통을, 오렌지색은 네덜란드 출신의 잉글랜드 왕 윌리엄 3세를, 그리고 흰색은 이 둘의 협력을 의미한다—옮긴이). 잉글랜드에서 아시아인들에 대한 인종주의를 아일랜드인들에 대한 인종주의와 비교하는 것과, 아일랜드인들을 '유럽의 블랙'으로 선언하는 것을 동일선상에 놓기에는 한계가 있다. 아일랜드인들에게 '블랙'은 여전히 일시적인 범주로서, 피부에 지워지지 않는 표식을 가지고 있는 블랙들 그리고/또는 아시아인들과는 달리 그들이 원하면, 그리고 원할 때는 언제든지 벗어날 수 있다. 나아가 아일랜드인들을 토착 '블랙'으로 묘사하는 것은 모호한 토착성(indigeneity)의 정치를 촉진시키고 유색인들에 대한 국가 법규와 정책에 폭력을 한층 더 추가하는 것이다. 노엘 이그나티프(Noel Ignatiev

---

14 이와 유사하게 아시아인들이 잉글랜드인과 아일랜드인들이 주로 살고 있던 런던 서부의 사우스홀에 도착하면서 인종적 차이를 한층 더 격심하게 만들었다(McGarry 1990). 아시아인들이나 아프리카계 카리브인 다음으로 많은 인구를 가진 아일랜드인들은 백인이라기보다는 오히려 블랙에 더 가까운 위치에 있음이 명백하다.

1995)는 영국 제국주의에 있어 아일랜드인들의 애매모호한 위치에 대해 그리고 이후 시기에 아일랜드인의 정체성에 잉글랜드화가 일어나고 아일랜드인들을 대상으로 특권이 이전된 방식에 대한 도표를 만들었다. 아일랜드인들의 억양은 분명히 눈에 띄지만 의지만 있다면 묽어지거나 완화될 수 있다. 결국 언어도 마찬가지인데, 앞에서 이미 지적했던 바와 같이 사우스홀 같은 지역에서 아시아인들의 모국어가 하나의 장벽으로 작용하는 데 반해, 아일랜드어의 경우에는 단순히 신원 확인을 위한 수단이었다. 어쨌든 차이에 대한 포스트모던적인 매력이 더해지면서 '사랑스러운 아일랜드 장난꾸러기'에게 열광하는 경향이 나타나게 되었다.

거대한 아일랜드계 미국인 디아스포라의 경우 또 다른 독특하고 때로는 유사하기도 한 환경을 드러낸다. 대부분의 아일랜드인들은 스스로 만든, 하이픈으로 연결된 정체성 속에서 자신의 켈트적인 뿌리의 종족적 풍미를 고수하며 미국인들의 생활양식 속에 '흡수'되었다. 아일랜드인들은 1950년대 이후 블랙-백인이라는 2원체들이 다른 종족-인종적 구분을 압도하면서 블랙 집단이 활발하게 시민권 운동을 벌이는 가운데 비교적 쉽게 받아들여졌다. 이렇게 정치적으로 혼란스러웠던 몇십 년이 지난 이후, 급진 정치로부터 떠나지 못했던 아일랜드계 미국인 집단은 다른 이류 백인 디아스포라들과 비교했을 때 여전히 특별한 사례에 해당했다. 아일랜드인들의 독특함은 두 가지 주요 특성에 의해 유지되었다. 첫째, 초국가적인 '앵글로-켈트'문화의 상징적인 통용이다.[15] 둘째, 아일랜드계 미국인들이 북아일랜드의 자치권 획득을 위해

---

15 남아프리카공화국과 뉴질랜드의 아일랜드인 디아스포라를 연구한 에이컨슨(D. H.

적극적으로 기금을 모으고 로비 활동을 벌이는 것이다.[16]

아일랜드인들의 유럽 디아스포라에 대해서는 좀 더 범위가 넓은 유럽연합의 담론을 고려해야 한다(Shore 2000). 레스 백과 아눕 나약(1993)은 '요새 유럽(Fortress Europe)'에 대한 논쟁들을 지지하는 전(全) 유럽에 걸친 백인성의 인종주의적 논리에 초점을 맞춘다.

이렇게 제도화된 형태의 이주 통제는 분명히 한 유럽인이 어떻게 생겨야 하는지에 대한 인종화된 관념을 전제로 한다. 즉, 일반적인 상식으로 유럽인들은 백인이고, 비유럽인들은 블랙이라는 것이다. 이제는 자민족 중심주의적 인종주의라는 민족적 형태로부터 모든 유럽연합 회원국에 확립되고 제도화되고 있는 유럽 민족 중심주의적 인종주의로 변화해가는 새로운 움직임이 생겨나고 있다(Back and Nayak 1993: 4).

아일랜드인들도 이렇게 상상된, 동시에 고도로 영토화된 유럽의 정식 회원이다. 아일랜드인 디아스포라는 인종/종족성의 위계질서로부터 자유로운 하나의 예인 것이다. 아일랜드인들은 정치, 문화, 인종적으로 억압당하는 한편, 피부색과 언어 그리고 유럽인 정체성의 정치적 담론과 넓은 의미에서 기독교라는 요인들로 인해, 예를 들어, 영국에 거주하는 아시아인 무슬림들보다는 훨씬 더 잉글랜드에 잘 '흡수될' 수 있을 것

Akenson)의 저서 두 권에 대한 폴 아서(Paul Arthur 1991)의 논평 가운데 초국가적인 '앵글로-캘트' 문화 탐구 부분 참조.
16 아서(1992)의 다른 논문은 미국의 북아일랜드 정책에 영향을 미치려는 아일랜드계 미국인들의 시도를 분석하고 있는데, 로비스트들 간의 합의가 부족하고 그들의 대상이 유대계 미국인들의 로비 표적처럼 아랍 국가들이 아니라 오히려 영국과 같은 미국의 동맹인 경우, 미국이 제한적으로 사건에 개입한다는 사실에 주목한다(제7장 참조).

이라는 의미에서 유연성이 있다.

이그나티프의 인종에 대한 연구에 힘입어 웨어는 '몇몇 종족 집단들은 흑인성과 백인성 모두에 대해 좀 더 복잡하고 이중적인 관계를 드러내며, 역사적으로 양자 사이를 돌아다니기에 적합한 위치에 있다'(Ware 2002b: 162)고 지적한다. 아일랜드인들의 디아스포라에 초점을 맞춤으로써 백인성을 권력 관계의 정지된 부분이 아니라 오히려 하나의 과정으로 선명하게 드러내는 것이다. 일찍이 식민지로 억압받으면서 정치적 의미에서 '블랙'으로 간주되었던 아일랜드인 디아스포라는 '백인'으로 여겨지기 위해 엄청나게 노력해왔다. 이 예는 앵글로-색슨계 유럽이 아닌 곳에서 온 유대인, 이탈리아인, 그리스인과 다른 디아스포라들이 '보호관찰 중인 백인들'로, 또는 우리가 앞에서 표현하였듯이 이류 백인성의 예로 보일 수 있다는 매튜 제이콥슨(Matthew Jacobson 2000)의 의견을 뒷받침한다.[17]

---

[17] 이와 같은 경우는 특히 그리스인 디아스포라의 예를 고찰하기에 적절한데, 비록 그리스가 남유럽의 비교적 가난한 국가들 중의 하나로 간주되지만, 고대 그리스의 고전문화가 좀 더 높은 등급의 백인성으로 가게 하는 여권으로 작용하기 때문이다. 예를 들어, 그레고리 저스다니스(Gregory Jusdanis)는 그리스계 미국인들이 고대 그리스가 서구사회의 문화 수도를 대표하는 것과 연관지어 스스로의 위치를 상상한다고 주장하면서 이러한 과거를 재생시키기 위해 노력한다. 그럼에도 불구하고 그리스 문화에서 이교도적인 부분을 없앤 것과 같이, 다양한 단계의 그리스 역사에서, 그리고 고전시대의 아테네를 통해 유럽의 정체성이 형성된 것으로 보는 한 유럽에 대한 기억에서 근대 그리스를 조직적으로 계속 배제해왔다. 의심할 여지 없이 백인성의 성배는 서구이며, 이런 지위에 대한 주장들은 상징적으로 그리고 지리적으로 상상된 유럽에 의존해왔다. 유럽은 그저 지리상 존재하는 실체가 아니다. 비유럽 국가들에게 있어서는 '요새 유럽'이라는 현실임에도 불구하고 그 자체로 매우 불분명한 경계를 가지고 있다. 그러나 유럽은 또한 고전시대 역사의 이미지, 예술적 그리고 문화적 유산과 문명에 대한 관념을 모두 상기시키는 하나의 상상된 공간이기도 하다. 루이스 A. 루프레히트 주니어(Louis A. Ruprecht Jr. 1994)와 같은 학자들은 헬레니즘 문화뿐 아니라 히브루 문화도 유럽의 개념을 규정한다고 지속적으로 주장해왔다. 그는 오늘날 우리가 알고 있는 유럽은 헬레니즘과 히브루 문화가 오랫동안 전쟁과 평화 속에 공존할 때, 레반트 지역에서 시작된 문화적 통합에서 비롯되었다고 주장한다.

희거나 그리 희지 않은?

권력과 정체성의 구조를 바꾸는 것은 백인성을 촉진시키는 것이 반드시 1차적이고 정적이며 단순한 과정만은 아님을 의미한다. 20세기 유대인들의 경험이 바로 이런 예를 제시한다. 매튜 제이콥슨이 주목한 바와 같이 제2차 세계대전은 유대인들이 백인성을 향해 변화해가는 데 있어 중요한 전환점이 되었다(2000: 241). 이와 대조적으로 19세기 유대인들은 도덕적으로나 관상학적으로 '블랙' 혹은 인종학 조사 보고서에서처럼 적어도 '가무잡잡'한 것으로(Gilman 2000: 231) 매도되던 집단이었다.[18] 유대인들의 '블랙스러움'은 도덕적으로 인종적 열등성의 표식이었고 병든 특질의 지표였다. 관상학적으로 피부색과 외적인 표식들은 차이의 지표로 사용되었다. 그들을 아프리카인들에 견주었으며 이종교배를 저지른 '추악한' 인종들 중의 일부로 지정했다(Gilman 2000: 232). 이러한 견해는 유대인들에게 뿔뿔이 흩어진 사람들의 운명이 지워진 것은 그들의 '피'가 아니라 종교 때문이었다는 관념과 서로 겨루었다(Jacobson 2000: 241). 유대인들은 거주하는 지역의 다양성으로 인해 '적응하는' 사람들(Jacobson 2000: 233)로 여겨지기 시작했다. 비록 그들이 잘 섞인다고 여겨졌을지라도, 사람들은 유대인들이 여전히 독립적이며 독특한 인종적 범주라는 견해를 갖고 있었다. 샌더 길먼(Sander Gilman)이 지적하듯이 '그 코는 유대인들을 보는 데 있어 다름을 나타내는 중심 기관들 중의 하나이다'(2000: 235). 얼굴의 돌출물이 이익을 호전시키고 특징을 간파

---

[18] 낸시 포너(Nancy Foner 1997)는 여러 인종 집단들 가운데 하나인 '백인 종족'이 1880년과 1923년 사이 미국으로 가는 '마지막 대량 이주의 물결'에 합류했다는 식으로 본다. 또한 초국가주의가 단지 현대시대의 현상만은 아니라고 설명하는데, 유대인들과 특히 이탈리아인들은 높은 비율의 귀환과 반복 이주를 보여주었기 때문이다.

하는 재능을 발휘하는 빈틈 없음에 대한 시각적인 부적으로 여겨졌던 것이다. 제이콥슨도 이와 유사한 주장을 하고 있다.

19세기 중반과 20세기 중반 사이 미국 문화에서 두드러지는 유대인다움은 사회적 가치가 인식으로 변하는 복잡한 과정을 나타냈다. 유대인다움에 부여된 사회적, 정치적 의미들은 일종의 관상학적 감시를 초래하는데, 이는 유대인다움 자체를 육체적인 특징의 특정적인 경향들〔피부색, 코 모양, 머리카락 색깔과 머릿결 그리고 블루먼바흐(Blumenbach)가 '그 근본적인 얼굴 형태'라고 불렀던 것들〕을 통해 인식할 수 있게 한다(Jacobson 2000: 241).

이러한 견해들은 여전히 역사의 찌꺼기들 그리고 오늘날 극단적인 극우파 조직들의 이데올로기적 찌꺼기들로 계속 받아들여진다. 극우파 정당들은 지속적으로 인종적인 용어를 동원해 유대인들을 박해하고 있다. 인터넷에서 신나치 단체들을 찾으면 수많은 사례들을 볼 수 있다. 2002년 7월 14일 파리에서 프랑스 대통령 쟈끄 쉬락(Jacques Chirac)을 암살하려는 시도가 있은 후, 영국에 기반을 둔 Combat 18에 의해 운영되는 인터넷 사이트는 'ZOG〔유대민족주의자 점령 정부(Zionist Occupation Government)〕에 죽음을, 88'을 선포했다.[19] 신나치주의자들은 '유대인들이-이끄는-음모'가 세계를 지배한다고 믿으며, '백인종'의 미래를 위협한다고 지속적으로 울부짖어왔다. 1990년대부터 극우파 조직들이 민주적으로 보이기 위해 노력해왔음에도 불구하고 이런 일이 일어났다.[20] 〔신나치

---

19 '88'은 히틀러 만세(Heil Hitler!)의 약어이며, 8은 여덟 번째 알파벳인 H를 의미한다!
20 백이 쓴 〈누가 저녁식사에 오는지 맞혀봐? 회색지대 백인성 연구의 정치적 도덕성(Guess Who's Coming to Dinner? The Political Morality of Investigating Whiteness in the Gray

주의자인) 막심 브뤼네리(Maxime Brunerie)가 관련된, 민주적이라 공언해온 극우 정당은 Combat 18의 행동을 비난했다(Lichfield 2002).[21]

그러나 이러한 견해들은 유대인들을 백인으로 변모시키려는 노력을 끊임없이 방해해왔다. 제2차 세계대전 이후 미국에서 유대인들의 이미지를 변형시키려던 노력의 주요 특징들을 살펴보면, 블랙-백인이라는 2원체가 다른 종족적 구분들을 대신하고, 유대인들의 사업 성공으로 말미암아 '오직 백인들만' 살던 도시 근교로 지리적인 분산이 일어났으며, 미국의 지지와 함께 이스라엘 국가가 탄생됨으로써 유대인들을 '백인으로 만드는' 결과를 가져왔다. '중동 지역에서 미국의 고객 국가였던 이스라엘은 이데올로기적 필요성과 미국 민족주의의 명령에 의해 효과적으로 하나의 백인 고객 국가'(Jacobson 2000: 249)가 되었던 것이다. 미국에 거주하는 유대인들의 세속화와 함께 '20세기가 경과하면서 유대인들은 점점 코카서스인들이 되어갔다'(Jacobson 2000: 238). 이러한 코카서스 백인의 정체성은 '인종'이라는 가정된 생물학적 특성들보다는 오히려 일반적으로 유대인 종족성의 문화적 표식들로 여겨질 수 있는 것에 의해 자격이 주어질 필요가 있다. '인종'에서 종족성으로의 광범위한 변천은 제2차 세계대전의 홀로코스트에 의해 인종의 생물화 이론들이 대학살이라는 극단적인 행위를 고용한 결과, 그 평판이 나빠졌을 때 비로소 변천을 위한 연료를 얻게 되었다.[22] 그런 모순들로 인해 비평가

Zone〉 참조(Ware and Back 2002: 33-59).
21 막심 브뤼네리는 신나치 조직인 연합방어조직(Groupe Union Defence)의 회원이었으며, 2001년 전국공화당운동(Mouvement National Republicain, MNR) 정당 소속으로 공직에 출마하기도 했다.
22 또한 리치 코헨은 《강한 유대인들: 아버지, 아들과 갱의 꿈(Tough Jews: Fathers, Sons and Gangster Dreams)》(1998)에서 유대인 갱 단원들의 과거가 거친 유대인 사내들의 합

들은 이렇게 묻는다.

'유대인들은 백인인가?' 샌더 길먼은 묻는다. 이 질문은 인종적 차이에 있어서 유대인성의 근본적인 불안정함을 암시하지만, 그 어법은 근본적으로는 미국의 정치적 문화에서 백인성의 형세를 잘못 말하는 것이다. 1790년 이후 백인이라는 호칭의 가장 중요한 척도에 의하면 유대인들은 정말로 '백인'이었다. 그들은 어느 한 국가에 들어가서 시민권을 가진 시민이 될 수 있었다. 다양한 인종 분류에 붙어 있는 의미의 미묘한 차이에 의하면, 그리고 백인성이 셈족이나 유대인들을 향해, 그러고 나서 다시 코카서스 백인들에게로 달려드는 데 내포되어 있는 미묘한 차이를 고려하면, 문제는 그들이 백인인가라는 질문이 아니고, 심지어는 어떻게 백인이 그들이냐라는 질문도 아니며, 어떻게 그들이 백인이며 타자이기도 하는가이다. 무엇이 보호관찰 중에 있는 그들의 백인성의 역사적 비용이었는가?(Jacobson 2000: 241)

백인성과 타자성의 변증법은(제2차 세계대전 동안에 일어났던 홀로코스트에 대한 보상으로 창조된) 이스라엘 민족-국가 형성을 통해 간결하게 표현되나, 이스라엘은 미국 정부의 강력한 지지와 (쫓겨난) 팔레스타인인들을 조직적으로 억압하도록 인가받은 사실과 더불어 실질적으로 백인 우월성을 대표하게 되었다. 이러한 상황은 많은 이들을 혼란에 빠트렸다. 린다 그랜트(Linda Grant 2002: 4)는 '어떻게 홀로코스트를 경험했던 유대인들이 팔레스탄인들에 대해 이렇게 행동할 수 있을까?' 하고 생각했다.

법적 집합체인 이스라엘 군대가 생기면서 어떻게 감추어지게 되었는가를 지적한다.

유대인 디아스포라는 복잡하고 다종다양하며 유대인 민족주의에 대해서도 서로 다른 태도를 고수하는데, 이스라엘을 '모국'으로서 하나의 본보기로 구체화하면 이러한 역동성이 별로 다양하지 않게 나타난다.

유대민족주의인 시오니즘은 아리안의 변형인 한편, 백인 우월성과 공통적인 전제들을 공유하는 유대인의 순수성에 대한 여러 생각에 의존하고 있다. 그리고 유대민족주의는 공동의 아랍인 조상을 둔 많은 유대인들과 기독교도들 그리고 무슬림들을 제거하려는 반(反)혼종성의 한 예이다. 이스라엘 정부가 유대민족주의적인 태도를 유지하는 한, 백인성에 결합된 비가시성보다 특권들이 오히려 항상 유대인들의 경험의 한 국면일 것이다. 물론 가장 문제가 되는 것은, 이러한 유대인의 순수성을 유지하려는 노력이 얼마만큼 팔레스타인에 거주하는 다른 이들을 그 땅으로부터 추방할 것을 요구하느냐이다. 여기서 우리는 팔레스타인의 '문제'가 유대주의, 기독교, 이슬람이라는 다양성을 불러일으켰던 상호작용들과 문화들을 재생산하는 것이 아닌, 다른 모든 것의 희생 아래 백인 우월성에 공명하는 순수성을 모색해 나가는 것이라고 본다. 그 결과 이스라엘인들의 다 종족적, 다국적, 다언어적 본질은 무슬림들 뿐 아니라 어느 정도까지는 기독교인들에게도 유대인들의 지배를 주장하는 어떤 특권으로 변형되는 것이다. 미국인들이 자금을 댄 가장 우수한 무기를 가지고 이스라엘이 하나의 민족-국가로서 자신의 영역을 방어할 때, '디아스포라'라는 용어가 유대인의 경험과 매우 밀접하게 관련되어 있다는 사실은 상당히 역설적이다.

그러나 예루살렘이라는 신화적인 모국을 가진 유대인 디아스포라에 대해 이야기하는 것 자체가 처음부터 유대민족주의적인 담론의 덫에 빠져드는 것이다. 여러 연구자들은 세계 각지의 다양한 장소에 형성된 유대인 디아스포라들이 현실을 극복해나가는 사례들을 살펴보았다. 예를 들어, 사라 아브리바야 스테인(Sarah Abrevaya Stein 1997)은 북부 아프리카와 중동, 발칸 지역 유대 민족의 역사를 특징지었던 다양한 특성에 대해 유익한 조언을 해주었다. 그러나 이런 이야기들은 유럽의 유대인들에 의해 식민화된 것으로 추정되는 세파르디(Sephardi: 이베리아 반도에 정착했다가 15세기 후반 기독교 국가가 들어서면서 유럽 각지로 쫓겨난 유대인들을 뜻하며, 이들 대부분은 현재 이스라엘에 살고 있다—옮긴이)와 중동 지역의 유대인들에 대한 전체론적인 연구를 구성하는 저술에는 반영되지 않았다. 스테인의 작업은 유대민족주의의 영향을 받은 연구들이 다른 디아스포라 역사, 호스트 인구들, 그리고 이들이 서로 얽히면서 만들어내는 특수성을 감안하지 않은 데 대한 하나의 경고이다. 유대인 디아스포라를 다루고 있는 일반 문헌에서 자주 간과되는 다른 흥미로운 사례는, 이집트의 유대인 공산주의 망명자들이 구성한 '로마 그룹(The Rome Group)'에 대한 조엘 베이닌(Joel Beinin 1992)의 논문 등에서 보여진다. 이 그룹은 이스라엘이 탄생하기 이전에 이집트에서 마르크스주의를 발전시키는 데 지대하게 공헌하였으나, 1948년 이스라엘 민족-국가가 설립되면서 추방되거나 자발적으로 떠났다. 모든 유대 디아스포라들이 서구의 일부로 간주되는 지역으로 이동할 필요는 없었다는 사실 또한 되새길 가치가 있다. 유대민족주의와의 연대, 이스라엘 정부, 백인성 문제 등과 관련하여 유대인 디아스포라들의 입장이 분명히 서로 다르듯이, 디아스포라는 결코 동질적이지 않고, 그것의 혼종성은 충분히 갈등을 경험하고 있으며 복합적이라고 볼 수 있다.

상호작용들

유대인의 경우는 디아스포라의 개념화에 내재된 내부 지향적이자 종종 외국인 혐오주의적인 조직을 생산할 수도 있는 모순들을 강조하며, 동시에 정체성의 절대론적인 관념에 반대되는 것을 생산해왔다. 그러나 실제로 디아스포라는 다른 디아스포라 인구들과 그런 것처럼 호스트 사회와도 문화적으로 배타주의적인 시선을 완화시키는 다양한 상호작용을 한다.[23] 우리가 제1장에서 이미 언급했던 것처럼 브라(Brah 1996)는 '디아스포라 공간'을 이주민과 '토착민으로' 간주되는 이들 간에 상호소통이 일어나는 장소로 고찰할 필요에 대해 이야기한다. 이는 다양한 종류의 상호작용이 예견되고 일어날 수 있는 디아스포라의 공간에서 종족적 자기중심주의의 감퇴를 의미한다. 여기서 우리는 혼종성이 일어나는 과정에서 변형되는 집단들이 단지 주변화되거나 종속적인 집단들일 뿐이라고 가정할 수는 없다. 안시아스가 설명하는 것처럼 문화적으로 지배적인 집단들은 '그들 자신의 문화 상징들 중에서 중심이 되는 일부와 헤게모니의 기능을 변형시키고 단념하는 것을 순순히 받아들일'(Anthias 2001: 12; 제4장도 참조) 필요가 있다. 이 장에서는 혼종성을 논의하는 가운데 종종 간과되었던 후자의 시각에서 출발하려 한다.

식민 지배를 받던 남아시아에 형성된 앵글로-인도인 공동체들이 적절한 예이다. 물론 그들이 통합된 집단은 아니지만, 그럼에도 불구하고 제4장에서 논의되었던 '인종'의 혼합인 혼종성의 항목으로 구분될 수는

---

[23] 여러 학자들은 디아스포라의 현장에서 본질주의자, 정체성, 문화 생산의 혼종적 형태들 간의 변증법에 대해 주목해왔다. 예를 들어, 하칙 톨뢸얀(2000)은 11세기에 형성된 아르메니아인 디아스포라의 사례와, 지난 20년간 망명 민족주의부터 디아스포라 초국가주의에 이르기까지 그 변천에 대한 분석을 다각도로 고찰했다.

있다.[24] 우리는 특수성을 변증법적으로 그리고 정치적 동원과 효력을 염두에 두고 고찰하자는 요구를 심각하게 받아들이려 한다. 과연 앵글로-인도인의 정체성이 여기에서 어떤 임무를 맡고 있을까? 혹은 혼종이 혼종성과 디아스포라를 모두 과정으로 혼동하는가?

앵글로-인도인들은 식민 지배를 하던 영국(어느 정도는 프랑스와 포르투갈)인들과 원주민들 간에 성적 교환을 통해 만들어진 하나의 부산물로서, 탈식민시대에는 실질적으로 인도 아대륙의 또 다른 종족/인종 공동체로 제도화되었다.[25] 앵글로-인도인이라는 범주는 유럽인 남성과 원주민 여성 간의 자식을 묘사하는 표현으로 만들어졌다. '에릭 스트레이시(Eric Stracey)라는 예순세 살 된 한 앵글로-인도인이 말하기를 "앵글로-인도인들은 자신들의 기원을 남자는 여자가 필요하다는 사실에 기인한다!'"(Younger 1987: 10에 인용). 라쥐〔Raj: 힌두어와 산스크리트어로 '왕국' '왕령' 등을 의미하는데, 이 경우에는 영국 동인도회사가 통치하던 인도 일부 지역을 뜻한다. 1858년 이후 영국 정부가 직접 인도를 통치하면서 컴퍼니 라쥐(Company Raj)에서 브리티쉬 라쥐(British Raj)로 명칭이 바뀐다―옮긴이〕에서는 1776년까지 영국인들보다도 앵글로-인도인들의 수가 더 많았다. 그들은 자신이 애매모호한 위치에 있음을 알고 있었다. 한편으로는 영국적 유산과 경향들 때문에 인도인들에게 의심을 받았고, 다른 한편으로는 특히 동인도회사의 주주들이 자신의 아들들을 인도의 고위직에 임명시키기를 원했던 초기에는 영국인들에게도 위협으로 보였다. 실제로 앵글로-인도인들의

---

[24] '인종-혼합'에 대한 논의를 뒷받침하는 파워 역동성(power dynamics)에 대한 분석은 피닉스와 오웬(2000) 참조.
[25] 남아프리카공화국의 '칼라드(Coloureds)'와 서인도제도의 크레올의 경우도 마찬가지였다.

모호한 위치는 빅토리아시대의 '인종' 혼합에 대한 강박관념을 반영하였다. 이러한 사실은 1901년에 처음 출판되었던 러드야드 키플링(Rudyard Kipling)의 《킴(Kim)》이라는 소설을 통해 잘 설명되는데, 한 아일랜드 군인과 인도 여성 사이에서 태어나 고아가 된 킴볼 오하라(Kimball O'Hara)에 대한 이야기이다. 앵글로-인도인 킴볼은 어린 시절을 라호레(Lahore)에서 방랑자로 보냈는데, 제대로 섞이지 못하는 혼종들의 상황을 스스로의 삶을 통해 보여준다. 이후에 나온 책들 가운데 《킴》에 버금가는 것은 정체성의 뒤섞인 정치를 줄거리와 주제로 채택한 해리 쿤즈루(Hari Kunzru)의 《흉내 내는 사람(The Impressionist)》(2002)일 것이다.

앵글로-인도인 공동체의 의식이 구체화된 것은, 1919년 몬테규-첼름스포드 보고서(Montagu-Chelmsford Report)가 나올 무렵 인도인들을 정부 공무원직에 채용하는 것이 강화되면서부터였다. 앵글로-인도인들은 인도에서 인도인들에게 주어진 특권들을 원하면서도, 언어와 종교, 생활방식과 교육을 이유로 자신을 영국인으로 보았다. 그러나 영국인들은 그들을 환영하지 않았다.

[앵글로-인도인들]은 성적 방종함의 생산품인 라쥐의 어두운 면을 오히려 대변하고 있는 것으로 보였다. 빅토리아시대의 도래와 함께 섞인 핏줄보다는 인종적 순수함을 우월하고 우세한 덕목으로 보는 선입관이 앞섰다. 혼혈은 양쪽 인종의 가장 나쁜 점이 구체화된 것으로 믿어졌고, 그들의 열등한 핏줄이 유라시아인들을 갈라놓았으며 일반적으로 나태하고, 꾀죄죄하고, 냉혹하고, 사악하며, 이기적이고 비양심적이라고 믿어졌다(Younger 1987: 16).

민족주의가 고조되고 식민주의가 쇠퇴하던 시기에 많은 앵글로-인도인들이 자신들의 불분명한 위치 때문에 영국과 다른 영연방 국가로 이주하였다. 앵글로-인도인들의 첫 번째 이주 물결은 1946~1947년에 일었다. 이는 대부분의 앵글로-인도인들이 새로이 독립하게 될 인도에서 느꼈던 공포와 자신들의 신분에 대한 불확실성 때문이었다. 두 번째 물결은 1965년 이후 힌두어가 인도의 공식어로 채택되면서 언어 폭동〔타밀 나두(Tamil Nadu)지역을 중심으로 일어났다—옮긴이〕과 많은 동요가 있었던 시기에 일어났다. 현재 인도에 남은 앵글로-인도인들은 약 10만~12만 5000명에 불과하며, 도심에 집중되어 있고 주로 이주하기에는 나이가 너무 많아서/거나 너무 가난한 이들이다.

우리가 눈을 서쪽으로 돌리면 또 다른 종류의 '앵글로-인도인' 주민들의 출현을 볼 수 있는데, 17세기부터 나타난 유럽인과 아메리카 원주민이 결합된 결과로서 이름이 잘못 붙여진 경우이다. 아메리카 인디언들 사이에서 살았던 교역자들은 종종 '공동체에 거주하는 동안 성적 동반자이자 가정 살림을 맡았던 여성들인 "인도인 아내들"'(Godbeer 1999: 91)과 살았다. 그 여성들이 교역의 길을 뚫을 수 있게 해주었다. 개리 나쉬(Gary Nash)가 지적하듯이 '그들은 메스티조 아메리카의 참된 상징이 되었다. 메띠사줘(metissage)는 스페인어 메스띠자헤(mestizaje)에 해당되는 프랑스어로서 잉글랜드인이나 프랑스인 교역자들과 그들의 아내를 가리키는 용어이며, 자녀는 메티스(metis)라 불린다'(Nash 1999: 13).

이러한 관계들 중 일부는 좀 더 영구적이었다. 탐험가 존 롤프(John Rolfe)는 포우하탄(Powhatan)의 딸 포카혼타스(Pocahontas)와 결혼했는데, 17세기에 처음으로 기록된 다른 인종들 간의 결혼이었다.[26] 그럼에도 불구하고 '편견과 폭력으로 인해 혼합된-인종의 아메리카 공화국이 될 수도 있었던 길이 봉쇄됐다'(Nash 1999: 11). 인종주의에도 불구하고 다인종적 결합은 줄지 않고 계속되었다. 사실상 나쉬는 이렇게 주장한다.

> 델라웨어, 메릴랜드 동부, 버지니아 동부를 포함하는 반도에 깊이 뿌리내린 붉고, 희고, 검은 사람들의 혼합이 삼인종(triracial) 공동체들을 만들었다. 오늘날에도 여전히 앨라배마에서 뉴욕에 이르기까지 럼비들(Lumbees), 레드 본즈(Red Bones), 웨솔츠(Wesorts), 브라스 앙클즈(Brass Ankles) 그리고 다른 많은 삼인종 사회들이 독특한 정체성을 유지하고 있다(Nash 1999: 15).

이런 현상들은 제도적으로 타인종 간의 혼합을 반대하던 당대의 풍조를 반영하면서 사실상 역사책에서 지워졌다. 이는 미국의 수백만 백인들이 다인종적 뿌리를 가지고 있다는 사실을 속이는 것이다. 유럽인들이 리처드 고드비어(Richard Godbeer)가 '중간 지대'로 표현했던 입장에서 아메리카 원주민들을 다룬 디아스포라 공간 나누기의 결과였다. 이러한 중간 지대는 '타 문화들 간의 많은 접촉 가능성을 입증하였다. 이는 식민주의적 탈취라는 폭력뿐 아니라 다른 종족들과 상호적이며 성공적인 수용도 실현하였다'(Godbeer 1999: 92). 이는 단지 아메리카 원주민들만이 변화된 것이 아니라, 유럽인들도 순수함이라는 신심(信心) 다음가는 이데올로기로 채워진 명제를 가졌음에도 불구하고 매우 실질적이고 명백한 방식으로 바뀌었다는 것을 의미했다.

---

26 흥미롭게도 당시 영국 왕이었던 제임스 1세는 타 인종간의 결혼에 대해서는 질색하지 않았으나 롤프와 같은 일반인에게 국왕의 딸과 결혼할 수 있는 자격이 주어지게 될까 안달이 났었다. 솔직히 이 시기는 19세기의 과학적 인종주의가 아직 유럽 지식인층의 사고에 뿌리를 내리기 전이었다.

백인성은 이러한 접촉들에 의해 오염되었다. 좀 더 정직하게 인류의 실제 유전적인 구성을 드러내는 사람들에게 부여된 다양한 용어들 주변에서 인종적 위계질서가 붕괴되고 개혁되었기 때문이다. 물라토, 혼종, 메스티조로 지명된 집단들은 디아스포라라는 상황에 의해 만들어진 전형이었지만, 인정받지 못한 포괄적인 '백인'의 상태이기도 하였다. 양의성이 고조된 상황에서 '혼합된 인종'은 실제로 원주민 사회에 속한 것도 아니고, 인종적 순수성과 배타성의 제도 때문에 백인성의 동료들로부터도 완전히 받아들여지지 않은 잘못된, 그리고 이중으로 배제된 존재였다. 북아메리카의 경우 (초기) 식민주의 시대에 인종화된 토착민들에게 많은 변화가 있었을 뿐 아니라 백인 인구도 근본적으로 바뀌었다. 그러나 보수적인 무리들은 여전히 자신을 블랙이나 토착민들보다 우월하고 인종적으로도 특별한 사람으로 보이려고 자신의 역사를 부인하면서 살아왔다. 우리가 이 장에서 거듭 이야기해왔던 것처럼, 우월성에 대한 주장은 백인과 같은 강력한 것들을 만들어내는 이데올로기적이고 정치적인 구조에 의존하며, 이 부분에 있어 그 이야기는 언제나 똑같다. 심지어 백인성은 그 자신이 색깔임에도 불구하고 고집스럽게 색깔에 눈이 멀어 있는 것이다.

'그럼, 나는?'이 아니라

이 장에서 우리는 여정 내내 백인성이 디아스포라와 혼종성과 관련되어 구축된 방식에 초점을 맞추어왔다. 우리는 디아스포라 연구들이 소수자이자 인종화된 집단이나 이류 백인성의 종족화된 공동체에 몰두하면서 백인성이 하나의 초점이 되는 것을 피하는 경향이 있다는 점에 주목하였다. 이러한 부재에는 많은 이유들이 있다. 첫째, 그것은 부분적으로 귀화와 백인성, 서구의 합법적인 시민권 간의 규범적인 결합 때문이다. 둘째, 백인성에 대한 수많은 연구에서 지적되었던 바와 같이, 백인들이 서구를 둘러싸는 헤게모니를 유지하는 과정에서 비가시적으로 만들어지기 때문이다. 셋째, 백인들의 이동은 다른 이동하는 인구들과 달리 동화와 융합이라는 면에서 하나의 '문제'로 받아들여지지 않는 데에 일종의 내재된 오만이 있기 때문이다.

디아스포라와 혼종성에 대한 책에서 우리가 백인성을 지목하여 다시 분석의 중심에 놓음으로써 백인성의 헤게모니를 되새기려는 의도는 없음을 강조하는 것이 중요하다. 이것은 '그럼, 나는(what about me?)'이라는 반응을 보이는 학파나, 리처드 다이어가 표현하듯이 '비백인적인 주제들에게 주어졌던 모든 관심의 한가운데에서 백인들은 제외되어온 느낌'인 '나-도-주의(me-too-ism)'(1997: 10)를 불러올 수도 있다. 이는 그토록 중요한 연구 조사를 통해 배운 교훈에 반대되는 결과를 초래할 수 있다. 백인성의 여정에 초점을 맞추는 이유는, 스스로 단언하고 있는 백인성의 자격 증명서에 그저 또 다른 첨가 재료가 되어 학계의 가방 속에 스스로를 던져 넣지 않기 위해서이다. 이것은 오히려 그 기초를 뒤흔들어 상식적인 가정과 편견들이 학계의 안쪽과 바깥쪽 모두에서 훼손되도록 하려는 것이다. 만약 우리가 백인성을 심문하지 않는다면, 그것은 백인성이 공평하고 자연적인 것으로 상상되도록 내버려두는 것이다.

그러므로 분류의 제도로서 인종주의(억압하고 특권을 부여하는)와 인종 간의 차이들을 놓치는 것이다. 이러한 분류의 제도는 지식의 제도에 의해 지지되고, 법률상 법전으로 작성되고, 다른 사회적 범주들을 구성하고 그 범주들에 의해 성립되고, 전 세계적 자본의 이해관계와 교차하고 현대 민족-국가를 지나치게 한정하고 있다(Socialist Review Collective 1995: 6).

백인성을 디아스포라와 혼종성과 함께 삼각으로 나누면 적어도 백인성을 공평하고 자연스러운 것으로 보는 사고와 분석의 영역에 감추어진 가정의 일부를 드러내는 기회를 제공할 것이다. 그러나 이 책의 다른 장에서와 마찬가지로 우리는 백인성을 유지하는 권력 구조들을 얼마나 드러내야 북미와 유럽 전역에서 다시 소생하고 있는 극우파 정당들의 활동들에 적절히 반응할 수 있는지 물어볼 필요도 있다. 영국의 영국민족당(British National Party), 오스트리아의 자유당(Freedom Party), 네덜란드의 핌 포르퇴인(Pim Fortuyn) 그리고 프랑스의 르 뺑(Le Pen)으로부터 얻어낸 소득은 점점 강해지고 있는 외국인 차별적이며 백인우월주의적인 정치정당들의 조류에 대해 구체적으로 그려낸 것이다. 그러나 미국의 백인 의용군들과 협력하고 있는 이 조직들은 훨씬 더 폭력적이고 적의에 찬 방식으로 백인성에 대한 주장의 기본 원리를 제공하고 있는데, 단순히 '우리는 모두 혼종이다'라고 말하거나 또는 원주민이라는 주장들이 거짓이라고 말하는 것이 제대로 조사될 가능성은 거의 없다. 우리가 이 장에서 제안한 것이 위의 극우정당들과의 교전을 가능하게 할 수도 있는 일부 수단을 제공하지만, 앞서 이미 여러 장에서 반복했던 것처럼 소생하고 있는 극우파들과 싸우기 위한 전략적이고 조직적인 논리는 여전히 어느 정도의 노력이 필요하다.

초국가적 테러

우리가 기업 자본과 세계시장의 이데올로기를 고려하기 시작할 때, 포스트모더니즘 이론가들과 탈식민주의 이론가들은 현대 주권의 2원체와 본질주의에 도전하기 위해 차이, 유동성, 혼종성의 정치학을 옹호하지만, 권력의 여러 전략에 의해 측면을 포위당했다는 것이 명백하게 드러난다. 권력은 그들이 공격하고 있던 요새에서 철수하고, 차이라는 이름으로 2원체와 본질주의와 함께 공격에 가담하기 위해 후방 주위를 선회하였다. ……이 분야의 연구 중 상당히 많은 부분에 동기를 부여하는 민주주의적, 인류 평등주의적 그리고 심지어는 때로 반자본주의적인 희망들을 의심할 필요는 없다. 그러나 권력의 새로운 이론 틀을 배경으로 삼아 이러한 이론들의 효용성을 조사하는 것은 중요하다 (Hardt and Negri 2000: 138).

오늘날 강대국들의 새로운 패러다임은 식민주의라는 오래된 이름을 가지고 있다. 아프가니스탄과 이라크의 점령, 구유고슬라비아에 식민 총독(은유적 표현—옮긴이)을 임명한 것은 공식적 식민주의 시대에 널리 행해졌던 주권 훼손하기의 증거가 된다. 마이클 하트와 안토니오 네그리는 영향력 있는 저서 《제국(Empire)》(2000)에서 20세기 말엽의 자본주의 상태를 만들어내고 있는 강대국들의 새로운 전략과 동맹을 설명하는 데 많은 지면을 할애하고 있다. 그러나 연이어 일어난 사건들에 의해 이에 대한 분석은 쓸모없게 되었다. 하트와 네그리의 이론적 접근 방식은 혼종성과 디아스포라와 같은 용어들의 흡수와 재가공 그리고 관련된 문화적, 정치적 형태들과 같이 동의할 부분이 많은 반면, 궁극적으로는 그 접근 방식이 식민화하는 세력들과 싸우고 있는 이들에게는 별다른 소용이 없다는 사실을 발견할 수 있다. 우리는 결론을 내리려는 이 장에서, 세계무역센터와 펜타곤에 대한 공격 이후에 미국 자체의 (불)안전과 유럽에서 망명자들과 난민들이 받고 있는 취급이라는 두 가지 쟁점들을 고찰함으로써, 정해진 형태가 없는 제국에 대비해 제국주의적 민족-국가의 재도입을 증명하려 한다. 이러한 사례들을 통해 디아스포라와 혼종성 이론가들이 모국과 국외에서 일어나고 있는 문화주의적-군국주의적 악마화하기에 심각하게 도전하고 있지 않는 상황에서 순수성과 외국인 혐오주의에 대한 수사를 주입시켜 초국가적인 결속을 강력하게 단속하는 것을 본다. 이러한 초국가적인 활동무대들을 서로 연결해주는 주요 주제는 인간 주체들의 유동성이며, 그 움직임이 얼마나 위험하게 보이기에 전체주의적인 지배를 필요로 하는가에 대해서이다.

미국의 범세계적인 헤게모니의 두 상징물이 공격을 받은 직후에 일어난 식민주의로의 복권은 디아스포라 이론에 관계했던 사람들에게는, 특히 진보적인 움직임을 끌어내기 위한 방법들을 제공하는 최고의 기회였을 수 있다. 우리가 논의해온 범세계적인 이동, 이곳과 그곳의 초국가적인 공동 입법, 좋건 나쁘건 간에 점점 더 증가하는 문화적 차이의 생산적인 교환이라는 주제들이 중요해진 곳에 한창 위기가 진행 중일 때, 관심을 차지한 것은 '문명들의 충돌' 그리고 무슬림 세계에 '해방, 자유, 민주주의 가져오기' 같은 수사였다. 심지어는 초국가적인 면이 인정될 수 있는 곳에서조차 악마 이미지는 적의 형상 속에 존재해왔다. 새로운 악마들은 바로 '초국가적' 테러리스트들이다. 안전한 '디아스포라 공동체'로 서명하고 가입한 사람들, 그래서 스스로를 '무슬림'이나 이들처럼 생긴 다른 사람들로부터 멀리하면서 미국의 '편'이 된 '타자들'은 모든 이들을 현대 민주주의 세계 속에 들여올 수 있는 협약에 대해 자세히 설명하는 데 이바지하는 사례로 진열된다. 이의를 표명하는 행위 자체가 하나의 배신이 되는 침묵하는 디아스포라 집단들에게 이런 방법으로 경고하고 있는 것이다(Chomsky 2003).

이슬람과의 전쟁처럼 미국이 주도하는 테러와의 전쟁은, 최근에는 새뮤얼 헌팅턴(Samuel Huntington 1996, 1997)이 촉진시킨 '문명들의 충돌'이라는 명제 속에서 이론적 근거를 찾는다. 물론 헌팅턴은 자유주의적인 미국 내의 문화 정치를 공격하려고 그런 방식으로 세계를 구분한 것이다.[1] 서구사회 내 이주민 집단들(헌팅턴은 그들을 정착민들로 부를 수 없었다)이 동화를 거부하고 '모국' 사회의 관습을 고수하는 것이 바로 문제의 핵심인 것이다. 헌팅턴은 어떤 과대망상적인 논리를 바탕으로, 이러한 태도가 이주해온 국민들이 미국보다는 '모국' 정부를 지지하는 모순되고 이중적인 충성심을 불가피하게 만든다고 주장한다. 이런 고정된 지지를 증명할 수 있는 실질적인 증거는 제한되어 있으며, 대부분은 미국 내부부에 의해 조작된 것이지만, 이런 수사가 엄청나게 넓은 지리-정치적 외층(外層)을 망라하는 상황에서 조작 여부는 별 문제가 되지 않는 것 같다. '집 안에 있는 적(이주민들, 블랙, 가난한 사람들)이 해외의 적(무슬림, 공산주의자들, 마약 조직들)과 결탁한다'는 주장은 단순하고 상투적인 수사이다. 우리는 문명을 원인으로 생각하기가 9·11을 배경으로 시작되고 합리화되며 그 어려운 시기를 지나면서 승리하는 것을 목격한다. 데이비드 팔럼보-류(David Palumbo-Liu)가 말하기를,

---

[1] 이는 우리가 마치 세미나실에서, 과장된 수사법을 사용하도록 고도로 훈련받았으며, 안전한 지하 방공호에 몸을 편히 앉히고, 자신의 대의의 정당함에 대해 완벽한 믿음으로 무장한 빈 라덴과 이야기하고 있는 것과 같은 것이다.

문명을 원인으로 생각하기가 구체화되는 가운데, 민족 정체성과 전 세계적인 문명으로 생각하기라는 두 주장이 하나의 유력한 결정적인 이데올로기로 섞이고 다시 결합되어, 지금은 9·11 사태에 의해 기동성이 부여되면서 그 둘 간의 이분법이 무너졌다. 종족적이며 디아스포라한 인구들인 내부의 적에게 현재는, 헌팅턴이 겨우 몇 년 전에 민족을 단결시키기 위해 강요했던 그 무엇이 없는, 생명력 있는 적이 포함된다. 그 적은 문명일 것이다. 바로 이슬람일 것이다(Palumbo-Liu 2002: 122).

팔럼보-류의 글은 탈식민주의의 이론화하기와 디아스포라 및 다문화 이론화하기가 활발히 실행되어 많은 이들이 헌팅턴을 '해체'하거나 적어도 그의 연구를 논쟁의 대상으로 삼아야 했던 연약한 기반에 대해 설명하고 있다. 9·11 사태 직후 부시 대통령은 혼종성과 근대성이라는 단어보다는 오히려 미국인들의 사명이라는 어구를 채택했는데, 이는 야만인들을 문명화하려던 오래된 제국주의적인 사명을 나타내는 말이었다. 대조적으로 문명을 원인으로 생각하기라는 개념적인 고상함을 지닌 쓸모없는 말에 대한 역공격은 공격받고 있는 모스크를 지키거나, 이주/디아스포라한 택시 운전사들이 '반격'당하는 것을 보호하거나, 관타나모 만의 구치소에 구금되어 있는 이들을 끄집어내기 위해 형성된 자위-방어대의 선두에 있지는 않다.

어려운 입장이 된 아랍계 미국인들이 이를 잘 보여준다. 샐리 하올(Sally Howell)과 앤드류 슈라이오크(Andrew Shryock 2003)는 〈디아스포라 엄중 단속하기(Cracking down on Diaspora)〉라는 논문에서 '모델 소수자'이던 디트로이트의 아랍인 주민들이 '내부의 테러리스트들'로 바뀌게 된 복잡한 과정들을 열거한다. 애국법으로 교묘하게 이름이 붙여진 법이 통과

되고[2] 아랍인들이 압도적으로 많이 거주하는 디어본(Dearbon) 외곽에 조국안전부(Office of Homeland Security)가 창설되면서, 디어본은 미국에서 처음으로 그런 시설물이 들어선 장소가 되었는데, 이 모든 것이 한때는 초국가적이었던 공동체들에 대한 봉쇄를 암시하며, 사실상 탈-디아스포라화의 증거였다. 시민권을 무효화하고, 적의가 있다는 가정 아래 미국 시민이 아닌 아랍인들에게는 등록을 강요하는 미국 정부의 행위는 모두 초국가적 유대관계를 무효화하고 없애고 고치려는 노력의 일환이다. 이런 상황에서는 미국의 대내외 정책에 적절히 봉사하는 관계들만 허용될 것이다.

미국이 이라크에 대한 지배를 확고히 함에 따라, 아랍계 미국인들과 이라크의 관계는 무력 점령에 필요한 요구들보다 하위에 놓이게 될 것이다. 미국의 주둔에 반대하는 세력을 지원할 수 있는 전문지식이나 돈, 기술, 정보의 흐름은 모두 불법으로 간주될 것이며, 그런 뒤 '여기'와 '거기' 모두에서 준엄한 처벌을 받을 것이다(Howell and Shryock 2003: 459-460).

이라크를 배경으로 미국은 이라크인 디아스포라를 이용하는 데 있어 한 걸음 더 나아갔다. 이라크 통치 위원회에 임명된 위원들 중 절반이 미국이나 유럽 여권을 소지한 사람들이었다. 그 나라에 봉사하기 위해 새로이 임명된 이들 중 일부에게 이라크 여권은 그야말로 그들의 먼 과거에 있던 무엇이었다.[3] 진보적인 유대관계를 촉진시킬 수 있는 디아스

---

[2] 애국법은 미국 정부가 시민들을 감시하는 일에 관여할 수 있고 미국의 안전에 위협으로 간주되는 이들을 제거할 수 있는 권리를 증대시키려 미국 내에 존재하던 법들을 보강한 일련의 입법이다.

포라의 경제적, 정치적 측면들은 미국에서뿐만 아니라 유럽에서도 강경하게 제한되고 있었다.[4] 그런 동안 프니나 워브너(Pnina Werbner) 같은 혼종성 및 디아스포라 이론가들은 미국 정부가 어떻게 '과거 어느 때보다 더 문화적 다원주의, 이중시민권, 초국가적 행동주의를 기꺼이 허용하'는(Werbner 2000: 6) 것으로 판단되는지에 대해 설명하였다. 비록 9·11 이전에 쓰였지만, 이런 해설은 미국 국가의 역사적 관례를 지나치게 순진한 태도로 바라보는 것이다.

하올, 슈라이오크, 워브너는 서로 반대되는 시각을 가졌음에도 불구하고 디아스포라의 활동이 감시와 감독, 그리고 폭력의 대상이 되지 않았던 때가 있었다는 가정을 공유하고 있다. 중부와 남부 아메리카에 대한 미국 식민주의와 제국주의의 역사는 미국이라는 국가가 일을 해나가는 데 있어 어떤 중대한 변화가 일어났다기보다는 오히려 적의 이름만 바뀌었음을 깨닫기에 충분한데도 말이다.[5] 윌리엄 블룸(William Blum)은 《희망 죽이기(Killing Hope)》(1995)와 《깡패 국가(Rogue State)》(2000)에서 이 주제를 매우 폭넓게 다루었다. 우선 양적으로 다른 것은, 이전에는

---

3 심지어 더 터무니없는 예로서 2004년 7월에 선출된 새 파키스탄 총리는 파키스탄 시민권조차 없었다(그의 미국 여권이 그 직위에 충분한 자격 증명서가 되었다).
4 통화의 흐름을 그다지 손상시킬 가능성이 있는 것으로 여겨지지 않았던 비공식 금융업 혹은 활와(Halwa)제도를 폐쇄한 것은, 전 세계의 금융기구들이 어떤 식으로든 돈의 흐름을 통제할 수 있다는 사실을 보여주는 하나의 사례이다. 그러나 여기서 갈등이 일어나는 것은 바로 서구의 이해관계 때문이다.
5 1920년대 수천 명의 공산주의자들이 미국에서 모두 추방당했던 사실은, 그들이 거쳐 갔던 뉴욕 엘리스 섬(Ellis Island)의 박물관에 간단하게 언급되어 있을 따름이다. 오늘날 그 사악한 제국이 쿠르타(kurtah: 칼라가 없고 기장이 긴 인도 셔츠—옮긴이)와 카프탄(kaftan: 터키인들이 입는 긴소매의 띠가 달린 겉옷—옮긴이)보다는 오히려 카석(cassocks: 성직자들이 입는 검은색의 평상복. 유대인을 의미한다—옮긴이)과 아스트라칸(astrakhan: 생후 10일이 지나지 않은 어린 양 가죽으로 만든 옷. 소련을 의미한다—옮긴이)을 차려 입었던 것이 얼마 되지 않은 것 같은데?

블랙과 비-미국인들을 대상으로 했던 애국법이 백인 시민들에게도 통제 수단을 행사할 가능성이 있다는 것이다. 이주민들에 의해 세워졌음을 자랑스럽게 여기는 땅에서 애국법의 통과는 난폭한 국경 봉쇄하기, 이주 법령 강화하기, 테러분자들로 지목되고 이름이 붙여지고/상처받은 이들에 대해 시민으로서 누릴 수 있는 어떤 자유의 흔적도 앗아가버리는 법의 탄생을 의미하였다. 지난날의 반공주의자 조셉 매카시(Joseph Mccarthy)가 자랑스러워할 움직임 속에, 미국 정부는 사법 절차를 거치지 않는 재판과 구금 같은 법안들을 법령화하여 구금된 자들과 테러분자들을 합법적으로 지목하고, 결과적으로는 전형화되고 묶이고 재갈이 물린 이류 인간이라는 또 다른 무리를 창조하였다. 지금 우리는 이런 민중 악마들을 난민들, 추방당한 이들, 망명자들이라는 이미 존재하고 있는 긴 목록에 덧붙이고 있는 것이다.

이와 같은 합법적인 무차별 공격과 새로운 이름 붙이기는 제4장에서 고찰했던 디아스포라에 수반되는 혼종적 신분과의 관계를 끊게 만든다. '대테러 전쟁'의 결과 아랍계 미국인들과 남아시아계 미국인들은 그들의 하이픈을 없애고 순수한 애국심을 표시하기 위해 스스로 성조기를 두르라는 요구를 받았다. 9·11 사태 이후 밤마다 뉴스를 통해 듣고 보았듯이 미국의 모든 가정이 어떤 형태로든 국기 게양에 참여하였다. 이를 배경으로 탈민족적인 상황을 상상하며 자본주의의 순회로를 따라 자유롭게 돌아다니는 세계주의적인 혼종들의 세계를 그리는 것은 이상주의의 영역에 남아 있다. F16 전투기가 공격을 시작할 때는 항로 바로 아래에 있는 이들을 보호하는 혼종성의 덮개도, 디아스포라의 폭격 은신처도 없다. 다섯 번째 아프가니스탄 전쟁(Prashad 2002b) 이후 전통적인 것과 현대적인 것의 범주들이 동등한 방식으로 자리 잡았다. 본질적으로는 자신들도 근본주의자였던 이들이 본질주의자와 근본주의자로 여겨진 다른 이들에 대해 파렴치한 폭격을 계속했고, 양측은 모두 같은 신을 자신의 편에 두었다. 사우랍 덥(Saurabh Dube)이 지적하기를,

> 탈레반의 행위를 고발한 대부분의 이야기는 위험한 이율배반적인 이야기들을 짜 맞추어 단순하게 하나의 세계를 다른 세계로부터 구분했다. 우리는 진보적이고, 그들은 퇴보적이다. 우리는 관용적이고, 그들은 비관용적이다. 우리는 근대적이고, 그들은 중세적이다. 결국 우리는 우리이고 그들은 그들이다(Dube 2002: 730).

비제이 프라샤드는 성전주의자들(jihadis, 전통적인)과 글로벌주의자들(근대적인) 간에 강한 대비를 만들어내려고 시도하는 벤자민 바버(Bejamin Barber)의 저서《지하드 대 맥월드(Jihad versus McWorld)》(1996)를 예로 든다. 프라샤드는 혼종의 앙갚음으로 장난스럽게 부르며 전통적인 것과 근대적인 것 간의 구별을 부숴버리고, 인도의 정당 바라티야 자나타(Bharatiya Janata)와 멕시코의 제도혁명당(Partido Revolucionario Institutional) 같은 근본주의적 극우 정권들이 바로 초국가적 자본주의와 'IMF 근본주의(IMFundamentalism)'의 출입을 허용하였으며, 그러므로 '지하드와 맥월드라는 상극인 한 쌍을 맥지하드(McJihad)라는 범주로 합치는 것이 더 나을 수도 있다'(Prashad 2002b: 81)고 주장하였다. 더 나아가 설명하기를,

> 맥지하드는 신자유주의적인 기질을 갖고 있다. 특정 경제 분야에 대해서는 규정을 약하게 만들고, 정권이 국가적 이권을 초국가적 기업들에게 파는 것과 똑같이 대중적 정당성을 얻기 위해 의도된 문화적 민족주의와 강

력한 억압적인 기구들을 결합시킨다(Prashad 2002b: 84).[6]

프라샤드는 자신의 연구에서 사람들의 그룹을 근대적인 것과 전통적인 것으로 분류한 근대성의 모순과 정치경제 사이의 관계를 언급한다. 그는 문화 영역에서 옮겨 나가면서 비로소 현대 문화주의 논평에서 종종 부족한 물질주의적 분석을 제공할 수 있다.

9·11 사태 이후 미국에서 활동하던 행동가들의 경험이 어떤 면에서는 상당히 극미했던 문화적 교환을 넘어 새로운 동맹-쌓기의 가능성을 보도록 압력을 넣었다는 것이 중요하다. 네이딘 네이버(Nadine Naber)는 캘리포니아에서 다인종 반전연합을 형성한 자신의 경험을 바탕으로 일본인, 라틴아메리카인, 블랙 그룹들이 어떻게 남아시아인과 아랍인 그룹들과 함께 반전운동을 조직하기 위해 활동했는지를 확인하였다. 이들이 주류사회의 좌파와 자유주의 집단들과 일하면서 어려움을 겪은 까닭은, 자신들의 반전 투쟁을 팔레스타인 사람들의 곤경과 연결하는 데 초점을 두었기 때문이다. 네이버는 날카롭고 명료하게 진술한다. '미국 제국주의는 미국 국내 정책의 연장선이다'(Naber 2002: 234). 전쟁에 대한 어떤 반대도 국내와 국외에서 일어나는 미국 제국주의에 대항하는 투쟁들을 고려해야만 했다. 반전 투쟁은 디아스포라적인 동원 정치를 불러일으키는 것으로 읽힐 수 있는데, 그렇게 하는 경우 그 취지와 동기를 제한하며 제국주의에 대해 뚜렷하고 없어서는 안 될 통합된 반

---

[6] 무슬림들의 가장 신성한 장소인 메카에서 카바(Kabbah)를 벗어나는 곳에 맥도날드가 있다는 사실은 프라샤드의 견해를 뒷받침하는 좋은 예이다. 무슬림들의 순례 기간인 하지(Hajj) 동안 이곳과 관련된 한두 개의 에피소드를 보기 위해서는 사이드(Sayyid 2000b) 참조.

대가 일종의 문화주의자적 규약으로 축소될 수 있었다. 영국에서 일어난 반전 운동의 경우에도 무슬림 단체들, 평화 운동가들, 일부 좌파들 사이에 연합이 형성되어 좋고 나쁜 것이 뒤섞인 결과를 가져왔다. 이들은 우선 지식인들의 관심을 끌었는데, 한때 영국 일간지 〈가디언〉의 칼럼니스트이자 반세계화 운동 논평가인 조지 몬비오트(George Monbiot)와 전(前) 국제 마르크스주의자 그룹(International Marxist Group)의 활동가 타릭 알리(Tariq Ali) 같은 저자들은 자신의 저술에서 조직을 결성하기 위한 전략보다는 오히려 나쁜 동료들(부시와 탈레반, 사담 후세인과 럼스펠드)의 동맹에 초점을 맞추었다. 이러한 비평의 목소리를 낸 이들 가운데 우리를 가장 즐겁게 해준 사람은 아마도 고어 비달(Gore Vidal)이었을 것이다. 그는 아버지 부시와 빈 라덴 가족들 간의 사업 관계를 지적하면서, 무엇보다도 미국이 사담을 무장시키고 훈련시켰다는 사실을 모든 이들에게 상기시키고, 또 블레어와 부시의 매우 색다른 종교적 견해를 염두에 둘 때, 엄청난 군사력을 자신의 손아귀에 둔 두 남자 모두 예수가 빛이 필요해서 그들을 원한다고 생각하는 무서운 견해에 주목하였다.[7]

조지 부시가 터번을 쓰고 탈레반으로 변장한 모습을 그린 타릭 알리의 저서 《근본주의의 충돌(Clash of Fundamentalisms)》(2002)의 표지는 결국 미국의 신보수주의자들과 극우 이슬람주의자들이 같다는 사실을 표현

---

[7] 고어 비달은 이런 용어들을 통렬하게 비난하며, 부시와 블레어의 신을—괴롭히는—전투적인 기독교 정신은 '예수가 광선(현대무기를 사용할 때 생기는 빛을 조롱조로 표현한 것이기도 하다. 사실 기독교에서 빛이란 어둠에 대조되는 표현으로, 빛은 어두운 곳을 비추어 생명을 구하는데 때로는 예수 자체가 '참 빛' '생명의 빛'으로 표현된다—옮긴이)을 위해 그들을 원한다'〔2003년 5월 13일 퍼시픽 라디오(Pacifica Radio)에서 비달이 에이미 굿맨(Amy Goodman)과 함께한 인터뷰〕고 생각하는 이 두 소년에 의해 세계가 지배되고 있음을 의미한다고 우려한다.

하기 위해 혼종성을 이용하려는 공식적인 시도였다.[8] 그러나 실제로 이처럼 나란히 놓는 방식은 탈레반과 조지 부시를 동등하게 묘사함으로써 중요한 분석에 도움을 주지 못한다. 모든 곳에 널리 퍼져 있고 자본주의의 착취와 연결된 미국 제국주의의 압박이, 이미 가난한 아프가니스탄 사람들에게는 너무 가혹하지만 여전히 그 지역에만 국한되어 있는 탈레반의 영향과 같다고 믿게 만들기 위해서는, 적절하고 결정적인 무언가가 뒷받침되어야 한다. 비달의 주장은 분명하고 설득력 있다. '1941년 진주만 공습과 2001년 9월 11일 화요일 사이에 일어난 공산주의, 테러분자, 마약 혹은 때로는 별것도 아닌 일에 대항하는 수백여 번의 전쟁에서 우리는 먼저 일격을 가하려는 경향이 있었다. 그러나 우리가 그 착한 사람들인 거지, 그렇지? 그래'(Vidal 2002: 40). 만약 우리가 미국 제국주의와 탈레반을 고찰할 때 단순하게 몇 명이 죽었고 사람들의 삶이 얼마나 불행해졌는지에 대한 양적인 영향만을 살펴본다면, 그들은 절대로 같을 수 없다.[9] 아프가니스탄의 오랜 내전을 내부의 이해관계 탓으로만 돌리는 것은 지나치게 조잡한 분석일 수 있는데, 미국이 애초부터 아프가니스탄에서 엄청난 게임을 벌이고 있었다는 증거가 있기 때문이다(Prashad 2002b).

타릭 알리는 자신의 책 표지 그림은 부시와 탈레반이 모두 자유를 위해 싸우는 사람들의 적이라는 사실을 묘사하려는 것뿐이라고 주장할지

---

8 이데올로기적인 차원에서 부시의 근본주의적 기독교 정신에 대한 지지와 탈레반의 와하비(wahabi: 엄격한 수니 정통파 무슬림—옮긴이)화된 이슬람은 어떤 무서운 유사성을 공유하며 둘 모두에 대해 일상적인 정도를 넘어 강력하게 반대하는 것이 필요하다는 데에는 의심의 여지가 없지만, 우리의 논쟁은 그들이 같은 결과를 가져오지는 않는다는 것이다.
9 코벨(Kovel 1997)은 공산주의에 대항하는 미국의 전쟁에서 죽었던 수백만 명에 대해 기록했다.

도 모른다. 물론 억압적인 정권에 대항하는 이라크 국민들과 연대를 형성하기 위해, 그리고 이라크를 점령한 미국과 영국에 대항하는 조직을 만들기 위해 이는 똑같이 중요하다. 그러나 이들은 그 자체는 올바르지만 우리에게 전략과 우선순위에 대해 거의 말하지 않는다. 좀 더 구태의연한 정치 스타일의 경우 누가 그리고 어느 시기에 더 중대한 적인가를 물을 수도 있다. 혼종성은 이에 대한 어떤 대답도 제공하지 않으므로 어떤 상황에 대해 언급하는 것보다 더 많은 것을 하기 원하는 이들을 우아하게 표현해서 마비상태로 이끈다.

텔레비전의 전쟁 보도 장면에 나오는 이미지 속에 표현될 수도 있는 또 다른 시각이 있는데, 더 크거나 작은 적들이 있으며 이런 순서에 따라 문제를 해결해야만 한다는 견해와 상응하는 시각 말이다. 이러한 배열은 한창 미국의 침략이 진행 중일 때, 이라크 농부가 자신이 격추시켰다고 주장하는 미국 전투 헬리콥터 옆에 서서 AK-47(러시아제 소총—옮긴이)을 치켜들고 있는 사진으로 요약될 수 있다.[10] 이런 이미지는 컴퓨터상의 가상세계에서 디지털 조작으로 창조해낸 것이 아니었으며, 혼종으로 쉽게 읽혀질 수 없는 것이었다. 오히려 서구의 대중매체는 사담 후세인 충성파의 미친 듯한 열정을 악마화하려는 취지를 가지고 있었다. 그러나 그 사진은 서구 매체의 희망과는 달리, 활발하게 잘 조직된 사람들은 자신의 적들로부터 해방될 수 있다는 또 다른 메시지를 보냈다. 물론 농부가 든 총과 전투 헬리콥터의 화력은 전혀 같지 않았지만, 그 사진이 분명하게 표현하는 것은 저항이 가능하며, 더 중요한 것은 적을 물리칠 수 있다고 주장하는 무엇인 것이다.

---

10 2003년 3월 25일의 뉴스 참조.

탈레반으로 변장한 부시의 그림이 유머 혹은 조소적인 웃음을 불러일으킬 수는 있다. 그러나 행동을 촉구하는 충동을 불러일으키지는 않는다. 이라크와 사담 후세인 정권에 대한 전쟁에 반대한다고 해서 긍정적인 반응을 불러일으키진 않는다. 그러나 전쟁 반대 운동을 부정적인 자세로 보는 것은 이라크 점령에 참가한 정권들에 대한 사실상의 지지이다. 실제로 제국주의와 강대국들의 패배는 선진 자본주의국가에서 반전운동에 참여했던 사람들 자신도 그들의 대표와 엘리트들과 마찬가지로 무언가를 잃는다는 것을 의미한다. 불안에서 생겨난 부적절하고 비합리적인 생각들은, 투쟁에 관여한 사람들에게 아주 많은 것을 전달해야만 하는 디아스포라와 혼종성의 이론적인 개념들을 빼앗긴 채 남겨진다. 이는 우리가 알 카에다와 어느 정도라도 협력하고 있는 사람들을 하나의 디아스포라적 무리 짓기로 생각하도록 돕는가? 이는 그 국가의 국제 테러리스트들이나 이슬람주의의 움마(umma)에 대한 선호보다는 나을 것이다. 그러나 식민화된 쿠바 영토(관타나모 만) 내의 감옥에 갇혀 있는 이들은 현재 아무런 국내법이나 국제법의 적용을 받지 못하는 사람들이기 때문에 이러한 생각이 이들을 돕지는 않을 것이다. 실제로 바그람(Bagram) 공군기지에 있는 켐프 엑스-레이에 감금되어 있고, 미국의 애국법 아래 구금되어 있는 이들은 망명자들, 난민들, 섹스 산업 종사자들 그리고 불법 이주민들처럼 혼종성과 디아스포라라는 잘못 속에 빠져든 또 다른 그룹의 사람들과 마찬가지로 어떤 자격도 없다.

경계 만들기-깨기

만약 아랍인들과 무슬림, 그리고 갈색 피부를 가진 사람들이 미국 민족의 새로운 적이라면, 유럽인들은 망명지와 피난처를 찾고 있는 이들을 국제 테러리스트들과 함께 묶는 공식을 새로운 차원으로 끌어올렸다. 2003년 1월 영국의 맨체스터에서 한 경찰관이 사망하면서 '의심 가는' 테러리스트들의 집이 습격을 당하는 가운데 미디어는 망명자들과 난민들을 맹렬하게 공격하였다. 체포된 이들 중 단지 몇 명만이 망명 제도를 통해 영국으로 건너왔다는 사실은 당시의 격렬하고 적대적이었던 미디어 보도에는 아무런 영향을 미칠 수 없었다. 이 사건이 일으켰던 일종의 황산 끼얹기는 새로운 이주민들(만약 우리가 망명지를 찾던 이들을 이러한 범주로 이해한다면)에 대해 일반화된 태도의 가장 극단적인 결과로서 정신분열적인 외국인혐오증을 자세히 보여주었다. 혼종성이 치킨 티카 마살라(Chicken Tikka Masala, 제5장 참조)의 섭취를 통해 축하받는 순간에도, 극단적인 상황과 곤경으로 말미암아 영국에 올 수 밖에 없었던 이들을 싫어하는 반응을 보인다. 혼종성은 이론적으로 문화적 차이를 해결하도록 도울 수 없으며, 외국인혐오증에 대한 실질적인 해결 방안으로도 매우 비효과적인 듯하다는 것이 우리가 주장하는 바이다.

맨체스터 사건이 일어난 직후, 미디어는 네오파시스트인 영국민족당 같은 집단에 동조하는 우려스런 태도를 보이는데, 이 당은 자신의 홈페이지에 '영국의 보도기관이 영국민족당의 메시지를 전파하는 것을 돕는(도왔)다'고 자랑스럽게 공표하였다. 영국을 이주에 의해 더럽혀지지 않은 순수한 국가로 희게 만든다는 메시지는 극우 집단들에 의해 먼저 노골적으로 선언되었고, 이후 〈데일리 메일〉과 〈데일리 텔리그라프〉 같은 신문에서 알림 기사로 제공되었다. 이러한 상황에는 모순들이 깊이 작용한다. 디아스포라 집단들은 전형적인 잉글랜드 민족주의의 어떤 한계도 시험하지 않는 자비로운 다문화주의 방식 속에 일단 정착하면,

점점 더 받아들일 수 있는 존재로 미디어에 소개된다. 대조적으로 망명자와 난민들은 무슬림과 함께 테러리스트들과 하나로 묶이는데, 이런 결합을 통해 가장 확실하게 드러나듯이 부정적인 요소에 획일적으로 초점이 맞추어져 묘사된다.

만약 우리가 더 넓은 세계주의적 시각을 갖는다면 망명자들, 테러리스트들, 일반 범죄자들 사이의 관련성은 사실상 어떤 무게를 지닌다. 만약 시민들을 거스르는 민족-국가들의 행위 자체가 테러리스트적일 수 있고, 국가 (식민주의적) 테러가 행하는 범죄의 결과 난민이 생겨난다는 사실을 고려한다면 그렇다. 강대국들에 의해 선동된 제국주의 전쟁의 결과, 가장 많은 수의 망명자들이 영국으로 들어오게 된다. 1998년 나토의 인도주의적인 폭격에 의해 자기네 나라가 해방되는 동안, 코소보인들, 알바니아인들, 유고슬라브인들, 보스니아인들은 망명자와 난민이 되어 비난의 대상이 되었다. 소수의 아프가니스탄인들과 이라크인들이 그 뒤를 따랐는데, 그들의 국가는 직접적인 무력간섭을 받았고 여러 해에 걸쳐 유엔(UN)의 제재와 군대 진압의 대상이 되었다. 우리는 이렇게 새로이 정의를 내리는 과정에서 망명자와 난민들이 도망치고 있는 궁극적인 원인을 다룰 필요도 있다. 시바난단이 말하듯이,

> 심지어는 진짜 난민과 망명자들이 정치적 난민이 아니라 경제적 난민이라는 이유로 그들이 도망쳐 나왔던 나라로 돌려보내지고 있다. 이는 서구 정부에 의해 유지되는 제3세계의 권위주의 정권들이 다국적기업들을 위해 난민들을 서구의 육지로 토해내고 있다는 사실을 간과한 것이다. 당신의 나라에 난민들을 보내는 우리의 정치는 바로 당신들의 경제가 만드는 것이다(Sivanandan 1997).

실제로 모든 난민들이 어느 정도는 다국적 자본에 의해 야기된 문제들로부터 도망치고 있기 때문에 경제적, 정치적 난민들 간에는 어떤 구분도 지을 수 없다. 한편으로, 망명자들은 아무런 규정도 없는 유럽의 일부 경제 영역에서 저임금 노동 예비군을 형성하는 역할 속으로 밀어 넣어진다. 다른 한편으로, 노동력 수요가 줄어들 때는 비방을 듣고 배제된다. 이주법은 자본주의의 이익을 위해 통제하는 것이다. 망명자들에 대한 대우는 그들이 최저임금 제도가 적용되지 않는 곳과 시민과 디아스포라의 공식적인 활동무대가 아닌 곳에서 노동 요구를 충족시킨다는 사실을 가려버린다. 노동허가증이 없는 멕시코 노동자들이 캘리포니아 경제가 파산하지 않도록 보장하는 것과 같은 방식으로 유럽에서 망명자들과 허가증을 소지하지 않은 이주민들은 이미 생활이 불가능할 임금보다 더 낮게 지불하는 분야들을 지탱하고 있다. 망명자들의 일할 권리 없애기는 경제적 이주를 억제하고자 고안된 조치이지만, 실제로 이것은 복지국가의 혜택을 받지 못하는 노동계급을 탄생시킴으로써 국내 경제에 이바지하고 있다. 심지어 좀 더 근본적인 단계에서 이는 그녀의/그의 노동력 판매 외에는 아무런 수단을 가지고 있지 않은 전형적인 프롤레타리아의 재창조이다. 그러나 오늘날 이런 집단을 정치적으로 동원하려는 조직들이 몇 안 되고, 그들이 하는 일은 외식업과 가사노동 같은 정치적 영향력이 전혀 미치지 않는 분야들이다.

망명 신청자들을 움직이는 것이 경제적 동기라는 주장은 난민들의 출신 지역에 대한 직접적인 무력간섭을 생각하면 우습다. 시바난단은 간결하게 자신의 견해를 말한다. '정치적 난민과 경제적 이주민들 간의 구별은—시기와 이해관계의 차이에 의해 달라진 해석의 영향을 받기 쉬운—믿을 수 없는 것이다'(www.irr.org.uk/2000/august/마000001.html). 노동력이 필요한 시기에는 누구는 들어오도록 허락을 받고, 누구는 받지 못하고를 구별할 필요가 없는 것이다. 최저임금제가 시행되는 상황에서 불법이며 허가증이 없는 노동자들은 가장 기피되는 일에 노동을 제공하는 것이 최상의 해결 방안이다. 영연방 국가들로부터 영국으로의 이주 역사는 경제적으로 필요한 것과 정치적으로 유리한 것 사이에서 움직였다. 그래서 망명자들을 국민이 아닌 이들로, 그리고 난민들을 주변화된 시민들로 만든 2002년 국적과 이주법(Nationality and Immigration Act)의 가혹한 입법조차 숙련된 기술자와 사업가로 구성된 이주민들을 선택적으로 수입하기 위한 조항을 포함시켰던 것이다. 국가들이 특정 노동력의 움직임을 훨씬 더 어렵게 만드는 동안, 외국의 경제 관계자들에 대해서는 모든 분야에 걸쳐 사업가, 은행가 등의 형태로 출입구를 적극 개방한다는 것은 매우 중요한 점이다(Sassen 1996).

우리는 학문 논쟁에서 다뤄지는 개념들이, 망명자들을 격하시키고 비인간화하고 모든 무슬림을 테러리스트로 만들어내는 법률을 상대로 싸울 수 있다고는 생각지 않는다. 하트와 네그리 같은 이론가들이 부여한 이주와 혼종성의 잠재력은 만약 전략과 동원이라는 실용성이 무시된다면 약간 무의미한 것 같다. 만일 '이동성과 정지, 순수성과 혼합의 생산을 지배'(Hardt and Negri 2000: 155)할 수 있다면, 그리고 '혼종화'(2000: 60)의 주체가 되는 '끊임없이 이동'하는 군중이 '방랑자의 비범함'과 '모든 곳으로 이동하려는 욕망'(2000: 363)을 가지고 낡고 새로운 모든 영역과 국경을 '깨부술' 능력이 있다면, 이주는 자본주의에 대항하는 투쟁의 최전선이 된다. 그러나 세계시장이 가지고 있는 가능성의 조건은 '어떤 이원적인 구분도 압도'하는, 그리고 '제어할 수 없는 땅속 줄기'와 같이 절대로 '자본주의적 축적에 대한 법들에 완전히 예속'될 수 없는 '순환, 이동성, 다양성, 그리고 혼합'(2000: 397)이다. 하트와 네그리의 《제국》에서 주장되었던 추방, 분산, 탈출은 저항을 위한 모델을 암시하며, 같은 것으로부터 적도 만들어진다. 그들은 추방에 대한 통계를 가지고, 전 세계적인 권력 기관에서 일반화된 유기를 주장한다. 우리 모두 난민이 될 수 있다(어떤 이들은 다른 이들보다 좀 더!). 혼종성과 이동하는 대중에 대한 하트와 네그리의 개념은 국가의 여권, 비자, 국경 경비, 망명과 이주법, 구금센터들에 의해 봉쇄당했을 때, 마르크스가 '세계의 노동자들이여, 단결하라'고 쓰면서 예감했듯이, 프롤레타리아계급의 정치적 각성을 끌어낼 수 있는 통합된 노동자 세력에 대한 규제에 어떤 긍정적인 움직임을 불어 넣으려는 시도이다.

이주가 활동적이고 투쟁적이며 정치적인 노동자 조직을 창조하지 않는다는 말이 아니다. 1990년대에 캘리포니아 청소부와 뉴욕 택시 운전사들은 서비스 분야 종사자들과 새로운 이주민 노동자들이 침묵한다는 견해가 모두 잘못되었음을 투쟁적인 행동주의를 통해 보여주었다(Prashad 2002a 참조). 그러나 이런 유의 조직적 정신은 분석적인 항아리 속에서 사라진다. 예를 들어, 사스키아 세이선(Saskia Sassen 1998)은 우리에게 비정부기구들(NGOs), 인권을 둘러싼 국경을 가로지르는 투쟁들, 환경, 군비제한, 여성들의 권리, 노동자들의 권리와 소수민족들의 권리에 대한 문제들을 통해 정치기구의 새로운 초국가적 구조에 대해 경고하고 싶어한다. 그녀의 관점은 '전문 직업인들이 일하는 건물에서 근무하는 청소부들'과 '비서들'도 분석에 포함되어야 한다는 것이다.

세계화, 정보, 경제, 텔레마틱스〔Telematics: 전기통신(telecommunications)과 정보처리학(informatics)의 합성어로 정보와 통신기술을 의미하는 ICT라는 용어로도 알려져 있으며 자동차, 컴퓨터, 모바일 통신기술 등에 응용되고 있다―옮긴이)라는 주요 개념들 모두 더 이상 장소가 문제되지 않으며 유일하게 중요한 유형의 노동자는 고도로 교육받은 전문 직업인이라는 평가가 유력하게 제시된다. 이러한 평가는 전달을 가능하게 만드는 이미 확립된 인프라의 집중보다는 전 세계적인 전달을 가능하게 하는 능력을 편애한다. 전문가로부터 비서에 이르기까지, 그런 물품들을 생산하고 있는 노동자들보다는 정보 생산물 자체를 좋아한다. 그리고 범세계적 경제에서 많은 '그 외(the other)' 직업들이 만들어지는 재영역화된 이주민 문화들을 포함하는 복합적인 문화 환경보다는, 새로운 초국가적 기업 문화를 선호한다(Sassen 1998: 7).

세이선의 연구에서 노동계급의 힘과, 선진화된 산업노동자들을 매수하여 복지국가에 대해 타협하도록 압력을 넣는 자본에 대한 조직적인 위협, 그리고 '빈번하게 폭력적인 노동 투쟁의 결실'이 지금은 지나간 특정 경제 단계의 결과로 축소된다. 세이선은 최근 국면을 새로운 유연성, 유동적인 노동시장, 더 많은 파트타임 일자리와 임시직, 높은 실업, 정식 고용인을 임시 노동자로 만들기, '새로운 유형의 사회적 분리'(Sassen 1998: 102)를 포함하는 것으로 특징짓고 있다. 프라샤드는 날카로운 대비를 통해 미국에서 조직화된 노동의 부재나 부적절함보다는, 오히려 더 넓은 범위의 투쟁을 지지하기 위해 변화될 필요가 있는 상태들에 초점을 맞춘다.

만약 노동조합들이 인종주의와 성차별주의 같은 문제들을 취급하지 않는다면, 직장의 좁은 범위를 넘어서 싸울 수 없을 것이며, 드넓은 사회변화를 위한 프로그램을 만들 수 없을 것이다. ……〔그러나〕 조직화된 노동의 투쟁 정신 없이는 자본주의 엘리트를 위협해도 별다른 결과를 끌어내지 못하지만, 사회변화에 대한 관심 없이는 노동조합운동이 사회 전체를 현재의 야만주의로부터 끌어내지 못할 것이다(Prashad 2002a: xvii 그리고 xx).

새로운 여러 유형의 노동자에 대한 분석은 같을지 모르지만 세이션과 프라샤드에 의해 제시된 처방은 더 이상 다를 수 없다. 이주를 재분배라는 진보적인 프로젝트의 중심에 놓는 것은, 영국의 블랙 노동자들 사이에서 일어난 것과 같은 투쟁적인 노동자들의 화합이 노동조합들 간에 지지를 얻어냈고 국제적인 결속도 가능하게 한, 그런 사례들을 촉진시킨다. 만약 이런 진보적인 순간에 대한 사례들이 이동을 긍정적으로 평가한다면, 반동적인 세력들도 초국가적으로 움직이고, 하트와 네그리가 주장하듯이 이주에는 진보적인 결과들을 가능하게 하는 고유의 우수성이 없다는 사실을 인정함으로써 진정할 필요가 여전히 있다.

또 다른 가능성

탈식민주의와 마찬가지로 반식민주의는 서구에서의 경험과 토착적인 관념들 모두를 자신의 사고에 통합했던 경계를 넘는 지식인-정치가들의 이동의 산물로, 부분적으로 이러한 디아스포라적 인물들에 의해 강행되었고 탁월하게 표현되었다(Young 2001: 178).

이어서 로버트 영은 자신의 탁월한 저서 《포스트콜로니얼리즘: 역사 개론(Postcolonialism: An Historical Introduction)》(2001)에서 더 많은 이름들로 채워진 목록을 만들 수 있었음에도 불구하고 프란츠 파농과 마하트마 간디(Mahatma Gandhi) 같은 인물들을 예로 든다. 반식민주의 시기에 디아스포라적인 인물들은 다양한 움직임을 만들어내고, 이데올로기를 명확하게 표현하는 데 결정적인 역할을 담당했다. 단지 용어 획득을 위한 것이라면, 혼종적 마르크스주의가 이러한 디아스포라적인 인물들의 활동에서 출발한다고 말할 수 있을 것이다. 우리는 여행하는 동료의 형상에서 사회정의에 대한 관심에 결정적인 덕목으로 여겨질 수도 있는 이 책의 두 주제들인 혼종성과 디아스포라 간의 어떤 연결을 발견한다. 우리는 호치민(Ho Chi Minh)이 할렘(Harlem)에서 마커스 가비와 만났던 사실을 서술한 프라샤드의 글을 회상하며 이것이 뜻 깊다고 생각한다(Prashad 2001: 67). 우리에게 있어 이러한 역사의 순간들을 디아스포라적이며 혼종적으로 이해하는 것은 반식민주의 운동들이 세계에 불러일으켰던 중요한 변화의 가치를 드높이는 것이다.[11] 그러나 사회정의와 이러한 유대를 유지하는 것은, 우리가 이 책 전반에 걸쳐 설명해왔듯이, 개념들의 유사한 연합과 개념들에 대한 비판적인 심문을 요구한다. 우리가 혼종성과 디아스포라라는 용어와 이에 관련된 이슈들이 오늘날의 정치에 얼마나 중요하다고 생각하든 간에, 이들에 대한 우리의 접근 방식은 여전히 매

---

[11] 지금이 반식민 투쟁 시기를 새로이 되돌아보는 21세기이기 때문에 그 당시의 디아스포라나 혼종에 대한 주제들이 제대로 밝혀지지 못했음을 이야기할 필요가 있다. '디 인터나셔날리(The Internationale: 19세기 이후 가장 유명하고 널리 불러온 사회주의 운동가—옮긴이)'와 '국제주의자(internationalist)'들에 대한 생각이 이런 야망을 담기에는 결코 충분치 않았다. 그러나 이 책의 전반부에서 민족을 비판한 것은 민족적인 것에 국한되는 초점을 극복할 필요는 물론, 국가의 지위를 부정하는 이들의 열망을 이해할 필요도 자세히 그릴 목적에서였다. 이런 디아스포라의 모든 국면들은 우리가 때로는 음식, 의복, 주택(roti kapra aur makan), 또 때로는 정의와 평등에 대한 기본적인 요구들을 명확하게 밝히는 것을 여전히 어렵게 한다.

우 중요하다. 반자본주의자들과 '반전' 운동가들 그리고 망명 신청자들을 보호하는 현대의 사회운동들은 절대로 이러한 언어를 총동원이나 변론을 위해 사용하지 않는다. 우리는 그 이유를 이해하지만, 동시에 유대관계들이 만들어질 수 있는데도 그러지 못하는 것을 유감스럽게 생각한다.

그렇다면 무엇이 가장 나은 선택인가. 차이를 인정하는 다문화주의 세계에서의 디아스포라와 혼종성? 물론 관용의 계몽된 태도가 나은 선택이겠지만, 만약 우리가 지금까지 인간의 속성이 고안해낸 최악의 상태인 불평등에서 출발한다면 관용조차도 충분하지 못하다. 차이에 대한 인식과 관용은 기준과 중심에 대한 관념을 뜻한다. 심지어는 하나의 주변이자, 주변 중에서도 주변인 비중심화된 중심에서조차 관용이 배치되고 차이가 정의되는 특권이 주어진 장소로서 그 중심을 유지한다. 디아스포라와 혼종성은 그 특권의 방해를 인식하지만, 그것을 제거하기 위한 수단들 그리고 그것의 지속을 보장하는 강력한 군사적-법률적인 힘을 제공하지는 않는다.

참고문헌

Adorno, Theodor (1991) *The Culture Industry, Selected Essays on Mass Culture*, London: Routledge.

Adorno, Theodor (1998) *Critical Models: Interventions and Catchwords*, New York: Columbia University Press.

Ages, Arnold (1973) *The Diaspora Dimension*, The Hague: Martinus Nijhoff.

Akers, Ronald L. (1977) *Deviant Behaviour: A Social Learning Approach*, 2nd edition, Belmont, CA: Wadsworth.

Akers, Ronald L., Krohn, Marvin D., Lanza-Kaduce, Lonn and Radosevich, Marcia (1979) 'Social Learning Theory and Deviant Behaviour: A Specific Test of a General Theory', *American Sociological Review*, Vol. 44, No. 4, pp. 636-655.

Alexander, Claire (1996) *The Art of Being Black: The Creation of Black British Youth Identities*, Oxford: Clarendon Press.

Alexander, Claire (2000) *The Asian Gang: Ethnicity, Identity, Masculinity*, Oxford: Berg.

Alexander, Claire (2002) 'Beyond Black: Re-thinking the Colour/Culture' *Ethnic and Racial Studies*, Vol. 25, No. 4, pp. 552-571.

Alexander, Priscilla (1997) 'Feminism, Sex Workers, and Human Rights', in Jill Nagle (ed.), *Whores and Other Feminists*, London: Routledge, pp. 83-97.

Ali, N. (2002) 'Kashmiri Nationalism Beyond the Nation-State', *South Asia Research*, Vol. 22, No. 2, pp. 145-160.

Ali, Tariq (2002) *Clash of Fundamentalisms: Crusades, Jihads and Modernity*, London: Verso.

Alleyne, Brian (2002) *Radicals Against Race*, Oxford: Berg.

Amin, Samir (1997) *Capitalism in the Age of Globalization: The Management of Contemporary Society*, London: Zed Books.

Andall, Jacqueline (1999) 'Cape Verdean Women on the Move: "Immigration Shopping" in Italy and Europe', *Modern Italy*, Vol. 4, No. 2, pp. 141-157.

Anderson, Benedict (1983) *Imagined Communities*, London: Verso.

Anderson, Benedict (1994) 'Exodus', *Critical Inquiry*, Vol. 20, No. 2, pp. 314-327.

Anthias, Floya (1992) *Ethnicity, Class, Gender and Migraiton: Greek Cypriots in Britain*, Aldershot: Averbury.

Anthias, Floya (1998) 'Evaluating "Diaspora": Beyond Ethnicity?', *Sociology*, Vol. 32, No. 3, pp. 557-580.

Anthias, Floya (2001) 'New Hybridities, Old Concepts', *Ethnic and Racial Studies*, Vol. 24, No. 4, pp. 619-641.

Anthias, Floya and Yuval-Davis, Nira (1989) *Woman-Nation-State*, London: Macmillan.

Anwar, Muhammad (1979) *The Myth of Return: Pakistanis in Britain*, London: Heinemann.

Anwar, Muhammad (1998) *Between Cultures: Continuity and Change in the Lives of Young Asians*, London: Routledge.

Anzaldúa, Gloria (1987) *Borderlands = Frontera: The New Mestiza*, San Francisco: Aunt Lute Books.

Appadurai, Arjun (1990) 'Disjuncture and Difference in the Global Cultural Economy', *Public Culture*, Vol. 2, No. 2, pp. 1-24.

Appadurai, Arjun (1996) *Modernity at Large: Cultural Dimensions of Globalization*, Minneapolis: University of Minnesota Press.

Arthur, Paul (1991) 'Our Greater Island Beyond the Seas', *Diaspora*, Vol. 1, No. 3.

Arthur, Paul (1992) 'Diasporan Intervention in International Affairs: Irish America as a Case Study', *Diaspora*, Vol. 1, No. 2, pp. 143-162.

Axel, Brian (2002) 'National Interruption: Diaspora Theory and Multiculturalism in the UK', *Cultural Dynamics*, Vol. 14, No. 3, pp. 235-256.

Back, Les (2002a) 'Wagner and Power Chords: Skinheadism, White Power Music, and the Internet', in Vron Ware and Les Back, *Out of Whiteness: Color, Politics, and Culture*, Chicago: Chicago University Press, pp. 94-132.

Back, Les (2002b) 'Out of Sight: Southern Music and the Coloring of Sound', in Vron Ware and Les Back, *Out of Whiteness: Color, Politics, and Culture*, Chicago: Chicago University Press, pp. 227-270.

Back, Les and Nayak, Anoop (1993) *Invisible Europeans: Black People in the New Europe*, London: Routledge.

Banerjea, Koushik (1999) 'Ni-Ten-Ichi-Ryu: Enter the World of the Smart Stepper', in Raminder Kaur and John Hutnyk (eds), *Travel Worlds: Journeys in Contemporary Cultural Politics*, London: Zed Books, pp. 14-29.

Banerjea, Koushik (2002) 'The Tyranny of the Binary: Race, Nation and the Logic of Failing Liberalisms', *Ethnic and Racial Studies*, Vol. 25, No. 4 (July), pp. 572-590.

Banerjea, Koushik and Barn, Jatinder (1996) 'Versioning Terror: Jallianwala Bagh and the Jungle', in Sanjay Sharma, John Hutnyk and Ashwani Sharma (eds), *Dis-Orienting Rhythms: The Politics of the New Asian Dance Music*, London: Zed Books, pp. 193-216.

Barber, Benjamin (1996) *Jihad vs. McWorld*, New York: Ballantine Books.

Bard, Julia (1992/93) 'Women against Fundamentalism and the Jewish Community', *Women against Fundamentalism Journal*, No. 4, pp. 3-5.

Barkan, Elazar and Shelton, Marie-Denise (eds) (1998) *Border, Exiles and Diasporas*, Stanford, CA: Stanford University Press.

Barth, Fredrik (1969) 'Introduction' in F. Barth (ed.), *Ethnic Groups and Boundaries*, Bergen: Universitetsforlaget.

Bataille, Georges (1988) *The Accursed Share: Volume 1: Consumption*, New York: Zone Books.

Bates, Elizabeth (1979) *Mental Disorder and Madness: Alternative Theories*, Brisbane: University of Queensland Press.

Baudrillard, Jean (1968/1996) *The System of Objects*, London: Verso.

Bauman, Zygmunt (2000) *Liquid Modernity*, Cambridge: Polity Press.

Baumann, Gerd (1996) *Contesting Culture: Discourses of Identity in Multi-Ethnic London*, Cambridge: Cambridge University Press.

Behdad, Ali (1997) 'Nationalism and Immigration in the United States', *Diaspora*, Vol. 6, No. 2, pp. 155-178.

Beinin, Joel (1992) 'Exile and Political Activism: The Egyptian-Jewish Communists in Paris, 1950-59', Vol. 2, No. 1, pp. 73-94.

Benjamin, Walter (1968) *Illuminations*, H.S. Zohn (trans.), New York: Shocken Books.

Berlant, Lauren and Warner, Michael (1994) 'Introduction', in David Theo Goldberg, *Multiculturalism: A Critical Reader*, Cambridge: Blackwell, pp. 107-113.

Bhabha, Homi (ed.) (1990) *Nation and Narration*, New York: Routledge and Kegan Paul.

Bhabha, Homi (1994) *The Location of Culture*, London: Routledge.

Bhabha, Homi (1996) 'Culture's In-Between', in Stuart Hall and Paul du Gay (eds), *Questions of Cultural Identity*, London: Sage, pp. 53-60.

Bhachu, Parminder (1985) *Twice Migrants: East African Sikh Settlers in Britain*, London: Tavistock.

Bhachu, Parminder (1995) 'New Cultural Forms and Transnational South Asian Women: Culture, Class and Consumption among British South Asian Women in the Diaspora', in Peter van der Veer (ed.), *Nation and Migration: The Politics of Space in the South Asian Diaspora*, Philadelphia: University of Pennsylvania Press, pp. 222-244.

Bhatt, Chetan (1997) *Liberation and Purity: Race, New Religious Movements and the Ethics of Postmodernity*, London: UCL Press.

Bhatt, Chetan and Mukta, Parita (2000) 'Introduction: Hindutva in the West: Mapping the Antinomies of Diaspora Nationalism', *Ethnic and Racial Studies*, Vol. 23, No. 3, pp. 407-441.

Bhattacharya, Gargi, Gabriel, John and Small, Stephen (2002) *Race and Power: Global Racism in the Twenty-first Century*, London: Routledge.

Blum, William (1995) *Killing Hope: U.S. Military and CIA Interventions since World War II*, London: Zed Books.

Blum, William (2000) *Rogue State: A Guide to the World's Only Superpower*, London:

Zed Books.
Bowker, Geoffrey C. and Star, Susan Leigh (1999) *Sorting Things Out: Classification and Its Consequences*, Cambridge, MA: MIT Press.
Brah, Avtar (1996) *Cartographies of Diaspora: Contesting Identities*, London: Routledge.
Brah, Avtar and Coombs, Annie (2000) *Hybridity and its Discontents*, London: Routledge.
Brennan, Tony (2001) 'World Music Does Not Exist', *Discourse*, Vol. 23, No. 1, pp. 44-62.
Bromley, Roger (2000) *Narratives for a New Belonging: Diasporic Cultural Fictions*, Edinburgh: Edinburgh University Press.
Butler, Judith (1994) 'Introduction: Against Proper Objects', in More Gender Trouble: Feminism Meets Queer Theory, *Differences: A Journal of Feminist Cultural Studies*, Summer-Fall, pp. 1-26.
CARF (2000) 'Refugees from Globalism', *Campaign Against Racism and Fascism*, No. 57, pp. 3-4.
Castells, Manuel (1996) *The Rise of the Network Society*, Oxford: Blackwell.
Castles, Stephen (1991) 'Italians in Australia: Building a Multicultural Society on the Pacific Rim', *Diaspora*, Vol. 1, No. 1, pp. 45-66.
Castles, Stephen and Kozack, Godula (1973) *Immigrant Workers and Class Structure in Western Europe*, London: Oxford University Press.
CCCS (Centre for Contemporary Cultural Studies) (1982) *The Empire Strikes Back*, London: Hutchinson.
Chambers, Iain (1994) *Migrancy, Culture, Identity*, London: Routledge.
Chambers, Iain (1996) 'Signs of Silence, Lines of Listening', in Iain Chambers and Linda Curtis (eds), *The Post-colonial Question*, London: Routledge, pp. 47-62.
Chambers, Iain and Curtis, Linda (eds) (1996) *The Post-colonial Question*, London: Routledge.
Chatterjee, Partha (1995) *The Nation and Its Fragments: Colonial and Postcolonial Histories*, Princeton, NJ: Princeton University Press.
Chomsky, Naom (2003) *Hegemony or Survival*, London: Hamish Hamilton.
Chow, Rey (1993) *Writing Diaspora*, Bloomington: Indiana University Press.
Chow, Rey (1998) *Ethics After Idealism*, Bloomington: Indiana University Press.

Chua, Beng-Huat (1998) 'Culture, Multiracalism, and National Identity in Singapore', in Kuan-Hsing Chen (ed.), *Trajectories: Inter-Asia Cultural Studies*, London: Routledge, pp. 186-205.

Clarke, Colin, Ceri, Peach and Steven, Vertovec (1990) *South Asians Overseas: Migration and Ethnicity*, Cambridge: Cambridge University Press.

Clifford, James (1994) 'Diasporas', *Cultural Anthropology*, Vol. 9, No. 3, pp. 302-338.

Clifford, James (1997) *Routes: Travel and Translation in the Late Twentieth Century*, Cambridge, MA: Harvard University Press.

Clifford, James (2000) 'Taking Identity Politics Seriously: "The Contradictory Stony Ground ..."', in Paul Gilroy, Lawrence Grossberg and Angela McRobbie (eds), *Without Guarantees: In Honour of Stuart Hall*, London: Verso, pp. 94-112.

Cohen, Phil (1999) 'Rethinking the diasporama', *Patterns of Prejudice*, Vol. 33, No. 1, pp. 3-22.

Cohen, Rich (1998) *Tough Jews: Fathers, Sons and Gangster Dreams*, London: Cape.

Cohen, Rina (1999) 'From Ethnonational Enclave to Diasporic Community: The Mainstreaming of Israeli Jewish Migrants in Toronto', *Diaspora*, Vol. 8, No. 2, pp. 121-136.

Cohen, Robin (1997) *Global Diasporas: An Introduction*, London: UCL Press.

Creed, Barbara (1993) *The Monstrous Feminine: Film, Feminism, Psychoanalysis*, London: Routledge.

Dellit, Alison (2001) 'Philip Ruddock: Minister for Racism', *Green Left Weekly*, No. 433, www.greenleftweekly.org.au/back/2001/433/433p10.htm.

Deleuze, Gilles and Guattari, Felix (1972/1984) *Anti-Oedipus: Capitalism and Schizophrenia*, London: Athlone Press.

Derrida, Jacques (1992) *Given Time: Counterfeit Money*, Chicago: University of Chicago Press.

Derrida, Jacques (1996/1998) *Monolingualism of the Other, or The Prosthesis of Origin*, Stanford, CA: Stanford University Press.

Derrida, Jacques (2001) *On Cosmopolitanism and Forgiveness*, London: Routledge.

Dinnage, Rosemary (1997) 'Out of the Ruins', *New York Review of Books*, Vol. 44, No. 13, (August 14), pp. 14-15.

Donald, James and Rattansi, Ali (eds) (1992) 'Race', Culture and Difference, Newbury Park, CA: Sage.

Dube, Saurabh (1999) 'Travelling Light: Missionary Musings, Colonial Cultures and Anthropological Anxieties', in R. Kaur and J. Hutnyk (eds), Travel Worlds: Journeys in contemporary Cultural Politics, London: Zed Bookds, pp. 29-50.

Dube, Saurabh (2002) 'Introduction: Colonialism, Modernity, Colonial Modernities', Nepantla, Views from the South, Vol. 3, No. 2, pp. 197-219.

Dutton, Michael (1998) Streetlife China, Cambridge: Cambridge University Press.

Dyer, Richard (1997) White, London: Routledge.

Ellison, Ralph (1947) Invisible Man, Harmondsworth: Penguin.

Eltringham, Nigel (2004) Accounting for Horror: Post-Genocide Debates in Rwanda, London: Pluto Press.

Esmail, Anees, Everington, Sam and Doyle, Helen (1998) 'Racial Discrimination in the Allocation of Distinction Awards?', British Medical Journal, No. 316, pp. 193-195.

Fletcher, John (1992) 'The Huguenot Diaspora', Diaspora, Vol. 2, No. 2, pp. 251-260.

Foner, Nancy (1997) 'What's New about Transnationalism? New York Immigrants Today and at the Turn of the Century', Diaspora, Vol. 6, No. 3, pp. 355-376.

Fortier, Anne-Marie (1998) 'The Politics of "Italians Abroad": National, Diaspora and New Geographies of Identity', Diaspora, Vol. 7, No. 2, pp. 355-375.

Fortier, Anne-Marie (2003) 'Making Home: Queer Migrations and Motions of Attachment', in S. Ahmed, C. Castañeda, A.-M. Fortier and M. Sheller (eds), Uprootings/Regroundings: Questions of Home and Migration, Oxford: Berg.

Foucault, Michel (1975/1982) Discipline and Punish: The Birth of the Prison, Harmondsworth: Penguin.

Frankenberg, Ruth (1993) The Social Construction of Whiteness: White Women, Race Matters, Cambridge: Cambridge University Press.

Furedi, Frank (1997) Population and Development: A Critical Introduction, Cambridge: Polity Press.

Fuss, Diana (1991) 'Inside/Out', in Diana Fuss (ed.), Inside/Out: Lesbian Theories,

Gay Theories, London: Routledge, pp. 1-10.

Gabaccia, Donna R. and Ottanelli, Fraser (1997) 'Diaspora or International Proletariat? Italian Labor, Labor Migration, and the Making of Multiethnic States, 1815-1939', Diaspora, Vol. 6, No. 1, pp. 61-84.

Gallagher, Charles A. (1995) 'White Reconstruction in the University', Socialist Review, Vol. 24, Nos 1 and 2, Special Issue: Arranging Identities: Construction of Race, Ethnicity and Nation, pp. 165-187.

Garcia Canclini, Nestor (1995) Hybrid Cultures: Strategies for Entering and Leaving Modernity, Minneapolis: University of Minnesota Press.

Garcia Calclini, Nestor (2000) 'The State of War and the State of Hybridization', in Paul Gilroy, Lawrence Grossberg and Angela McRobbie (eds), Without Guarantees: In Honour of Stuart Hall, London: Verso, pp. 38-52.

Geertz, Clifford (1973) The Interpretation of Cultures, New York: Basic Books.

Geertz, Clifford (1988) Works and Lives: The Anthropologist as Author, Cambridge: Polity Press.

Gellner, Ernest (1983) Nation and Nationalism, London: Verso.

George, Rosemary Marangoly (1997) '"From Expatriate Aristocrat to Immigrant Nobody": South Asian Racial Strategies in the Southern Californian Context', Diaspora, Vol. 6, No. 1, pp. 31-60.

Gibson, Pamela Church (2001) '"You've been in my life so long I can't remember anything else": Into the Labyrinth with Ripley and the Alien', in Matthew Tinkcom, Mathew Villarejo and Amy Villarejo (eds), Keyframes: Popular Cinema and Cultural Studies, London: Routledge, pp. 35-51.

Gillespie, Marie (1995) Television, Ethnicity and Cultural Change, London: Routledge.

Gilman, Sander L. (2000) 'Are Jews White? Or, the History of the Nose Job', in Les Back and John Solomos (eds), Theories of Race and Racism: A Reader, London: Routledge, pp. 229-237.

Gilroy, Paul (1987) There Ain't No Black in the United Jack, London: Routlege.

Gilroy, Paul (1988) 'Cruciality and the Frog's Perspective: An Agenda of Difficulties for the Black Arts Movement in Britain', Third Text, No. 5, pp. 33-44.

Gilroy, Paul (1991) '"It Ain't Where You're From, It's Where You're At ...": The Dialectics of Disasporic Identification', *Third Text: Third World Perspectives on Contemporary Art & Culture*, No. 13, pp. 3-16.

Gilroy, Paul (1993a) *The Black Atlantic: Modernity and Double Consciousness*, London: Routledge.

Gilroy, Paul (1993b) *Small Acts: Thoughts on the Politics of Black Cultures*, London: Serpent's Tail.

Gilroy, Paul (1994) 'Black Cultural Politics: An Interview with Paul Gilroy by Timmy Lott', *Found Object*, Vol. 4, pp. 46-81.

Gilroy, Paul (2000) *Between Camps*, Harmondsworth: Penguin.

Gluckman, Max (1955) *Custom and Conflict in Africa*, Oxford: Basil Blackwell.

Godbeer, Richard (1999) 'Eroticizing the Middle Ground: Anglo-Indian Sexual Relations along the Eighteenth-century Frontier', in Martha Hodes (ed.), *Sex, Love, Race: Crossing Boundaries in North American History*, New York: New York University, pp. 91-111.

Gold, Steven J. (1995) 'Gender and Social Capital among Israeli Immigrants in Los Angeles', *Diaspora*, Vol. 4, No. 3, pp. 267-301.

Gordon, P. and Klug, F. (1986) *New Right New Racism*, London: Searching Publications.

Goulbourne, Harry (1991) *Ethnicity and Nationalism in Post-Imperial Britain*, Cambridge: Cambridge University Press.

Gramsci, Antonio (1971) *Selections from the Prison Notebooks*, New York: International Publishers.

Grant, Linda (2002) 'Defenders of the Faith', *The Guardian Review*, 6 July.

Grewal, Inderpal (1994) 'Autobiographic Subjects and Diasporic Locations: *Meatless Days* and *Borderlands*', in Inderpal Grewal and Caren Kaplan (eds), *Scattered Hegemonies: Postmodernity and Transnational Feminist Practices*, Minneapolis: University of Minnesota Press, pp. 231-254.

Grewal, Inderpal (1996) *Home and Harem: Nation, Gender, Empire, and the Cultures of Travel*, Durham, NC: Duke University Press.

Guha, Ranajit (1983) *Elementary Aspects of Peasant Insurgency*, Delhi: Oxford University

Press.

Gupta, Rahila (2004) *From Homebreakers to Jailbreakers*, London: Zed Books.

Gutierrez, Gonzales (1999) 'Fostering Identities: Mexico's Relations with its Diaspora', *Journal of American History*, Vol. 86, No. 2, pp. 545-557.

Hall, Stuart (1989) 'New Ethnicities' Black Film', *British Cinema ICA Documents* 7, London: Institute of Contemporary Arts.

Hall, Stuart (1990) 'Cultural Identity and Diaspora', in Jonathan Rutherford (ed.), *Identity: Community, Culture, Difference*, London: Lawrence and Wishart, pp. 222-238.

Hall, Stuart (1992a) 'The Question of cultural Identity', in S. Hall, D. Held and A. McGrew (eds), *Modernity and its Futures*, London: Polity Press, pp. 273-326.

Hall, Stuart (1992b) 'What is this "Black" in Black Popular Culture', in Gina Dent (ed.), *Black Popular Culture*, California: Bay Press, pp. 21-33.

Hall, Stuart (1995) 'Black and White Television', in June Givanni (ed.), *Remote Control: Dilemmas of Black Intervention in British Film and TV*, London: British Film Institute, pp. 13-28.

Hall, Stuart (1996) 'When was the Postcolonial: Thinking about the Limit' in Iain Chambers and Linda Curtis (eds), *The Post-colonial Question*, London: Routledge, pp. 242-260.

Hall, Stuart and Tony Jefferson (eds) (1974) *Resistance through Rituals: Youth Subcultures in Post-War Britain*, Birmingham: Centre for Contemporary Cultural Studies.

Hamon, Evelynn (1994) 'Black (W)holes and the Geometry of Black Female Sexuality', in More Gender Trouble: Feminism Meets Queer Theory, *Differences: A Journal of Feminist Cultural Studies*, Summer-Fall, pp. 126-145.

Haraway, Donna (1997) *Modest_witness@Second_Millennium.FemaleMan©_Meets_OncoMouse™*, New York: Routledge.

Hardt, Michael and Negri, Antonio (2000) *Empire*, Cambridge, MA and London: Harvard University Press.

Harindranath, Ramaswami (2003) 'Reviving Cultural Imperialism', in Linda Parks and Shanti Kumar (eds), *Planet TV*, New York: New York University Press, pp. 155-168.

Hebdige, Dick (1979) *Subculture: The Meaning of Style*, London: Methuen.

Hebdige, Dick (1987) *Cut 'n' Mix: Culture, Identity and Caribbean Music*, London: Comedia.

Held, David, McGrew, Anthony, Goldblatt, David and Perraton, Johnathon (1999) *Global Transformations: Politics, Economics and Culture*, Cambridge: Polity Press.

Holmes, Michael and Holmes, Denis (eds) (1997) *Ireland and India: Connections, Comparisons, Contrasts*, Dublin: Folins.

Hoagland, Sarak (1988) *Lesbian Ethics*, Palo Alto, CA: Institute of Lesbian Studies.

Home Office (2003) *Nationality, Immigration and Asylum Act*, London: HMSO.

hooks, bell (1990) *Yearning: Race, Gender, and Cultural Politics*, Boston, MA: South End Press.

hooks, bell (1997) 'Representing Whiteness in the Black Imagination', in *Displacing Whiteness: Essays in Social and Cultural Criticism*, Durham, NC: Duke University Press, pp. 165-179.

Howell, Sally and Shryock, Andrew (2003) 'Cracking Down on Diaspora: Arab Detroit and America's "War on Terror"', *Anthropological Quarterly*, Vol. 76, No. 3, pp. 443-462.

Huntington, Samuel P. (1996) *The Clash of Civilizations and the Remaking of World Order*, New York: Simon and Schuster.

Huntington, Samuel P. (1997) 'The Erosion of American Interests', *Foreign Affairs*, Vol. 76, No. 5, pp. 28-49.

Hutnyk, John (1996) *The Rumour of Calcutta: Tourism, Charity and the Poverty of Presentation*, London: Zed Books.

Hutnyk, John (2000) *Critique of Exotica: Music, Politics and the Culture Industry*, London: Pluto Press.

Hutnyk, John (2004) *Bad Marxism Capitalism and Cultural Studies*, London: Pluto Press.

Hutnyk, John and Kalra, Virinder (1998) 'Diasporic Music and Politics', *Postcolonial Studies*, Special issue, Vol. 1, No. 3.

Hutnyk, John and Sharma, Sanjay (2000) 'Music and Politics', *Theory, Culture and Society*, Special issue, Vol. 17.

Ignatiev, Noel (1995) *How the Irish Became White*, London: Routledge.

Jacobson, Matthew F. (2000) 'Looking Jewish, Seeing Jews', in Les Back and John Solomos (eds), *Theories of Race and Racism: A Reader*, London: Routledge, pp. 238-252.

Jayawardena, Kumari (1986) *Feminism and Nationalism in the Third World*, London: Zed Books.

Jayawardena, Kumari (1995) *The White Woman's Other Burden*, London: Routledge.

Kalra, Virinder S. (2000) *From Textile Mills to Taxi Ranks: Experiences of Migration, Labour and Social Change*, Aldershot: Ashgate.

Kalra, Virinder S, (2000a) 'Vilayeti Phythms: Beyond Bhangra's Emblematic Status to a Translation of Lyrical Texts', *Theory, Culture and Society*, Vol. 17, No. 3, pp. 83-105.

Kalra, Virinder (2006) 'Locating the Sikh Pagh', *Journal of Sikh Studies*, Vol. 1, No. 1, forthcoming.

Kalra, Virinder and Hutnyk, John (1998) 'Brimful of Agitation, Authenticity and Appropriation: Madonna's "Asian Kool"', *Postcolonial Studies*, Vol. 1, No. 3, pp. 339-355.

Kapur, Devesh (2001) 'Diasporas and Technology Transfer', *Journal of Human Development*, Vol. 2, No. 1, pp. 265-286.

Kapur, Narender (1997) *The Irish Raj: Illustrated Stories about Irish in India and Indians in Ireland*, Antrim: Greystone Press.

Katz, Nathan (ed.) (1999) *Studies of Indian Jewish Identity*, New Delhi: Manohar.

Kaur, Raminder (1999) 'Parking the Snout in Goa', in Raminder Kaur and John Hutnyk (eds), *Travel Worlds: Journeys in Contemporary Cultural Politics*, London: Zed Books, pp. 155-172.

Kaur, Raminder (2003) 'Westenders: Whiteness, Women and Sexuality in Southall, UK', in Jacqueline Andall (ed.), *Gender and Ethnicity in Contemporary Europe*, Oxford: Berg, pp. 199-217.

Kaur, Raminder and Banerjea, Partha (2000) 'Jazzgeist: Racial Signs of Twisted Times', *Theory, Culture and Society*, Vol. 17, No. 3, pp. 159-180.

Kaur, Raminder and Hutnyk, John (eds) (1999) *Travel Worlds: Journeys in Contemporary*

Cultural Politics, London: Zed Books.

Kaur, Raminder and Kalra, Virinder (1996) 'New Paths for South Asian Music and Creativity', in Sanjay Sharma, John Hutnyk and Ashwani Sharma (eds), Dis-Orienting Rhythms: The Politics of the New Asian Dance Music, London: Zed Books, pp. 217-231.

King, Russell, Williams, Alan and Warnes, Tony (2000) Sunset Lives: British Retirement Migration to the Mediterranean, New York: New York University Press.

Klein, Christina (2004) 'Crouching Tiger, Hidden Dragon: A Diasporic Reading', Cinema Journal, Vol. 43, No. 4, pp. 18-42.

Klein, Naomi (2000) No Logo, London: Flamingo.

Koshy, Susan (1994) 'The Geography of Female Subjectivity: Ethnicity, Gender and Diaspora', Diaspora, Vol. 3, No. 1, pp. 69-84.

Koshy, Susan (1998) 'Category Crisis: South Asian Americans and Questions of Race and Ethnicity', Diaspora, Vol. 7, No. 3, pp. 285-320.

Kovel, Joel (1994) Red Hunting in a Promised Land, New York: Basic Books.

Kumar, Amitava (2000) Passport Photos, Berkeley: University of California Press.

Kumar, Amitava (2002) Bombay London New York, New York: Routledge.

Kunzru, Hari (2002) The Impressionist, Harmondsworth: Penguin.

Leonard, Karen (1992) Making Ethnic Choices: California's Punjabi Mexican Americans, Philadelphia: Temple University Press.

Lévi-Strauss, Claude (1955) Tristes Tropiques, New York: Jonathan Cape.

Lichfield, John (2002) 'Combat 18 website praises Chirac's attacker', The Independent, 17 July, p. 9.

Lovink, Geert (2002) Dark Fiber: Tracking Critical Internet Culture, Cambridge, MA: MIT Press.

Lowe, Lisa (1996) Immigration Acts: On Asian American Cultural Politics, Durham, NC: Duke University Press.

Lugones, Maria (1991) 'On the Logic of Pluralist Feminism', in C. Card (ed.), Feminist Ethics, Lawrence, KS: University of Kansas.

MacCormack, Carol and Strathern, Marilyn (eds) (1981) Nature, Culture and Gender,

Cambridge: Cambridge University Press.

MacCullum, Mungo (2002) 'Girt by Sea', *Quarterly Essay* 5, Melbourne: Black.

Mandel, Maud S. (1995) 'One Nation Indivisible: Contemporary Western European Immigration Policies and the Politics of Multiculturalism', *Diaspora*, Vol. 4, No. 1, pp. 89-103.

Mankekar, Purnima (1994) 'Reflections on Diasporic Identities: A Prolegomenon to an Analysis of Political Bifocality', *Diaspora*, Vol. 3, No. 3, pp. 349-371.

Mao Zedong (1975/1928) 'Report From Hunan', in *Selected Works*, Vol. 1, Peking: Foreign Languages Press.

Marquese, Mike (1996) *Anyone but England: Cricket and the National Malaise*, New York: W. W. Norton & Company.

Marshall, Barbara L. (1994) *Engendering Modernity: Feminism, Social Theory and Social Change*, London: Polity Press.

Marx, Karl and Engels, Fredrik (1848/1987) *Collected Works*, Vol. 3, London: Lawrence and Wishart.

McClintock, Anne (1996) *Imperial Leather: Race, Gender, and Sexuality in the Colonial Context*, London: Routledge.

McDowell, Nick (ed.) (2003) *Diaspora City*, London: Arcadia.

McGarry, T. (1990) 'A Study of the "Irish" in Southall', Department of Human Sciences BA Dissertation, Brunel University.

Melvern, Linda (2004) *Conspiracy To Murder: The Rwandan Genocide*, London: Verso.

Mercer, Kobena (1994) *Welcome to the Jungle: New Positions in Black Cultural Studies*, London: Routledge.

Modood, Tariq (1992) *Not Easy Being British: Colour, Culture and Citizenship*, London: Runnymede Trust and Trentham Books.

Moody, Roger (1990) *Plunder*, London: Partizans.

Morley, David (2000) *Home Territories: Media, Mobility and Identity*, London: Routledge.

Murray, Alison (1998) 'Debt-bondage and Trafficking: Don't Believe the Hype', in K.

Kempadoo (ed.), *Global Sex Workers: Rights, Resistance and Redefinition*, New York and London: Routledge, pp. 51-64.

Naber, Nadine C. (2002) 'So Our History Doesn't Become your Future: The Local and Global Politics of Coalition Building Post-September 11th', *Journal of Asian American Studies*, Vol. 5, No. 3, pp. 217-242.

Nader, Laura (ed.) (1996) *Naked Science: Anthropological Inquiry into Boundaries, Power and Knowledge*, New York: Routledge.

Naficy, Hamid (2001) *An Accented Cinema: Exilic and Diasporic Filmmaking*, Princeton, NJ: Princeton University Press.

Nagle, John (2003) 'The Transmission and Reception of Irish Traditional Culture in a London-Irish Arts Centre', unpublished PhD Thesis, Queen's University Belfast.

Nash, Gary B. (1999) 'The Hidden History of Mestizo America', in Martha Hodes (ed.), *Sex, Love, Race: Crossing Boundaries in North American History*, New York: New York University Press, pp. 10-32.

Neu, Dean and Therrien, Richard (2003) *Accounting for Genocide: Canada's Bureaucratic Assault an Aboriginal People*, Black Point, NS: Fernwood Publishing.

Newmeyer, Frederick J. (1986) *The Politics of Linguistics*, Chicago: University of Chicago Press.

Noriega, Chon A. (2001) '"Waas sappening?": Narrative Structure and Iconography in "Born in East L.A."', in Matthew Tinkcom and Amy Vallerejo (eds), *Keyframes: Popular Cinema and Cultural Studies*, London: Routledge.

Nugent, Stephen (1994) *Amazonian Coboclo Society: An Essay on Invisibility and Peasant Economy*, Oxford: Berg.

O'Hanlom, Rosalind and Washbrook, David (2000) 'After Orientalism: Culture, Criticism and Politics in the Third World', in Vinayak Chaturvedi (ed.), *Mapping Subaltern Studies and the Postcolonial*, London: Verso, pp. 191-219.

O'Reilly, Karen (2000) *The British on the Costa del Sol: Transnational Identities and Local Communities*, London: Routledge.

Ong, Aiwa (1999) *Flexible Citizenship: The Cultural Logics of Transnationality*, Durham, NC: Duke University Press.

Ostergaard-Nielson, Eva (2000) 'Trans-State Loyalites and Politics of Turks and Kurds in Western Europe', *SAIS Review*, Vol. 20, No. 1, pp. 23-38.

Palme Dutt, Rajani (1949) *Britain's Crisis of Empire*, London: Lawrence and Wishart.

Palumbo-Liu, David (2002) 'Multiculturalism Now: Civilization, National Identity and Difference Before and After September 11th', *Boundary 2*, Vol. 2, No. 29, pp. 109-127.

Panagakos, Anastasia N. (1998) 'Citizens of the Trans-Nation: Political Mobilization, Multiculturalism, and Nationalism in the Greek Diaspora', *Diaspora*, Vol. 7, No. 1, pp. 53-74.

Papastergiadis, Nikos (1998) *Dialogues in the Diaspora: Essays and Conversations on Cultural Identity*, London: Rivers Oram.

Papastergiadis, nikos (2000) *The Turbulence of Migration: Globalization, Deterritorialization and Hybridity*, Cambridge: Polity Press.

Parker, David (2000) 'The Chinese Takeaway and the Diasporic Habitus: Space, Time and Power Geometries', in Barnor Hesse (ed.), *Un/Settled Multiculturalisms: Diasporas, Entanglements, Transruptions*, London: Zed Books, pp. 55-68.

Parmer, Pratibha (1982) 'Gender, Race and Class: Asian Women in Resistance', in Centre for Contemporary Cultural Studies, *Empire Strikes Back*, London: Hutchinson.

Pascoe, R. (2000) 'Third Culture Kids Are Left a Complex Legacy', www.internetforschools.co.uk/global/expatliving/adfamily7.html.

Penley, Constance (1997) *Nasa/Trek*, New York: Verso.

Phoenix, Ann and Owen, Charlie (2000) 'From Miscegenation to Hybridity: Mixed Relationships and Mixed Parentage in Profile', in Avtar Brah and Annie Coombs (eds), *Hybridity and Its Discontents*, London: Routledge, pp. 72-95.

Phillips, Mike and Phillips, Trevor (1999) *Windrush: The Irresistible Rise of Multi-Racial Britain*, London: Harper Collins.

Prakash, Gyan (2000) 'Can the Subaltern Ride? A Reply to O'Hanlon and Washbrook', in Vinayak Chaturvedi (ed.), *Mapping Subaltern Studies and the Postcolonial*, London: Verso, pp. 120-238.

Prashad, Vijay (1995) 'Roots: A Manifesto For Overseas South Asians', *Sanskriti*, Vol. 6,

No. 1, Available at: www.foil.org/resources/sanskriti/dec95/vijay.html.

Prashad, Vijay (2000) *The Karma of Brown Folk*, Minneapolis and London: University of Minnesota Press.

Prashad, Vijay (2001) *Everybody was Kung Fu Fighting: Afro-Asian Connections and the Myth of Cultural Purity*, New York: Beacon Press.

Prashad, Vijay (2002a) *The American Scheme: Three Essays*, New Delhi: New Left Books.

Prashad, Vijay (2002b) *War Against the Planet: The Fifth Afghan War, Imperialisms and Other Assorted Fundamentalisms*, New Delhi: Left Word.

Prashad, Vijay and Mathew, Biju (1999-2000) 'Satyagraha in America: The Political Culture of South Asians in the U.S.', *Amer-Asia Journal*, Vol. 25, No. 3, pp. ix-xv.

Pratt, Mary (1992) *Imperial Eyes: Travel Writing and Transculturation*, London: Routledge.

Puar, Jasbir (1995) 'Resituating Discourses of "Whiteness" and "Asianness" in Northern England: Second Generation Sikh Women and Constructions of Identity', *Socialist Review*, Special Section: Arranging Identities—Constructions of Race, Ethnicity, and Nation, Vol. 24, Nos 1 and 2, pp. 21-53.

Puar, Jasbir (2002) 'A Transnational Feminist Critique of Queer Tourism', *Antipode*, Vol. 34, No. 5, pp. 935-946.

Puar, Jasbir and Rai, Amit (2002) 'Monster, Terrorist, Fag: The War on Terrorism and the Production of Docile Patriots', *Social Text*, Vol. 20, No. 3, pp. 117-148.

Purewal, Navtej (2003) 'Re-producing South Asian Wom(b)en: Female Feticide and the Spectacle of Culture', in N. Puwar and P. Raghuram (eds), *South Asian Women in the Diaspora*, Oxford: Berg, pp. 137-157.

Radhakrishnan, Rajagopalan (1996) *Diasporic Mediations: Between Home and Location*, Minneapolis and London: University of Minnesota Press.

Ramdin, Ron (2000) *Arising from Bondage: A History of the Indo-Caribbean People*, New York: New York University Press.

Rasanah, Kharberie (2000) *News from NAZ London*, November, Issue 11, London: NAZ Project.

Rayaprol, Aparna (1997) *Negotiating Identities: Women in the Indian Diaspora*, Delhi:

Oxford University Press.

Rothenberg, Celia (1999) 'Proximity and Distance: Palestinian Women's Social Lives', *Diaspora*, Vol. 8, No. 1, pp. 23-50.

Roy, Arundhati (1997) *The God of Small Things*, New York: Random House.

Roy, Arundhati (1999) *The Cost of Living*, London: Flamingo.

Roy, Arundhati (2001) 'The Progressive Interview, with David Barsamian', *The Progressive*, April, pp. 33-39.

Ruge, Uta (1992) 'Female Genital Mutilation and the Position of African Refugee Women in Britain', *Women Against Fundamentalism Journal*, Vol. 3, pp. 7-8.

Ruprecht, Jr., Louis A. (1994) 'On Being Jewish or Greek in the Modern Moment', *Diaspora*, Vol. 3, No. 2, pp. 82-102.

Rushdie, Salman (1992) *Imaginary Homelands: Essays and Criticism 1981-1991*, London: Granta, in association with Penguin.

Rutherford, Jonathan (1997) *Forever England: Reflections on Race, Masculinity and Empire*, London: Lawrence and Wishart.

Ruthven, Malise (1991) *A Satanic Affair: Salman Rushdie and the Wrath of Islam*, London: Chatto & Windus.

Ryan, Chris and Hall, C. Michael (2001) *Sex Tourism: Marginal People and Liminalities*, London: Routledge.

Safran, William (1991) 'Diasporas in Modern Societies: Myths of Homeland and Return', *Diaspora*, Vol. 1, No. 1, pp. 83-99.

San Juan, Jr., E. (2001) 'Interrogating Transmigrancy, Remapping Diaspora: The Globalization of Laboring Filipinos/as', *Discourse*, Vol. 23, No. 3, pp. 52-74.

San Juan, Jr., E. (2002) *Racism and Cultural Studies: Critiques of Multiculturalist Ideology and the Politics of Difference*, Durham, NC: Duke University Press.

Sassen, Saskia (1996) *Losing Control? Sovereignty in an Age of Globalisation*, New York: Columbia University Press.

Sassen, Saskia (1998) *Globalization and its Discontents: Selected Essays 1984-1998*, New York: New Press.

Sayyid, Salman (1997) *A Fundamental Fear: Eurocentrism and the Emergence of*

Islamism, London: Zed Books.

Sayyid, Salman (2000a) 'Bad Faith: Anti-Essentialism, Universalism and Islamism', in Avtar Brah and Annie Coombs (eds), *Hybridity and Its Discontents*, London: Routledge, pp. 257-271.

Sayyid, Salman (2000b) 'Beyond Westphalia: Nations and Diasporas—the Case of the Muslim *Umma*', in Barnor Hesse (ed.), *Un/Settled Multiculturalisms: Diasporas, Entanglements, Transruptions*, London: Zed Books, pp. 33-51.

Schumaker, Lynne (2001) *Africanizing Anthropology: Fieldwork, Networks, and the Making of Cultural Knowledge in Central Africa*, Durham, NC: Duke University Press.

Seabrook, Jeremy (2001) *Travels in the Skin Trade: Tourism and the Sex Industry*, London: Pluto Press.

Segal, Ronald (1996) *The Black Diaspora*, New York: Noonday Press.

Seth, Vikram (1994) *A Suitable Boy*, London: Perennial.

Shain, Yossi (1994) 'Marketing the Democratic Creed Abroad: US Diasporic Politics in the Era of Multiculturalism', *Diaspora*, Vol. 3, No. 1, pp. 85-111.

Shain, Yossi (1999) *Marketing the American Creed Abroad: Diasporas in the US and their Homelands*, Cambridge: Cambridge University Press.

Shain, Yossi (2002) 'The Role of Diasporias in Conflict Perpetuation or Resolution', *SAIS Review*, Vol. 22, No. 2, pp. 115-144.

Sharma, Ashwani (1996) 'Sounds Oriental: the (Im)Possibility of Theorizing Asian Musical Cultures', in Sanjay Sharma, John Hutnyk and Ashwani Sharma (eds), *Dis-Orienting Rhythms: The Politics of the New Asian Dance Music*, London: Zed Books, pp. 15-31.

Sharma, Sanjay (1996) 'Noisy Asians or Asian Noise?', in Sanjay Sharma, John Hutnyk and Ashwani Sharma (eds), *Dis-Orienting Rhythms: The Politics of the New Asian Dance Music*, London: Zed Books, pp. 32-57.

Sharma, Sanjay (2005) 'Asian Sounds', in Nasreen Ali, Virinder Kalra and Salman Sayyid (eds), *Postcolonial People: South Asians in Britain*, London: Hurst.

Sharma, Sanjay and Housee, Shirin (1999) '"Too Black Too Strong"? Anti-racism and the Making of South Asian Political Identities in Britain', in Tim Jordon and Adam Lent (eds), *Storming the Millennium: The Politics of Change*, London: Lawrence and Wishart.

Sharma, Sanjay, Hutnyk, John and Sharma, Ashwani (eds) (1996) *Dis-Orienting Rhythms: The Politics of the New Asian Dance Music*, London: Zed Books.

Shohat, Ella and Stam, Robert (1994) *Unthinking Eurocentrism: Multiculturalism and the Media*, London and New York: Routledge.

Shore, Cris (2000) *Building Europe: The Cultural Politics of European Integration*, London: Routledge.

Sivanandan, Ambalavaner (1981) 'From Resistance to Rebellion: Asia and Afro-Caribbean Struggles in Britain', *Race and Class*, Vol. 23, pp. 111-151.

Sivanandan, Ambalavaner (1982) *A Different Hunger: Struggles for Racial Justice*, London: Pluto Press.

Sivanandan, Ambalavaner (1987) 'Closing the Door, the Clampdown on Refugees', on *Homebeats* (CD-ROM), London: Institute of Race Relations.

Sivanandan, Ambalavaner (1997) 'On Fortress Europe', Speech Available at: www.irr.org.uk/sound/people/siva.ram.

Socialist Review Collective (1995) 'Arranging Identities: Framing the Issue/s', *Socialist Review*, Special Section: Arranging Identitie—Constructions of Race, Ethnicity, and Nation, Vol. 24, Nos 1 and 2, pp. 1-19.

Southall Black Sisters (1990) *Against the Grain: A Celebration of Survival and Struggle*, London: SBS.

Spivak, Gayatri Chakravorty (1987) *In Other Worlds: Essays in Cultural Politics*, New York: Methuen.

Spivak, Gayatri Chakravorty (1993) *Outside in the Teaching Machine*, New York: Routledge.

Spivak, Gayatri Chakravorty (1996) *The Spivak Reader*, London: Routledge.

Spivak, Gayatri Chakravorty (1999) *Critique of Postcolonial Reason: Towards a History of the Vanishing Present*, Cambridge, MA: Harvard University Press.

Spivak, Gayatri Chakravorty (2000a) 'The New Subaltern: A Silent Interview', in

Vinayak Chaturvedi (ed.), *Mapping Subaltern Studies and the Postcolonial*, London: Verso, pp. 324-340.

Spivak, Gayatri Chakravorty (2000b) 'Thinking Cultural Questions in "Pure" Literary Terms', in Paul Gilroy, Lawrence Grossberg and Angela McRobbie (eds), *Without Guarantees: In Honour of Stuart Hall*, London: Verso, pp. 335-357.

Srinivas, M. N. (1962) *Caste in Modern India and Other Essays*, Bombay: Media Promoters and Publishers.

Stein, Sarah Abrevaya (1997) 'Sephardi and Middle Eastern Jewries: History and Culture in the Modern Era', *Diaspora*, Vol. 6, No. 1, pp. 96-111.

Stoler, Ann Laurer (1991) 'Carnal Knowledge and Imperial Power: Gender, Race and Morality in Colonial Asia', in Micaela di Leonardo (ed.), *Gender at the Crossroads of Knowledge: Feminist Anthropology in the Postmodern Era*, Berkely: University of California Press, pp. 51-101.

Stoler, Ann Laura (1995) *Race and the Education of Desire: Foucault's History of Sexuality and the Colonial Order of Things*, Durham, NC: Duke University Press.

Stoler, Ann Laura (2000) 'Sexual Affronts and Racial Frontiers: European Identities and the Cultural Politics of Exclusion in Colonial Southeast Asia', in Avtar Brah and Annie Coombs (eds), *Hybridity and its Discontents*, London: Routledge, pp. 19-55.

Sykes, Roberta (1989) *Black Majority*, Hawthorn, Vic.: Hudson.

Szasz, Thomas (1970) *The Manufacture of Madness*, London: Harper and Row.

Tatla, Darshan Singh (1998) *The Sikh Diaspora: The Search for Statehood*, London: UCL Press.

Taussig, Michael (1980) *The Devil and Commodity Fetishism*, Chapel Hill, NC: University of North Carolina Press.

Tessman, Lisa (1995) 'Beyond Communitarian Unity in the Politics of Identity', *Socialist Review*, Special Section: Arranging Identities—Constructions of Race, Ethnicity, and Nation, Vol. 24, Nos 1 and 2, pp. 55-83.

Thiara, Ravi K. (2003) 'South Asian Women and Collective Action in Britain', in

Jacqueline Andall (ed.), *Gender and Ethnicity in Contemporary Europe*, Oxford: Berg, pp. 132-161.

Thomas, Nicholas (1988) 'Hybrid Histories: Gordon Bennett's Critique of Purity', *Communal/Plura*, Vol. 6, No. 1, pp. 23-45.

Thomas, Nicholas (2000) 'Technologies of Conversion: Cloth and Christianity in Polynesia', in Avtar Brah and Annie Coombs (eds), *Hybridity and Its Discontents*, London: Routledge, pp. 198-215.

Tölölyan, Khachig (1996) 'Rethinking Diaspora(s): Stateless Power in the Transnational Moment', *Diaspora*, Vol. 5, No. 1, pp. 3-36.

Tölölyan, Khachig (2000) 'Elites and Institutions in the Armenian Transnation', *Diaspora*, Vol. 9, No. 1.

Trinh, T. Minh-ha and Morelli, Anamaria (1996) 'The Undone Interval', in Iain Chambers and Linda Curtis (eds), *The Post-colonial Question*, London: Routledge, pp. 3-16.

Vertovec, Steven (1999) 'Three Meanings of "Diaspora", Exemplified by South Asian Religions', *Diaspora*, Vol. 6, No. 3, pp. 277-300.

Vidal, Gore (2002) *Perpetual War for Perpetual Peace*, New York: Thunders Mouth Press/Nation.

Visvanathan, Shiv (1997) *A Carnival for Science: Essays on Science, Technology and Development*, Delhi: Oxford University Press.

Visweswaran, Kamala (1997) 'Diaspora by Design: Flexible Citizenship and South Asians in US Racial Formations', *Diaspora*, Vol. 6, No. 1, pp. 5-30.

Wahlbeck, Osten (2002) 'The Concept of Diaspora as an Analytical Tool in the Study of Refugee Communities', *Journal of Ethnic and Migration Studies*, Vol. 28, No. 2, pp. 221-238.

Ware, Vron (2002a) 'Otherworldly Knowledge: Towards a Language of Perspicuous Contrast', in Vron Ware and Les Back (eds), *Out of Whiteness: Color, Politics, and Culture*, Chicago: Chicago University Press, pp. 15-32.

Ware, Vron (2002b) 'Room with a View' in Vron Ware and Les Back (eds), *Out of Whiteness: Color, Politics, and Culture*, Chicago: Chicago University Press, pp. 271-289.

Ware, Vron and Back, Les (eds) (2002) *Out of Whiteness: Color, Politics, and Culture*, Chicago: Chicago University Press.

Watson, James (1977) *Between Two Cultures: Migration and Minorities in Britain*, Oxford: Basil Blackwell.

Wayne, Michael (2002) 'The Critical Practice and Dialectics of Third Cinema', in Rasheed Araeen, Sean Cubitt and Ziauddin Sardar (eds), *The Third Test Reason on Art, Culture and Theory*, London: Continuum.

Weidenbaum, Murray and Hughes, Samuel (1996) *The Bamboo Network*, New York: The Free Press.

Werbner, Pnina (2000) 'Introduction: The Materiality of Diaspora—Between Aesthetic and "Real" Politics', *Diaspora*, Vol. 9, No. 1, pp. 5-20.

Westwood, Sallie (1995) 'Gendering Diaspora: Space, Politics and South Asian Masculinities in Britain', in Peter van der Veer (ed.), *Nation and Migration: The Politics of Space in the South Asian Diaspora*, Philadelphia: University of Pennsylvania Press, pp. 197-221.

Willis, Paul (1977) *Learning to Labour*, Farnborough: Saxon House.

Wolfe, Patrick (1999) *Settler Colonialism and the Transformation of Anthropology: The Politics and Poetics of an Ethnographic Event*, London: Cassell.

Worsley, Peter (1964) *The Third World*, London: Weidenfeld & Nicholson.

Young, Lola (2000) 'Hybridity's Discontents: Reading Science and "Race"', in Avtar Brah and Annie Coombs (eds), *Hybridity and Its Discontents*, London: Routledge, pp. 154-170.

Young, Robert (1995) *Colonial Desire: Hybridity in Theory, Culture and Race*, London: Routledge.

Young, Robert (2001) *Postcolonialism: An Historical Introduction*, London: Blackwell.

Younger, C. (1987) *Anglo-Indians: Neglected Children of the Raj*, Delhi: B. R. Publishing.

Zack, Naomi (1993) *Race and Mixed Race*, Philadelphia: Temple University Press.

영화

⟨가타카(Gattaca)⟩, 앤드류 니콜(Andrew Niccol) (1997)
⟨기억의 열정(The Passion of Remembrance)⟩, 산코파 필름 워크숍(Sankofa Film Workshop) (1986)
⟨나는 영국인, 그러나(I'm British, But)⟩, 구린더 챠드하(Gurinder Chadha) (1990)
⟨나의 아름다운 세탁소(My Beautiful Laundrette)⟩, 스티븐 프리어스(Stephen Frears) (1985)
⟨디코더(Decoder)⟩, 뮤차/메익(Muscha/Maeck) (1984)
⟨라우지 리틀 식스펜스(Lousy Little Sixpence)⟩, 알렉 모건과 게리 보스톡(Alec Morgan and Gerry Bostock) (1982)
⟨래드 플래닛(Red Planet)⟩, 앤터니 호프먼(Anthony Hoffman) (2000)
⟨로스엔젤레스 동쪽에서 태어나다(Born in East L.A.)⟩, 리처드 마린(Richard Marin) (1987)
⟨미션 투 마스(Mission to Mars)⟩, 브라이언 드 팔마(Brian de Palma) (2000)
⟨베이비마더(Babymother)⟩, 줄리언 엔리케스(Julian Henriques) (2000)
⟨블레이드 러너(Blade Runner)⟩, 리들리 스콧(Ridley Scott) (1982)
⟨샘과 로지, 밤일하다(Sammy and Rosie Get Laid)⟩, 스티븐 프리어스(Stephen Frears) (1987)
⟨슈팅 라이크 베컴(Bend It Like Beckham)⟩, 구린더 챠드하(Gurinder Chadha) (2002)
⟨씬 레드 라인(The Thin Red Line)⟩, 테런스 말릭(Terrance Mallick) (1998)
⟨약방의 카우보이(Drugstore Cowboy)⟩, 구스 반 산트(Gus Van Sant) (1989)
⟨에이리언(Aliens)⟩, 제임스 캐머런(James Cameron) (1986)
⟨에이리언 3(Alien 3)⟩, 데이비드 핀처(David Fincher) (1992)
⟨에이리언 4(Alien Resurrection)⟩, 장-피에르 주네(Jean-Pierre Jeunet) (1997)
⟨와호장룡(Crouching Tiger, Hidden Dragon)⟩, 리안(Ang Lee) (2000)
⟨인코딩/디코딩(Encoding/Decoding)⟩, 메건 르골트(Megan Legault) (2000)
⟨제5원소(The Fifth Element)⟩, 뤽 베송(Luc Besson) (1997)
⟨토끼 울타리(Rabbit-Proof Fence)⟩, 필립 노이스(Phillip Noyce) (2002)
⟨한즈워스 노래(Handsworth Songs)⟩, 존 아코파프라(John Akomfrah) (1986)
⟨해변의 바지(Bhaji on the Beach)⟩, 구린더 챠드하(Gurinder Chadha) (1994)

찾아보기

가르시아 칼클리니, 네스토르 171, 196, 201
가부장적인 구조 103, 118
가비, 마커스 26
가사노동 130~137
가상 공동체 43, 68
가족의 가치 127
강제 추방 24, 26
거츠, 클리퍼드 151
게이 연구 128
결합한 다문화 204
경계(영역)
  디아스포라 집단 102
  종족성 36~37
경제적 이주 268
경제적 정의 186
경제학 50~54
계급적 지위 228
계층적 위계 178
고정관념(전형) 110~112, 135

고향 문화 175~181
공간
  디아스포라 - 75~76, 90, 93, 245, 249
  정치적 - 113
  제3의 - 91
공동체(집단)
  가상 68
  권위 114
  근본주의 122
공상과학
  도시화 198
  혼종성 155~156, 162~163
과학에서 혼종성 144
관광 229~230
관용 274
국경에 대한 논쟁들 191~195
국외 거주자 224~228
국제주의 194
규칙 152
그랜트, 린다 242

찾아보기 | 299

그루얼, 인더르팔 124
그리스계 미국인 238
그리스계 사이프러스인 113, 223
극우정당 252
근본주의 122~123, 260
근본주의에 반대하는 여성들 116, 122~123, 137
글로벌 기술 89
글로벌 정체성 170
기계와 인간의 혼종 154~156
기술-인간 간의 접점 157
기업가 네트워크 22, 52
길로이, 폴
 노예제 25
 도시화 195
 문화의 움직임들 76~77
 민족-국가 173~174
 '뿌리와 경로' 61
 신인종주의 65
 음악 79
 인종적 절대주의 182~185
 창조성 166
 혼종성 140~141, 143~145
길먼, 샌더 239
깁슨, 파멜라 처치 162~163

●

나쉬, 개리 248~249
나약, 아눕 237
나즈 프로젝트, 런던 128, 137
나피시, 하미드 86

난민 265~267
 - 상태 26
 오스트레일리아 193~194
남성성 103~109
남아시아계 미국인 222
남아시아인
 미국 221~222
 여성 81~82
 편잡 남성 105~106
남아프리카공화국 26
남인도 여성 114
'내부의 테러리스트들' 256
네그리, 안토니오 154, 253, 269~270
네오파시즘 213
네이버, 네이딘 261
네트워크
 기업가 22
 소규모 52
노동
 가사 130~137
 노동력 103~104
 서비스 분야 53~54
 - 이주 30, 53
 조직화된 - 271
노동자 조직 270~272
노동조합 운동 272
노예 무역 25
녹색혁명 148
농업에 종사하는 노예 197

●

다문화의 수도 200
다문화적 상투성 85
다문화주의
   결합한 - 204
   자유주의적 - 99~100
다양성 178~179
다원주의 183
다이어, 리처드 212, 251
대중문화 187
대중 소비 83
덥, 사우랍 260
데리다, 자크 151~152, 184
도시화 195~201
동맹
   아일랜드인과 인도인 233
   혼종성 185
동성애 123~130
두뇌-유출 51, 53
두뇌-획득 53
디아스포라
   공간 75~76, 79, 90, 93, 245, 249
   과정 60~61
   기억 56
   기초 구조들 27~32
   백인 209~215
   법적 지위 42
   연구 99
   의식 63~64
   제국의 - 225
   조직 40~41
   혁명적인 - 50
   - 형성 중 131
   화합을 위한 도구 136~137
디아스포라 간의 갈등 48~49

●

라다크리쉬난, 라자고팔란 93~94
라야폴, 아파르나 114
라이언, 크리스 132
랄프, 리건 132~133
랩 82
러빙크, 거트 171
런던
   다문화의 - 200
   잉글랜드와 아일랜드 216~217
레즈비언 125~128
로이, 리사 106
로이, 아룬다티 95, 169
루고네스, 마리아 126
루시디, 살만 93~95, 121~122
르완다 27

●

마르크스주의 273
마린, 리처드 (치치) 188~189
만케카, 퍼니마 115
망명자 265~269
매춘 130~134
머리, 알리슨 104, 134~135
머서, 코베나 142, 174~175
메스티조 아메리카 248
멕시코 106, 114~115

모국 28~29, 42, 52
모국에의 투자 52
모델 소수자 222
몰리, 데이비드 191
무슬림 254~255
   움마 23, 265
   최하층 - 108
문명 충돌 254~255
문학 89~96
문화 73~77
   교환 146, 186
   산업 75, 186, 204
   생산 77~99, 141, 167
   연구 97
   영국 66
   전쟁 96~100
   정치 36, 80
   충돌 149
'문화들 사이에' 111, 227
문화를 담는 용기 103, 113~116
문화 변용 147~148
문화의 다원화 163
문화적 관행 116
문화적 상징주의 102
문화적 혼종성 모델 175
문화 전달자 113~116
문화 정체성 140
문화 행동가들 185
미국
   남아시아 221~222

남인도인 여성 114
다인종적 뿌리 249
이주민들의 국가 60
이주 정책 219~220
미디어 266~267
민족-국가 44~47, 49~50, 59, 173, 175
민족적 다원화 164
민족주의
   미국 34
   장거리 45
   통합 66~67

● ㅂ

바네르제아, 코쉬크 108, 186, 228
바바, 호미 77, 90~92, 140~142, 178, 205~206
바스, 프레드릭 36
반식민주의 시기 272~273
반식민 투쟁 56
반인종주의 록운동 166~167
발리우드 86
방글라데시 42
방언 150
배흐다드, 알리 220
백, 레스 237
백인 디아스포라 210~215
백인성의 특권 210, 215
백인우월주의 34, 209~219, 242~243, 252
버로즈, 윌리엄 156~157
번역 90~91

문화의 - 151~152
번역자인 인류학자 151
벌란트, 로런 185
범아프리카 의회 49
베이닌, 조엘 244
베일에 대한 전형 110
베토벡, 스티븐 31~32
변증법 205~206
보드리야르, 장 161
본질주의 36, 38, 180~181
부시, 조지 W. 262~263
부커상 95
불법적인 노동자들 269
브라, 아브타르 27, 30, 69, 192
브레넌, 토니 82
브레턴우즈 체제 72
블랙/백인 구분 35
블랙/아시아계 영국인 85
'블랙 아틀랜틱' 76
블랙의 범주 180~181
블랙 정치 174
블룸, 윌리엄 258
비가시성 210, 216~219
비달, 고어 8, 262~263
비스웨스와란, 카말라 221
뿌리와 경로 61

●

사법 절차를 거치지 않는 재판 259
사우스홀(런던 서부) 216~217
사우스홀 블랙 자매 116, 123

사이드, 살만 23, 71, 181
사이보그 153~157
사이프러스 46
사회적 지위 223
사회정의 93, 273
산 후안, E. 97~99, 136, 193
삼인조 관계 40
상품화 77~83, 88, 95
상호관계 183
샤르마, 산자이 164
샤르마, 아쉬와니 185
샤인, 요시 45~46
서비스 분야 53~54
성기 훼손 116~118, 121
성매매 130~137
세계무역기구 88
세계무역센터에 대한 공격 36
세계적 자본주의 52
세계적 휴머니즘 77
세계화 58, 87~89, 270
세이션, 사스키아 194, 270
섹슈얼리티 124~130
소말리계 영국인 121
소속 61~71
소수인종 집단
   내부 문제들 117~120
   영국 36
소유권 176
송금 51
송환, 오스트레일리아 193~194

쇼햣, 엘라 168
순수성
　문화 143~146
　아리아인 177
슈라이오크, 앤드류 256~258
〈스타 트랙〉의 인종 정치 154
스탐, 로버트 168
스테인, 사라 아브리바야 244
스톨러, 앤 로라 159
스페인 거주 영국인 230~232
스피박, 가야트리 차크라보르티 53, 57, 103, 192, 203~204
시걸, 로널드 25
시민권
　영국 75
　이중 41~42
시민 인권 운동(미국) 56
시바난단, 암발라바네르 57, 267
시크교도 45~47
식민-문화적 접점 141
식민주의 56, 202~203, 253~254
식민주의의 유산 202
신나치 240
신세계 질서 46, 72
신식민주의 213
신인종주의 65
신자유주의 52, 54, 260
신화
　순수성 143
　유럽 중심적 - 108

●
아도르노, 테오도르 83, 201
아랍계 미국인 256~257
아메리카
　메스티조 248
　민족주의 34
　앵글로-인도인 248
　제국주의 256, 258, 261, 263, 265
　힌두교도 97
아시아계 영국인 영화 84
아시아 댄스음악 80~81, 83
아시아 여성
　객관화 110~112
　고정관념(전형) 135
　남아시아 여성 81~82
아시아 청년 운동 195
아시안 더브 파운데이션 167~168
아일랜드계 미국인들의 활동 236
아일랜드인
　런던 216~217
　미국인 디아스포라 236
　백인성 233~238
아파두라이, 아르준 48~49, 64, 76
아파르트헤이트시절 26
아프가니스탄 263
아프리카계 카리브인 106~108
아프리카여성복지단체 117, 121
아흐메드, 하디야 117~119, 121
안시아스, 플로야
　백인성의 정치 문제들 223~224

사이프러스인　46
　　젠더　102, 113
　　종족적 절대주의　37
　　호스트 사회와의 상호작용　245
　　혼종성　190~191
안잘두아, 글로리아　15
알렉산더, 클레어　108
알리, 타릭　262~236
알 카에다　265
암리차르의 황금 사원　47
애국법　256, 259, 265
애국심　64, 71
앤더슨, 베네딕트　45, 64~65
앵글로-색슨
　　이상　211
　　혼종성　177
앵글로-인도인　245~248
앵글로-켈트문화　236
억류자　193, 259
언어　90
　　새로운 -　150
　　혼종　141~142
언어 투쟁　206
에리트레아　42
〈에이리언〉 시리즈　162~163
에익설, 브라이언　66
엘리슨, 랄프　217~218
엘리트 트랜스내셔널　203
여성　116~123
　　남아시아　81~82

문화 운반자　103, 113~116
밀매(인신매매)　130~137
여성 할례　116~118, 121
여행　229~230
연합 형성　261~262
영국
　　그리스계 사이프러스인　113
　　소수인종 집단　36
　　시민권　75
　　아시아 청년 운동　195
　　제국주의　50
영국 국민의료보험공단　59
영국 국적과 이주법(2002)　269
영국민족당(BNP)　266
영국의 그리스계 사이프러스인 디아스
　　포라　113
영국의 라쥐　246~248
영국의 시크교도　46~47, 49
영국제국　231
영, 로버트　272
영, 롤라　180
영화　84~89, 187~189
오라일리, 카렌　230~231
오스트가르드-닐슨, 에바　46
오스트레일리아
　　아보리진 정책　148~149
　　억류자들의 해방　193~194
오웬, 찰리　158
외국인 혐오증을 동반하는 민족주의　62
요새 유럽　237

우메라 임시 수용소(오스트레일리아) 193~194
움마(무슬림) 265
워너, 마이클 185
웨어, 브론 219, 238
위계
  계층적 - 178
  백인 213
  인종적 - 25, 34, 55~56, 82, 210
유고슬라비아 26
유대계 미국인 디아스포라 45
유대민족주의(시오니즘) 243
유대인의 백인성 238~244
유럽과 미국 거주 쿠르드인 46
유럽연합 237
유럽의 블랙들 235
유럽인과 아메리카 원주민 248
유럽인들
  미국인 248~249
  해외의 - 228~230
유럽중심주의 108
유전자 지도 160
융합 140, 142, 145, 147~148, 195~196
은퇴 이주 232
음악 79~84
  소유권 176~177
  혼종성 165~168
의사소통을 위한 보조어(피진어) 150
이라크 264~265
이류 백인 212, 236, 238, 250

이방인 199
이성애적 주체성 124
이스라엘 45, 241
이식 226
이종교배 158~162
이주 26~27, 32~36, 40, 219~220
이중시민권 41~42
이중적인 충성심 255
인도
  디아스포라 30, 60
  유럽인들 229~230
  이중시민권 42
  카슈미르 45~46, 48
인류학적 융합 147, 195~196
인종 183~185
  용어 158~159
  인간이라는 종 144
  인종적 순수성 160
  - 혼합 145, 160
인종적인 순수성 145
인종적 절대주의 182~185
인종적 진정성 165~166
인종 폭력 109
인종화된 권력 56
인종화된 남성 108
인종화된 위계 25, 34, 55~56, 82, 210, 213
인종화된 차이 183
인터넷
  가상 공동체 43

백인 디아스포라 214
혼종성 155

●
'자르기"와" 섞기' 77, 79
자민족중심주의 148
자본주의
　세계화 87~88
　초국가적 - 73
　혼종화된 - 164
자아-정체성 63
자유주의적 다문화주의 99~100
장거리 민족주의 45
저항, 여성들이 겪는 문제들 116~123
전형화된 편견 117
절대주의
　인종적 - 182~185
　종족적 - 37
접촉 지대들 146~153
정보통신기술(ICTs) 43
정의
　경제적 - 186
　사회 - 273
정지 상태, 혼종 182, 184
정착민 식민주의 198~199, 228~229
정체성 63~64, 68, 70
　디아스포라들 49
　성별화된 - 107, 109
　역동성 129~130
　정치 82
　집단 정체성 39

혼종성 140~143, 174
제국의 디아스포라 225
제국주의 72~73, 100
　미국 256~265
　영국 50
제국주의적 민족-국가 254
제3문화 아이 224~228
제3의 공간 141
제이콥슨, 매튜 238~240
조직화된 노동 271~272
종교적 모더니즘 123
종족적 절대주의 37
종족 조직들 37, 40
종족 집단의 범주화 37
주인 문화 176
중국인
　기업가 층 51
　아메리카 213
　영화 86~87
중동 241
중산층 200, 204, 222
지배(헤게모니) 구조물 181, 185, 190, 215

●
차이(다름) 100~112, 201
착취의 지대 203
챠드하, 구린더 84~85
체-레일라 195
체임버스, 이안 140~141
초국가적 30, 35, 58, 72~73, 213
　- 동맹 62

찾아보기 | 307

엘리트 트랜스내셔널 203~204
영토 없는 트랜스 민족 76
  - 자본주의 73
  - 테러 253~272
초우, 레이 201~202
초인종적 동맹 62, 70
최하층 무슬림 108
추아, 뱅-후아트 186~187
충성심 44~45, 64~65, 68
  공동체 121
  이중적인 - 255

●

카슈미르인들 45~46
카우르, 라민더 177
카푸르, 데베쉬 51~52
칼라, 비린더 151, 177
코헨, 로빈 28~30
코헨, 필 22
쿠레시, 하니프 85
쿠마르, 아미타바 169
쿰스, 애니 192
퀴어 이론 124~128
크레올화 149~151
클라인, 크리스티나 86~87
클리퍼드, 제임스 30, 63, 67, 89, 140~141

●

탈레반 262~263
탈식민주의 89, 174, 176
탈영토화 67~69

태평양 섬의 산물 180
터키 46
테러 253~272
테러와의 전쟁 255
테스먼, 린다 125
토머스, 니콜러스 180
토시그, 마이클 147
토착민처럼 되기 189~190
통합
  민족주의 66~67
  차이를 넘어서 - 167
투쟁적인 노동자 조직 270~272
트랜스 문화의 역동성 165
트랜스문화주의 165, 183
트랜스 이주 193
트린, T. 민하 206
특정 민족 집단의 문화 말살 148

●

파올, 이녹 66
파키스탄
  이중시민권 42
  카슈미르 48
파트와 122
파파스테르지아디스, 니코스 139~140, 169
팔럼보-류, 데이비드 255~256
팔레스타인 242~243
팜 두트, 라자니 56
펀잡인들 105~106, 114~115
페미니스트 102

평등 179
포스트모더니즘 174, 179, 186
푸오르, 자스비어 128~129
프라샤드, 비제이 34, 260~261, 271~273
피닉스, 앤 158
필리핀 여성 98
필립스, 마이크 106~107
필립스, 트레버 107

●

하녀 무역 104
하러웨이, 도나 155~156
하린드라나트, 라마스와미 203
하비, 알프레드 ('킹 딕') 107
하울, 샐리 256, 258
하이픈으로 연결된 주체 70, 177
하트, 마이클 153, 253, 269~270
학문적인 논쟁 269
행동가 185
허트닉, 존 230
헌팅턴, 새뮤얼 255~256
헤이먼, 이블린 127~128
헵디그, 딕 77, 79
혁명적인 디아스포라 50
호글런드, 사라 125~126
혼종성
   고정 장치 174
   신원 34
   용어의 사용 139~172
   정체성 174
혼종성의 생물학 143~144

혼종성의 용어 143~146
혼종 음식 186~187
혼종화 163~164
   과정 171
   진정시키기 201
혼혈 145, 158~161
홀로코스트 241~242
홀, 마이클 132
홀, 스튜어트 63~64, 78, 84, 87~88, 144, 146, 163~164
후세인, 사담 262, 264~265
휴머니즘 77
휴먼 라이츠 워치 132, 134
흡수 87~88
희생
   문화적 고정관념 110~112
   밀매 134
힌두교도 97

●

2001년 9월 11일 36, 60, 109

〈로컬리티 번역총서〉를 펴내며

로컬리티의인문학 연구단에서 번역총서를 내놓는다. 〈로컬리티 번역총서〉는 고전적·인문학적 사유를 비롯해서, 탈근대와 전지구화의 관점에서 해석되는 로컬리티에 대한 동서양의 다양한 논의를 담고 있다. 로컬리티 연구는 동서양을 막론하고 학문적 교차점, 접점, 소통성을 확보하는 것이 중요한 과제다. 이러한 의미에서 본 연구단에서는 장기적인 계획 아래, 로컬리티 연구와 관련한 중요 저작과 최근의 논의를 담은 동서양의 관련 서적 번역을 기획했다. 이를 통하여 로컬리티와 인문학 연구를 심화하고 동시에 이를 외부에 확산시킴으로써 로컬리티 연구의 저변을 확대하고자 한다.

 우리가 로컬리티에 천착하게 된 것은 그동안 국가 중심의 사고 속에 로컬을 주변부로 규정하며 소홀히 여긴 데 대한 반성적 성찰의 요구 때문이기도 하다. 오늘날 로컬은 초국적 자본과 전 지구적 문화의 위세에 짓눌려 제1세계라는 중심에 의해 또다시 소외당하거나 배제됨으로써 고유의 정체성을 잃어가고 있다. 반면에, 전 지구화 시대를 맞아 국가성이 약화되면서 로컬은 또 새롭게 거듭나고 있다. 그동안 국가 중심주의의 그늘에 가려졌던 로컬 고유의 특성을 재발견하고 전 지구화에 능동적으로 대처하는, 이른바 로컬 주체의 형성과 로컬 이니셔티브(local initiative)의 실현을 위해 부단한 노력을 기울이는 모습들이 속속 드러나고 있다.

이제 로컬의 현상들을 파악하기 위해 기존의 지역 논의와 다른 새로운 사고가 절실히 필요하다. 지금까지 지역과 지역성 논의는 장소가 지닌 다양성과 고유성을 기존의 개념적 범주에 맞춤으로써 로컬의 본질을 왜곡하거나 내재된 복합성을 단순화하는 오류를 범했다. 이에 우리는 로컬을 새로운 인식과 공간의 단위로서 재정립해야 할 필요성을 다시 확인하며, 로컬의 역동성과 고유성을 드러내줄 로컬리티 연구를 희망한다.

〈로컬리티 번역총서〉는 현재 공간, 장소, 인간, 로컬 지식, 글로벌, 로컬, 경계, 혼종성, 이동성 등 아젠다와 관련한 주제를 일차적으로 포함했다. 향후 로컬리티 연구가 진행되면서 번역총서의 폭과 깊이는 더욱 넓어지고 깊어질 것이다. 번역이 태생적으로 안고 있는 잡종성이야말로 로컬의 속성과 닮아 있다. 이 잡종성은 이곳과 저곳, 그때와 이때, 나와 너의 목소리가 소통하는 가운데 새로운 생성의 지대를 탄생시킬 것이다.

우리가 번역총서를 기획하면서 염두에 둔 것이 바로 소통과 창생의 지대이다. 우리는 〈로컬리티 번역총서〉가 연구자들에게 로컬리티 연구에 대한 기반을 제공해줌으로써 학제간의 경계를 넘나드는 심화된 통섭적 연구가 이루어지고, 나아가 '로컬리티의인문학(locality and humanities)'의 이념이 널리 확산되기를 바란다.

부산대학교 한국민족문화연구소
(HK)로컬리티의인문학 연구단